D1691170

Klettern
Technik, Taktik, Psyche

blv

DAV Deutscher Alpenverein

Alpin-Lehrplan 2

Michael Hoffmann

Vorwort DAV

»Lebenslanges Lernen« – dieses Motto gilt auch und gerade für Kletterer! Nur wer in Theorie und Praxis stetig weiterlernt, sich mit der aktuellen Ausrüstung vertraut macht, die gängigen Sicherungstechniken und neuesten Erkenntnissen zu Technik, Taktik und Psyche kennt, ist tatsächlich auch sicher in der Vertikalen unterwegs.

»Sicher klettern« ist ein wichtiges Anliegen des Deutschen Alpenvereins. Schließlich steigt die Zahl der aktiven Kletterer seit Jahren kontinuierlich. Auf rund 400.000 wird sie derzeit geschätzt – Tendenz steigend! Gleichzeitig ergeben aber auch Untersuchungen der DAV-Sicherheitsforschung, dass gerade auch erfahrene Kletterer in der Praxis Fehler machen. Lebenslanges Lernen kann demnach (über-)lebenswichtig sein!

Lernen lässt sich auf ganz unterschiedliche Weise – in Theorie und Praxis, durch Zuhören, Zuschauen oder auch durch Lesen. Zum Lesen ganz besonders gut geeignet ist der Alpin-Lehrplan: Ob Sie Fachübungsleiter, Trainer oder interessierter Freizeitkletterer sind – hier finden Sie die wichtigsten Informationen zum sicheren Klettern.

Der Autor bringt die Inhalte und Lehrmeinungen der DAV-Ausbildung und als aktiver Ausbilder auch seine langjährige praktische Erfahrung im Klettern mit ein. Beste Voraussetzungen also für eine lehrreiche Lektüre, die dennoch keine persönliche Ausbildung bei einer DAV-Sektion oder des DAV-Bundesverbandes ersetzen kann. In diesem Sinne wünsche ich Ihnen erlebnisreiches und vor allem unfallfreies Klettern in der Halle und am Fels!

Josef Klenner
Präsident des Deutschen Alpenvereins

Vorwort VDBS

Lehrpläne haben vielfältige Funktionen. Sie geben den zum Zeitpunkt der Drucklegung aktuellen Stand der Technik wieder, zeigen unterschiedliche Anwendungen auf und erklären deren Unterschiede. Sie sind eine Anleitung für Ausbilder zu Inhalten von Ausbildungskursen und für den fachkundigen Leser ein willkommenes Nachschlagewerk. Lehrpläne sind aber keine Norm, sondern sie sollen einen Rahmen vorgeben, in dem sich jeder Ausbilder frei bewegen kann und jeder Anwender verschiedene Möglichkeiten der Anwendung findet.

Für die staatlich geprüften Berg- und Skiführer ist dieser Lehrplan eine professionelle Grundlage in der Diskussion um die »richtige« Situationsbewältigung. Dabei gilt es zu beachten, dass es auf Grund der verschiedenen Anwendungsfälle kein allgemein gültiges »Richtig« oder »Falsch« gibt. Vielmehr muss der Auszubildende lernen, die Materie zu verstehen und die Unterschiede zu begreifen, um dann situationsbedingt die beste Lösung zu finden.
Für alles was wir im Klettersport richtigerweise tun gibt es Gründe. Dabei gilt es bei den verschiedenen Varianten deren Vor- und Nachteile abzuwägen. Nur wer dies versteht und nicht unkritisch Lehrmeinungen nachahmt, wird seine Auszubildenden zu dem erziehen, was wir den eigenverantwortlichen Kletterer nennen. Es geht nicht um Reproduktion, sondern um situationsgerechtes und eigenverantwortliches Handeln. Insoweit ist eine auf diesen Grundgedanken aufgebaute Ausbildung auch eine Lebensschule.

Michael Lentrodt
Präsident Verband Deutscher Berg- & Skiführer

Inhalt

- **4** Vorwort DAV
- **5** Vorwort VDBS
- **8** Einführung
  - 8 Ressourcen
  - 8 Technik
  - 9 Taktik
  - 9 Psyche
  - 9 Kondition

11 Grundlagen

- **12 Lernen und Lehren**
  - 12 Bewegungslernen lehrerzentriert
  - 13 Bewegungslernen schülerorientiert
  - 14 Techniktraining
  - 14 Methodik beim Techniktraining
- **15 Training**
  - 15 Regelkreis der Leistungssteuerung
  - 17 Trainingsmodelle
  - 18 Trainingsprinzipien
  - 20 Energiebereitstellung
  - 22 Trainingsumfang
- **23 Biomechanik**
  - 23 Kräfte und Vektoren
  - 24 Schwerpunkt über Tritt
  - 24 Zwei Haltepunkte
  - 26 Drehmomente
  - 27 Störfaktoren
- **28 Bewegungsphasen**
  - 28 Vorbereitungsphase
  - 28 Hauptphase, Greifphase
  - 29 Stabilisierungsphase

31 Elemente effektiven Bewegens

- **32 Elemente effektiven Bewegens**
- **32 Ökonomisches Bewegen bei Wandkletterei**
  - 34 Ökonomisches Bewegen in anderen Klettersituationen
- **36 Treten**
  - 36 Leisten und konkrete Tritte
  - 37 Reibung
  - 38 Fuß verklemmen
  - 38 Ziehen, Hakeln, Foothook
  - 39 Fußwechsel
- **41 Greifen**
  - 41 Physiologisch günstige Fingerhaltungen
  - 41 Griffe
  - 42 Klemmen
- **44 Gleichgewicht**
  - 44 Schwerpunkt über die Tritte
  - 44 Bewegungszentrum Hüfte
  - 46 Zwischentreten im Lot
  - 46 Lotgleichgewicht
  - 48 Einpendeln
  - 48 Lot oder offene Tür
- **50 Körperspannung**
  - 50 Spannungsaufbau
  - 51 Greifen in einem Zug
  - 52 Langer Arm
  - 54 Tief gehaltene Schulter
- **56 Dynamik**
  - 57 Beschleunigen
  - 58 Greifen im Totpunkt
  - 58 Hüftauslösung
- **60 Präzision**
  - 60 Positionieren
  - 62 Leise treten
  - 62 Weich greifen

65 Klettertechniken

- **66 Frontale Techniken**
  - 66 Reibungstechnik
  - 67 Spreizen und Stützen
  - 70 Frosch
  - 70 Diagonaltechnik
  - 72 Schulterzug
  - 72 Gegendrucktechnik
  - 74 Hangeln
  - 74 Schwungmitnahme
  - 76 Hinten Scheren
  - 76 Gleichseitig Einpendeln
- **78 Eingedrehte Techniken**
  - 78 Grundform Eindrehen
  - 79 Vorne Scheren
  - 80 Figure of Four
  - 80 Ägypter
  - 81 Diagonal Einpendeln
- **83 Sonstige Techniken**
  - 83 Abklettern
  - 85 Stemmen
  - 86 Risstechnik
  - 90 Durchstützen
  - 92 Softer dynamischer Zug
  - 92 Sprung, Pendel- und Doppeldynos
  - 94 Rasten

97 Stürzen
97 Stürzen und sichern üben
99 Stürzen in der Praxis

102 Taktik
104 Aufwärmen und Abwärmen
106 Stilformen
107 Wettkämpfe
107 Lead
108 Bouldern
109 Speed
110 Rotpunkt
111 Taktik Ausbouldern
114 Flash
114 Taktik Flash
115 Onsight
115 Taktik Onsight
118 Bouldern
119 Taktik Bouldern
120 Speed
121 Mehrseillängenrouten
121 Informationen sammeln
122 Schlüsselstellen und Entscheidungspunkte
123 Alternativen und Varianten
123 Zeitplan und Ausrüstung
124 Rollende Planung
124 Taktisches Verhalten beim Zustieg
125 Vorbereitung am Einstieg
126 Taktisches Verhalten während der Kletterei

129 Psyche
130 Stress
130 Wirkungen von Stress
131 Stress erkennen
132 Selbstregulation
133 Atmen
133 Entspannen
134 Körperhaltung
135 Zielformulierung
135 Ergebnisziel und Handlungsziel
136 Konzentration
137 Visualisieren
137 Zuschauen
138 Rituale
138 Abreagieren
139 Positive Energie
139 Positives und negatives Denken
141 Selbstgespräch und Umgang mit sich selbst
142 Stimmungsübertragung
142 Den Energieraum besetzen

143 Sturzangst
144 Systematisches Desensibilisieren

147 Kondition
148 Kraft
148 Maximalkraft
149 Laktazide Kraftausdauer
150 Periodisierung
151 Sportartspezifisches Krafttraining
151 Lokales aerobes Kraftausdauertraining
152 Lokales laktazides Kraftausdauertraining
152 Extensive Hypertrophiemethode
152 Hypertrophiemethode
153 Maximalkraftmethode
153 Campusboard
153 Systemtraining
154 Ausgleichstraining
155 Schnelligkeit, Schnellkraft
155 Beweglichkeit
158 Ausdauer
159 Grundlagenausdauer
159 Ausdauertraining

161 Ökologie
163 Anreise
164 Zustieg
164 Wandfuß
166 Felswand
169 Felskopf
170 Übernachtung
171 Nachbemerkung
172 Übungen
187 Register
190 Literatur

Einführung

Der vorliegende Lehrplan wendet sich sowohl an Trainer als auch an alle interessierten Kletterer. Das Buch bietet beiden Gruppen ein breites Informationsspektrum – immer orientiert an der zentralen Fragestellung, wie man die Kletterleistung verbessern kann. In diesem Zusammenhang benötigt man eine ganzheitliche Vorstellung von Training und Klettern, eine Vorstellung, die alle Belange dieser komplexen Sportart angemessen berücksichtigt. Die Sicherungstechnik kommt hier nicht zur Sprache; sie ist im Alpin-Lehrplan 5, »Sicherung und Ausrüstung« behandelt.

Ressourcen

▷ Text Seite 17 Trainingsmodelle

Aus der allgemeinen Trainingslehre wurden bereits vor längerer Zeit die »leistungsbestimmenden Faktoren« Technik, Taktik, Psyche etc. übernommen. Hier wird anstelle des Begriffs »Faktor« die aktuellere und besser zum beschriebenen Trainingsmodell passende Bezeichnung »Ressource« verwendet – geht es doch um ein reichhaltiges Angebot unterschiedlich sprudelnder »Quellen«, aus denen wir schöpfen können. Die äußeren Bedingungen wie Temperatur, Feuchtigkeit etc. sind nicht trainierbar – sie sind lediglich durch entsprechende Taktik zu optimieren (wann bin ich wo?). Auch die anthropometrischen Daten wie Körpergröße, Armspanne und Fingerdicke müssen mehr oder weniger als gegeben betrachtet werden. Mithin bleiben die vier eng miteinander verwobenen Bereiche Technik, Taktik, Psyche und Kondition. Letztere gilt in der Sportwissenschaft als Überbegriff für die Grundfähigkeiten Kraft, Ausdauer, Schnelligkeit und Beweglichkeit. Kondition ist also nicht zu verwechseln mit der umgangssprachlichen Verwendung des Begriffs im Sinne von aerober Ausdauer.

Technik

Beim historisch ersten Ansatz, den Komplex Klettertechnik zu gliedern, wurden lediglich »grundlegende« und »spezielle« Techniken unterschieden. Später entstand eine »problemorientierte« Differenzierung. Sie sortierte die Techni-

Persönlichkeitsmerkmale
Größe
Gewicht
Armspanne
Fingerdicke

Taktik
Planung Umsetzung

Koordination Technik
Engramme
Ökonomie

Äußere Bedingungen
Wetter
Felsqualität
Gefahren

Ressourcen der Kletterleistung

Psyche
Wahrnehmung
Motivation Angst

Kondition
Kraft
Ausdauer
Beweglichkeit
Schnelligkeit

Der Begriff Ressource ersetzt die frühere Bezeichnung »leistungsbestimmender Faktor« (Köstermeyer 2012)

ken nach typischen in der Praxis auftretenden Problemen. Beide Ansätze hatten gemeinsam, dass bei jeder einzelnen Technik immer direkt die Kriterien ökonomischen Bewegens mitbeschrieben wurden. Da Ökonomie aber übergeordnete Prinzipien aufweist, leisteten diese Gliederungen trotz vieler Wiederholungen einzelner Aspekte insgesamt nur eine unzureichende Darstellung der »Qualität« von Kletterbewegungen.

Der vorliegende Lehrplan beschreibt daher zunächst Merkmale bzw. Elemente effektiven Bewegens und gliedert sie nach den koordinativen Aspekten Gleichgewicht, Körperspannung, Dynamik und Präzision. Erst danach folgen die unterschiedlichen Klettertechniken, die je nach Geländeform (z.B. Wand, Kamin, Riss) oder Griff- und Trittanordnung (z.B. Schulterzug, Ägypter) zum Einsatz kommen.

Taktik

Im Kapitel »Taktik« geht es um die unterschiedlichen Stilformen, in denen eine Route begangen werden kann. Zu den Begehungsstilen werden jeweils konkrete, in taktischer Hinsicht Erfolg versprechende Strategien beschrieben. Neben der rein sportlich bestimmten Taktik beim Schwierigkeitsklettern sind auch die vielfältigen Aspekte beim Klettern von Mehrseillängenrouten dargelegt. Um ambitionierten Amateuren den Einstieg in regionale Wettkämpfe zu erleichtern, finden sich diesbezüglich einige grundlegende Gedanken.

Psyche

Das Kapitel »Psyche« behandelt die komplexen Themen Sturzangst, Stress und Leistungsoptimierung. Leistung »auf den Punkt zu bringen« hängt in hohem Maß von den mentalen Ressourcen ab. Auf das Klettern zugeschnittene Konzepte und Empfehlungen gibt es aber kaum. Der vorliegende Lehrplan schließt diese Lücke.

Kondition

Auch die konditionellen Ressourcen spielen eine bedeutende Rolle – besonders beim Klettern schwerer Routen. Empfehlungen für sportartspezifisches Krafttraining finden sich im Kapitel »Kondition«. Da man aber nicht nur Kraft, sondern eben alle leistungsbestimmenden Ressourcen trainieren kann und soll, werden gleich zu Beginn des Buches alle wichtigen übergeordneten Aspekte behandelt – beispielsweise die Höherorganisation.

Ganzheitliches »Weltbild«

Dieses hinsichtlich der Gliederung der Klettertechnik, der Konkretisierung des mentalen Bereichs und der Auffassung des Trainingsbegriffs neue »Weltbild« ist in hohem Maße praxisorientiert. Auch gestattet es, Klettern ganzheitlich zu betrachten – dahin gehend, dass jemand eine Route begeht und alle hier behandelten Aspekte für den Durchstieg von Bedeutung sein können. Ganzheitlichkeit bedeutet aber nicht, Details außer Acht zu lassen. Nur wer sich mit den Details beschäftigt, wird zu einem wirklichen Verständnis der Zusammenhänge zwischen den einzelnen Kapiteln gelangen. Scheitert ein Kletterer an einer bestimmten Stelle, dann scheitert er schließlich auch nicht »ganzheitlich«, sondern aus einem sehr konkreten Grund. Ganzheitlichkeit heißt insofern, möglichst viele Teilaspekte zu beherrschen und diese im Kletterfluss zu verschmelzen.

◁◁ Text Seite 106 Stilformen

Übungskatalog

Das Buch schließt mit einem ausführlichen Übungskatalog. Er steht am Schluss, da viele Übungen zum Training unterschiedlicher Ressourcen geeignet und somit mehreren Kapiteln zuzuordnen sind. Bei den Kapiteln finden sich jeweils Verweise auf die empfohlenen Übungen.

Michael Hoffmann

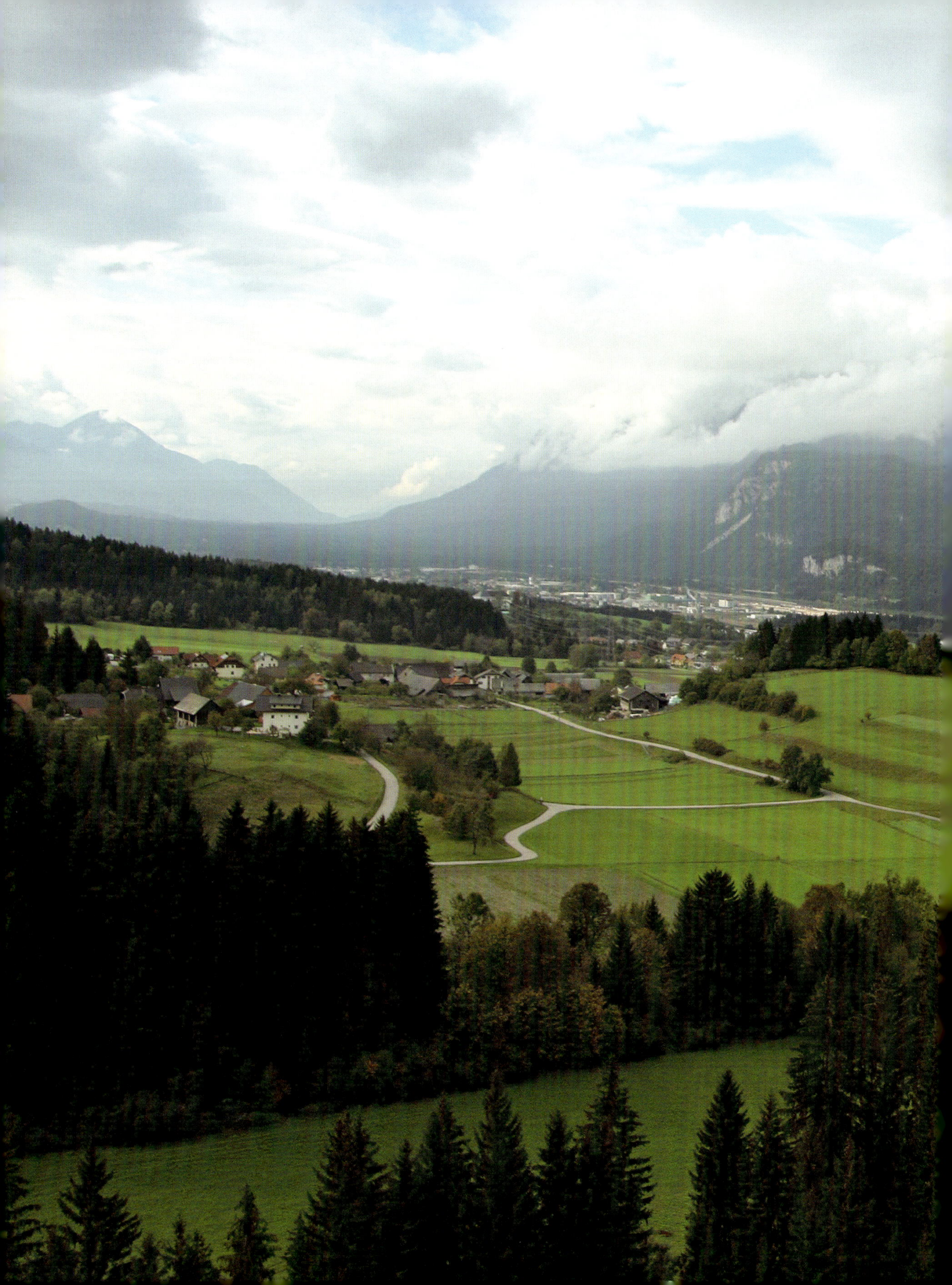

Grundlagen

Sich ab einem gewissen Niveau noch zu verbessern erfordert eine intensive Auseinandersetzung mit möglichst vielen Belangen des Kletterns – jedenfalls für den Autodidakten. Wer einen guten Trainer hat, kann sich die Mühe sparen. Er bekommt in regelmäßigen Abständen hilfreiche weiterführende Tipps. Sowohl der Trainer als auch der Autodidakt kommen aber nicht umhin, sich mit Fragen des Lernens und Techniktrainings sowie mit Modellen der Trainingslehre zu beschäftigen. Auch die Phasenstruktur der Kletterbewegung und einige biomechanische Grundprinzipien können hilfreich sein.

Lernen und Lehren

Beim Bewegungslernen werden Bewegungsabläufe in Form von Engrammen im Gehirn gespeichert. Damit dies geschehen kann, müssen die Bewegungen ausgiebig wiederholt werden.
Kinder lernen am besten auf spielerische Art und Weise. Solange sie Spaß haben, ist ihr Bewegungsdrang schier unersättlich und das Wiederholen geht locker von der Hand.

Unabhängig von der Frage des Alters gibt es einige zentrale Gedanken hinsichtlich der Vermittlung von Bewegungstechnik. Zunächst wählt man erleichterte Bedingungen, um sich mit den Bewegungsmustern vertraut zu machen – später geht es darum, die Techniken auch in höheren Schwierigkeitsgraden und wechselnden Situationen umzusetzen. Zur Vermittlung der Grundlagen stehen dem Kletterlehrer oder Trainer zwei verschiedene Unterrichtsverfahren zur Verfügung.

Bewegungslernen lehrerzentriert

Beim lehrerzentrierten Unterricht bildet der Trainer selbst den Mittelpunkt und steuert den Lernprozess. Diese Art motorischen Unterrichtens darf nicht mit dem aus der Schule bekannten Frontalunterricht verwechselt werden. Auf Basis klarer Bewegungsanweisungen agieren die Schüler selbst. Bei guter Organisation kann die Übungsintensität sehr hoch sein. Lehrerzentrierter Unterricht vollzieht sich in den im Diagramm genannten Schritten. Bewegungen beinhalten in der Regel mehrere wichtige Aspekte. Trotzdem müssen Kletter-

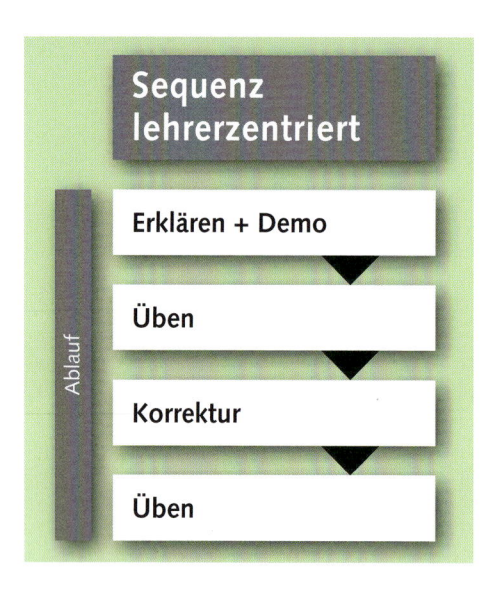

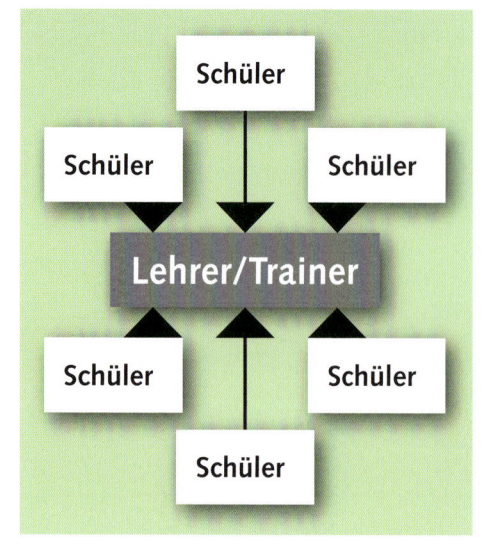

Links: Unterrichtssequenz beim lehrerzentrierten Verfahren

Rechts: Lehrerzentrierter Unterricht: Der Lehrer gestaltet den Ablauf

Sequenz lehrerzentriert

Ablauf:
- Erklären + Demo
- Üben
- Korrektur
- Üben

Schüler → Lehrer/Trainer ← Schüler
Schüler → Lehrer/Trainer ← Schüler
Schüler → Lehrer/Trainer ← Schüler
Schüler → Lehrer/Trainer ← Schüler

züge letztlich ganzheitlich ausgeführt werden. Es bietet sich daher an, Übungsreihen so aufzubauen, dass der Fokus einer Sequenz (Demonstration, Üben, Korrektur, Üben) jeweils auf einem bestimmten Technikschwerpunkt liegt – etwa dem langen Arm beim Eindrehen. Hinsichtlich der zeitlichen Abfolge sollte man den methodischen Grundsatz »vom Leichten zum Schweren« beherzigen, beispielsweise beim Eindrehen: Fokus eins Außenristantreten, Fokus zwei langer Arm, Fokus drei Bewegungseinleitung über die Hüfte. Um sicherzustellen, dass als bekannt vorausgesetzte Inhalte oder Techniken auch wirklich beherrscht werden, wiederholt man diese zu Beginn des Unterrichts kurz oder lässt sie von den Schülern demonstrieren.

Bewegungslernen schülerorientiert

Das zweite mögliche Unterrichtsverfahren wird als schülerzentriert oder schülerorientiert bezeichnet. Der Lehrer steuert den Lernprozess durch gezielte Aufgabenstellungen, aus denen die Lösungsansätze der Schüler resultieren. Um mit diesem Verfahren erfolgreich zu arbeiten, muss Ersterer sein Metier gut beherrschen und die Bereitschaft haben, das aufzugreifen, was seine Schüler »entwickeln«. Die einzelnen Sequenzen schülerorientierten Unterrichts laufen gemäß Diagramm ab.

Wichtig bei dieser Unterrichtsform ist, dass die Schüler die jeweilige Aufgabe wirklich verstehen – andernfalls werden sie Lösungen finden, die der Trainer nie beabsichtigt hatte. »Übungsreihen« entstehen durch methodisch sinnvolle Abfolgen von Aufgabenstellungen. Bei Aufgaben, die mehrere brauchbare Lösungen zulassen, ist es übersichtlicher, die in Betracht kommenden Techniken nacheinander zu üben (nicht alle in einem Aufwasch). Das oben angesprochene Wiederholen bereits bekannter Inhalte kann in jedem Fall schülerorientiert erfolgen.

Bei beiden Unterrichtsverfahren folgt gegen Ende eine »Anwendungsphase«, in der die vermittelten Techniken nochmals in unter-

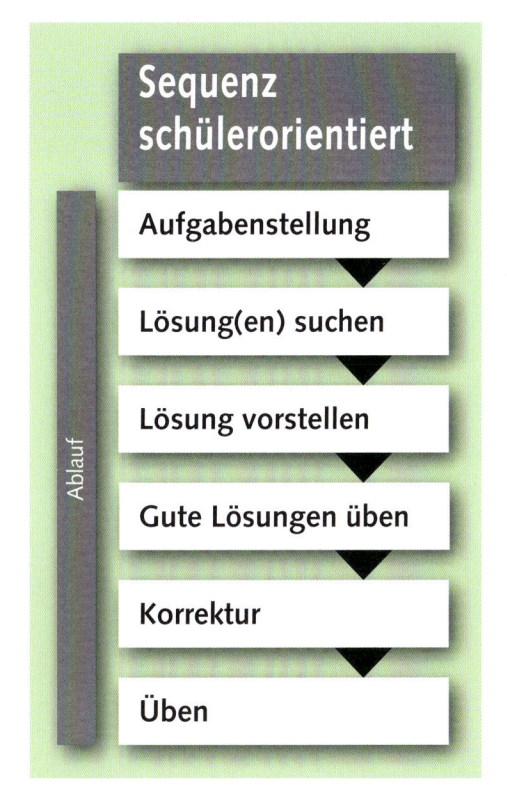

Links: Unterrichtssequenz beim schülerorientierten Verfahren

Rechts: Schülerorientierter Unterricht: Die Schüler entwickeln Lösungsmuster selbst

schiedlichen Situationen umgesetzt und gefestigt werden. Die auf diesem Weg gespeicherten Engramme enthalten allgemeine Informationen zur Bewegungsausführung. Sie müssen weiter präzisiert und auch variabel einsetzbar gemacht werden. Dies geschieht im Techniktraining.

Techniktraining

Je höher das Trainingsniveau, umso geringer fallen die Effekte des Konditionstrainings aus und umso wichtiger werden Technik- und Taktiktraining. Eine Umfrage bei Bundestrainern aus verschiedenen Sportarten zeigt, dass Techniktraining etwa 60 Prozent des gesamten Trainingsumfangs ausmacht (Roth 1996).
Im Hochleistungsbereich kommt es darauf an, Techniken auch unter schwierigen Bedingungen, etwa unter psychischem Druck, präzise ausführen zu können. Bei Wettkämpfen kann man häufig beobachten, dass schwächere Kletterer nach zähem Ringen und deutlicher Vorankündigung aus der Wand fallen.
Im Gegensatz dazu stürzt ein »guter« Kletterer scheinbar vollkommen unvermittelt. Topathleten können also die »optimale« Technik auch unter großem Druck beibehalten. Daneben sind Präzision und variable Verfügbarkeit erforderlich. Die Ziele des Techniktrainings sind in dem abgebildeten Diagramm zusammengefasst.

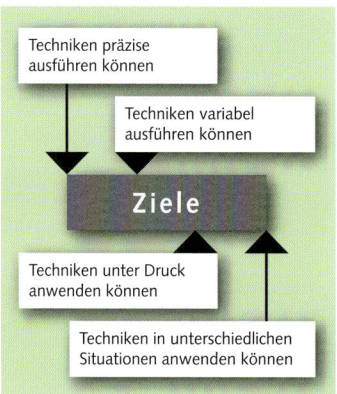

Im Techniktraining wird der gesamte Organismus beansprucht. Es kommt nicht so sehr auf die Stärke des einzelnen Reizes an, vielmehr sind unterschiedliche Belastungen gefragt. Techniktraining bedeutet daher nicht, sich »plattzumachen«, sondern sich durch kreatives Variieren der Aufgabenstellung vielfältig zu belasten. Im Techniktraining gibt es keine dem Konditionstraining vergleichbare Methodik. Das Training besteht im Wesentlichen »einfach« aus Klettern – mit konkreten Akzenten und Schwerpunkten allerdings. Dies mag dazu führen, dass mancher Teilnehmer gut aufgebautes Techniktraining gar nicht bewusst als solches wahrnimmt.

Methodik beim Techniktraining

Wie schon erwähnt, gibt es keine Trainingsmethodik analog dem Konditionstraining. Dieser Umstand ermöglicht und fordert eigene Kreativität. Techniktraining soll einen großen Teil des Gesamttrainings ausmachen und das ganze Jahr über stattfinden. Man legt es in der Regel an den Anfang einer Trainingseinheit (nach dem Aufwärmen). Im Leistungsbereich kann es aber auch gegen deren Ende erfolgen – mit dem Ziel, präzise Technik trotz Vorermüdung zu realisieren. Als allgemeine Empfehlungen lassen sich folgende Leitsätze formulieren.

Leitsätze für Techniktraining
- Es wird in der Komplexität der Sportart trainiert (anspruchsvolle Boulder oder Routen).
- Hohe Wiederholungszahlen.
- Es wird so vielseitig wie möglich gestaltet (Gesteinsarten, Geländeformen, Neigung, Routenlänge, Begehungsstile, Witterung).
- Die Trainingssituation variiert (Fels, Halle, Stress, Wettkampf).
- Die Wahrnehmung wird besonders geschult (veränderte Wahrnehmungsbedingungen, Kontrastaufgaben).
- Ggf. Druckbedingungen aufbauen.
- Es können Zusatzaufgaben gestellt werden (während des Kletterns zu bewältigen).

Links unten: Verteilung des gesamten Trainingsumfangs: Bis zu 60 % können Techniktraining sein (Roth 1996)

Rechts unten: Ziele des Techniktrainings (Hohmann 2006, Wollny 2006)

- 20% Techniktraining
- 40% kombiniertes Training Technik, Taktik, Psyche, Kondition
- 40% Konditionstraining

Ziele:
- Techniken präzise ausführen können
- Techniken variabel ausführen können
- Techniken unter Druck anwenden können
- Techniken in unterschiedlichen Situationen anwenden können

Training

Regelkreis der Leistungssteuerung

Training taucht in diesem Buch nicht als ein gegen Ende zu beschreibendes Randkapitel auf, sondern steht quasi als Überbegriff für die Grundidee, sich zu verbessern. Gedanken, die für alle trainierbaren Bereiche Gültigkeit haben, werden gleich zu Beginn erläutert – die speziellen, den einzelnen Ressourcen zugeordneten Informationen folgen in den entsprechenden Kapiteln. Es sei bereits an dieser Stelle erwähnt, dass viele der Überlegungen zum Training von Guido Köstermeyer stammen (Köstermeyer 2012).

Dem Gedanken einer effektiven Leistungssteuerung liegt ein einfacher Regelkreis zugrunde. Er erscheint auf den ersten Blick trivial, liefert aber für die Praxis ausgezeichnete Denk- und Handlungsschemata.

So einfach das Konzept auch sein mag, so kompliziert können die einzelnen Schritte sein. Wer beim Durchstieg einer Kletterroute scheitert, äußert spontan meist, dass die Kraft nicht gereicht habe. Beschäftigt man sich aber mit der Frage, warum die Kraft nicht gereicht hat, kann man zu sehr unterschiedlichen Antworten kommen. Es mag sein, dass die Route »nicht richtig gelesen« oder dass in kraftraubenden Passagen zu langsam geklettert wurde. Es mag sein, dass Sturzangst ein unnötiges Zuschrauben der Griffe verursachte oder dass die angemessene Dynamik fehlte. Viele weitere Antworten sind vorstellbar; nur in wenigen Fällen hat man wirklich alles richtig gemacht, und die Begehung ist tatsächlich an mangelnder Kraft gescheitert.

Eingangsdiagnose

Bei der Eingangsdiagnose muss man wissen, welche einzelnen Ressourcen man abfragen bzw. analysieren möchte. Man sollte sich dabei selbst so »objektiv« wie möglich betrachten und auch die Meinungen der Kletterpartner mit einbeziehen. Im Idealfall hat man einen Trainer, der sich zu den Stärken und Defiziten äußert. Gegebenenfalls stellt der Trainer in diesem Zusammenhang spezielle Aufgaben. Sie verfolgen das Ziel, einzelne Punkte deutlicher in Erscheinung treten zu lassen.

Diagnosen können einfach gestrickt sein. Beispielsweise spricht eine große Differenz zwischen Vorstieg und Toprope für Sturzangst. Des Weiteren spricht eine kleine Differenz zwischen Onsight und Rotpunkt für schwaches motorisches Gedächtnis. Hat jemand viel Kraft, kann aber nur einen vergleichsweise niedrigen Schwierigkeitsgrad klettern, deutet dies auf unökonomische Technik hin.

Natürlich kann die Analyse auch sehr viel differenzierter erfolgen – unter Einbeziehung von Videoanalysen oder Konditionstests zum Beispiel. Auch mittels Fragebögen durchführbare Vergleiche von Selbstbild und Fremdbewertung liefern hilfreiche Informationen bezüglich konkreter Fragestellungen.

Zielsetzung

Ist die Eingangsdiagnose erfolgt, geht es um die Frage der Ziele bzw. der Motivation. Natürlich kann man Ziele auch schon vor der Eingangsdiagnose formulieren – dann muss man sie allerdings anschließend auf ihre Realitätsnähe

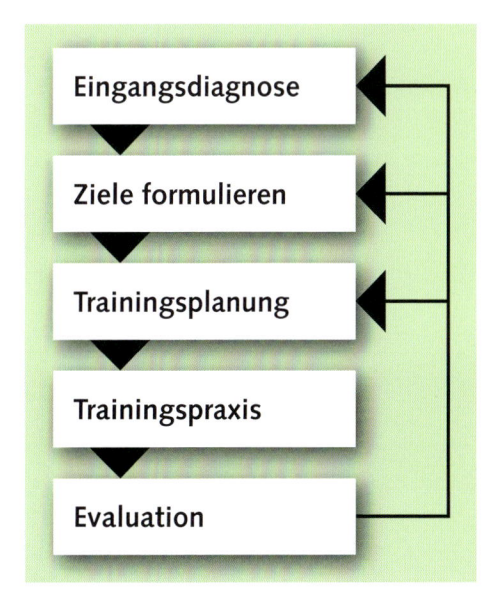

Regelkreis der Leistungssteuerung

▷ Text Seite 135 Zielformulierung

hin überprüfen. Eine in leistungssportlicher Hinsicht optimale Zielsetzung liegt im oberen Bereich des realistisch Möglichen. Wer seine Ziele chronisch zu hoch ansetzt, wird ständig frustriert. Wer sie zu niedrig ansetzt, bleibt unter seinen Möglichkeiten.

Trainingsplanung

Die Trainingsinhalte ergeben sich primär aus der Defizitanalyse. Dabei ist wichtig, dass man Training gedanklich nicht ausschließlich mit Konditionstraining gleichsetzt. Training umfasst jeden der vier Bereiche Technik, Taktik, Psyche und Kondition. Es kommt darauf an, systematisch an bestimmten Punkten zu arbeiten. Nach dem Spaßprinzip immer denjenigen Routentypus zu klettern, den man ohnehin am besten beherrscht, ist also nur bedingt ein sinnvolles »Training«.

Wer Technikdefizite hat, sollte in erster Linie Technik trainieren. Entsprechendes gilt auch für die anderen trainierbaren Bereiche. Wo die größten Defizite sind, wird ein gezieltes Training auch den größten Erfolg bringen. Wer schon viel Kraft hat, hat wahrscheinlich auch Spaß am Krafttraining. Baut er noch mehr Kraft auf, kann er natürlich auch noch ein bisschen schwerer klettern. Es muss aber unterstellt werden, dass er mit dem gleichen Trainingsaufwand und anderen Inhalten mehr erreicht hätte. Konkrete Anleitungen zur Trainingsplanung finden sich im Trainingsskript des DAV für das Wettkampfklettern (Köstermeyer 2010).

Umsetzung und Evaluation

Die beste Planung nützt wenig, wenn man sie nicht in die Realität umsetzt – also wirklich trainiert, sei es an der Kletterwand, beim Bouldern oder im Kraftraum. Wer ernsthaft trainieren will, sollte regelmäßig dokumentieren, was er getan hat. So fällt es hinterher leichter, die Ergebnisse zu evaluieren.

Das Auswerten der Trainingsergebnisse ist der letzte wichtige Schritt. Kann ich eine bestimmte Leiste jetzt besser halten als vorher und um wie viel besser? Kann ich Routen einer bestimmten Charakteristik jetzt souveräner klettern oder nicht? Bin ich lockerer geworden, wenn es darum geht, 100 Prozent Leistung zu bringen? Ohne Auswertung ist es kaum möglich, die Effektivität eines Trainings zu beurteilen. Das heißt, man trainiert unter Umständen auf eine Art und Weise, die gar nichts nützt, und man merkt es noch nicht einmal.

Hat man hingegen dokumentiert und evaluiert, kann man oft bereits aus den Ergebnissen angemessene Korrekturen hinsichtlich der Ziele oder der Planung ableiten und somit den Regelkreis der Leistungssteuerung effektiv fortsetzen.

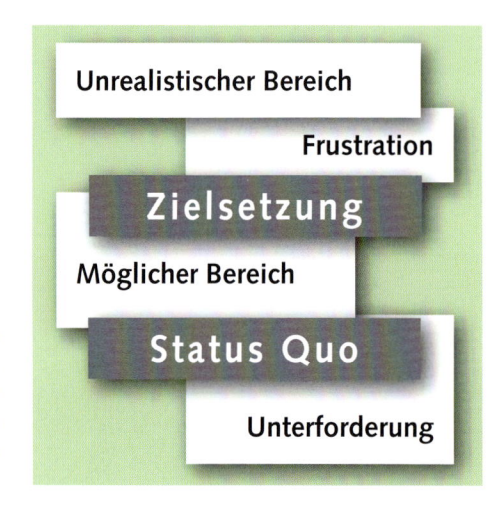

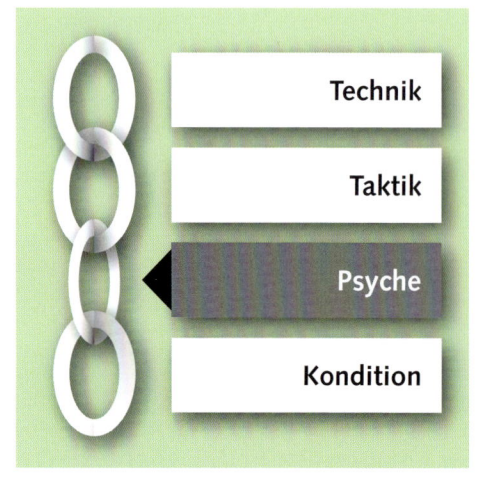

Links: Zielsetzung im oberen Bereich des realistisch Möglichen

Rechts: Die schwächsten Ressourcen zu trainieren bringt den größten Erfolg.

Trainingsmodelle

Trainingsmodelle mögen den Anschein erwecken, unnützer theoretischer Überbau zu sein. Sie sind aber für die Praxis außerordentlich wichtig, da jede Person, die ein wie immer geartetes Training plant, Ideen und Grundlagen für diese Planung benötigt. Ohne Modelle keine Planungsgrundlage!

Superkompensation

Die klassische Anpassungstheorie geht davon aus, dass die aktuelle Leistungsfähigkeit eines Sportlers von den vorhandenen Reserven an biochemischen Substanzen (zum Beispiel Glykogen) abhängt. Während eines anstrengenden Trainings werden die Energiespeicher mehr oder minder entleert. In der Pausenzeit nach dem Training füllen sie sich wieder – und zwar nicht nur bis zum Ausgangsniveau, sondern sogar etwas darüber hinaus. Dieser Vorgang wird Superkompensation genannt. Fällt die nächste Trainingseinheit mit der Superkompensationsphase zusammen, erhöht sich das Leistungsniveau.

Höherorganisation

Wissenschaftliche Untersuchung zeigen, dass die Betrachtungsweise der Superkompensation nur eingeschränkt gilt. Ein zentraler Kritikpunkt betrifft die Vorstellung, Anpassung vollziehe sich ausschließlich über Ermüdung. Man müsste sich demgemäß in jedem Training »plattmachen«, um seine Leistung zu verbessern. Dem ist aber nicht so. Es gibt eine zweite Form der Anpassung, bei der die Leistungsverbesserung unmittelbar während des Trainings stattfindet. Bouldert man eine Passage aus,

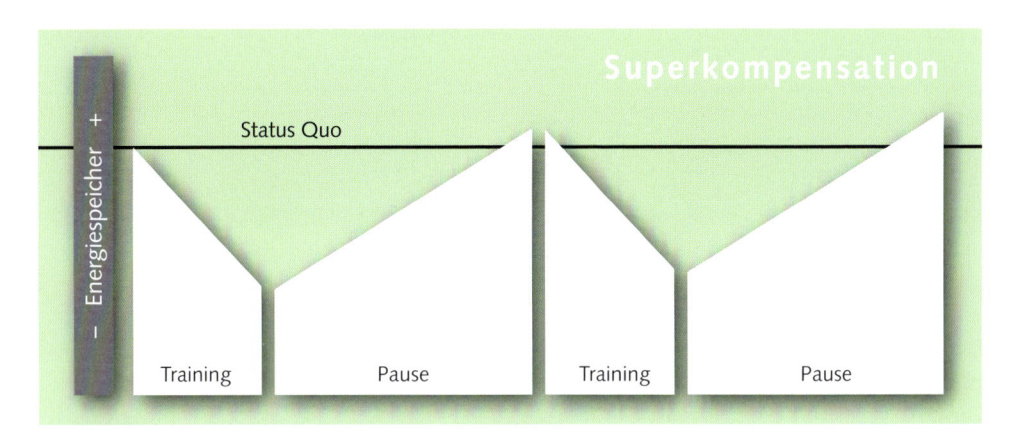

Superkompensation

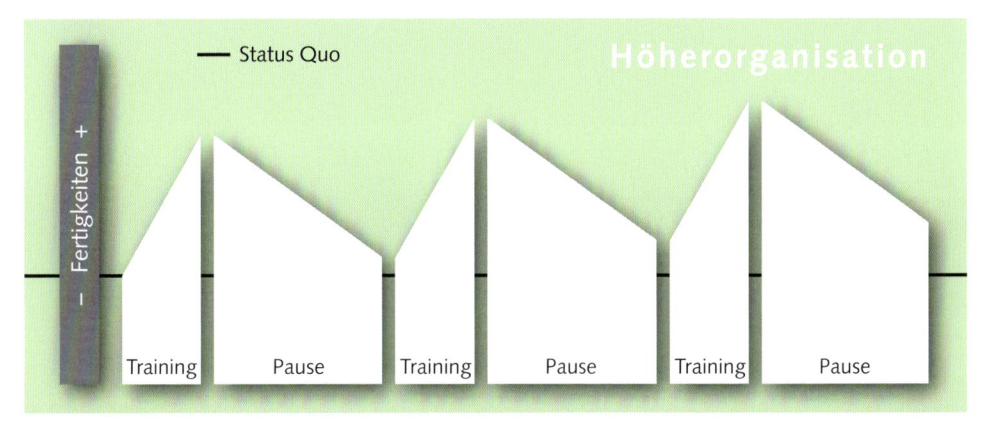

Höherorganisation

verbessert sich der Bewegungsablauf von Mal zu Mal. Nach der Trainingseinheit kommt es zu einer Leistungsabnahme. Am nächsten Tag gelingen die Bewegungen trotz frischer Kraft zunächst schlechter als am Vortag. Die Entwicklung verläuft somit gegengleich zur Superkompensation.

Belastungs-Beanspruchungs-Modell

Die sich scheinbar widersprechenden Effekte von Superkompensation und Höherorganisation wurden in ein neues, übergeordnetes Anpassungsmodell integriert (Olivier 2008). Es arbeitet mit dem Begriff »Ressource« und vertritt folgende Aussagen.
Jedes Training wirkt unterschiedlich. Letzten Endes weiß niemand, was im Detail verändert wird und welche Ressourcen genau beansprucht werden. Viele Lerneffekte während des Trainings sind kurzfristig und gehen danach auch wieder verloren.
Das Belastungs-Beanspruchungs-Modell unterscheidet darüber hinaus (objektive) Belastungen und individuelle Beanspruchungen. Als Belastungen zählen die Trainingsübungen, aber auch weitere Einflüsse wie Wetter, Tageszeit und Ernährungszustand. Beanspruchungen sind die individuellen Auswirkungen der Belastungen. Sie hängen von den Eigenschaften, Fähigkeiten und Fertigkeiten des Sportlers ab. Die gleiche Belastung kann somit bei zwei Personen sehr unterschiedliche Beanspruchungen nach sich ziehen. Ebenso kann eine bestimmte Belastung – zu unterschiedlichen Zeitpunkten – auch beim selben Sportler zu unterschiedlichen Beanspruchung führen.

▷ Text Seite 8 Ressourcen

Um eine Belastung zu bewältigen, stehen strukturelle und konsumtive Ressourcen zur Verfügung. Strukturelle Ressourcen bleiben bei einem Einsatz unverändert. Konsumtive Ressourcen werden verbraucht. Das Belastungs-Beanspruchungs-Modell geht davon aus, dass Strukturen wie Muskeln oder Engramme durch Training zwar beansprucht werden, diese Beanspruchung aber keine kurzfristigen Folgen hat. Mittelfristig hingegen kommt es zu einer verbesserten Organisation dieser Strukturen und somit zu Leistungssteigerung. Parallel dazu werden die Konzentration und die im Körper gespeicherte Energie »konsumiert«. Dies führt kurzfristig zu Beanspruchungsfolgen wie Ermüdung oder Konzentrationsverlust. Die konsumtiv belasteten Systeme steigern sich nach dem Prinzip der Superkompensation.

Trainingsprinzipien

Geeignete Trainingsbelastungen verbessern die körperliche Leistungsfähigkeit, da der Körper beansprucht wird. Damit dies optimal gelingen kann, sind vier Aspekte von besonderer Bedeutung: Überlast, Akkommodation, Spezifik und Individualität.

Überlast

Im Training kommt es zu Anpassungen, wenn die trainierten Organsysteme über das normale Maß hinaus beansprucht werden. Trainingsbelastungen sollen demnach stimulierend sein, das heißt, sie liegen über dem normalen Niveau und lösen Anpassungen aus

Links unten: Unterschiedliche Wirkung einer objektiv gleichen Belastung auf die Sportler A und B

Rechts unten: Trainingsbeanspruchung kann unterschiedliche Ziele haben.

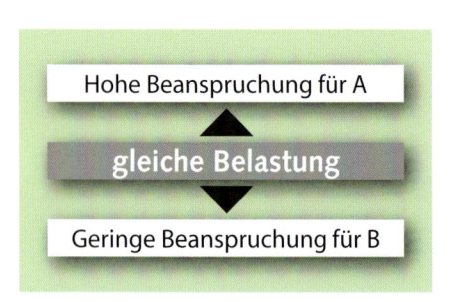

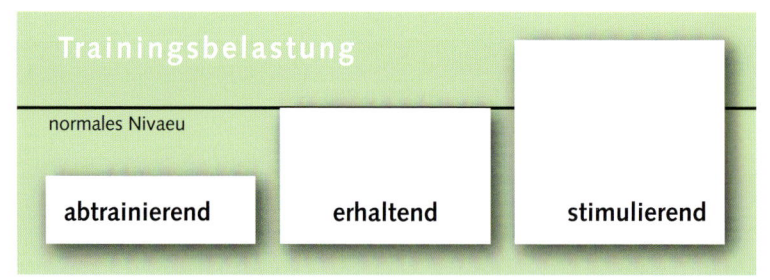

Hohe Beanspruchung für A
↑
gleiche Belastung
↓
Geringe Beanspruchung für B

Trainingsbelastung

normales Niveau

| abtrainierend | erhaltend | stimulierend |

(wirksame Beanspruchung). Am besten setzt man bei jedem Training einen neuen Reiz in Form höherer Intensität, größeren Umfangs oder neuer Inhalte.

Trainingsbelastungen können aber auch stabilisierend sein. In diesem Fall stellen sie keine Beanspruchung über das normale Niveau hinaus dar und lösen keine Anpassung aus. Sie dienen lediglich dem Erhalt der Leistungsfähigkeit. Drittens können Trainingsbelastungen auch abtrainierend sein, das heißt, die Beanspruchung liegt unter dem normalen Niveau und führt zu einer Reduktion der Leistungsfähigkeit.

Bei niedrigen Belastungen und auch bei großen Pausen zwischen den Trainingseinheiten fehlen stimulierende Trainingsreize. Die Leistungsfähigkeit reduziert sich bereits nach wenigen Wochen, zum Teil schon nach einigen Tagen. Spitzensportler sollten daher in der Wettkampfphase maximal drei volle Ruhetage hintereinander einlegen, die Regel sind ein bis zwei Ruhetage.

Akkommodation

Behält man dieselben Übungen mit gleicher Trainingsbelastung bei, stagnieren die Fortschritte nach einem gewissen Zeitraum. Dieser Effekt heißt »Akkommodation«. Bei gleicher Belastung nimmt die Beanspruchung sukzessive ab, die Anpassung reduziert sich oder bleibt ganz aus. Im Hinblick auf die Akkommodation macht es wenig Sinn, Standardübungen oder Standardprogramme über längere Zeit beizubehalten. Trainingsprogramme müssen variabel sein. Dies betrifft Umfang, Intensität und Qualität. Qualitativ kann man das Training durch Wechsel oder Variation der Übungen modifizieren.

Spezifik

Die Spezifik von Trainingsübungen muss mit steigendem Leistungsniveau zunehmen. Beispielsweise kann eine Steigerung der Klimmzugleistung bei einem Kletterer mittleren Niveaus durchaus die Kletterleistung verbessern. Für einen Kletterer hohen Niveaus dürfte eine vergleichbare Steigerung weniger Einfluss auf die Kletterleistung haben, da Kletterbewegungen selten aus beidarmigem Ziehen bestehen. Meist geht es um einarmiges Ziehen mit Nachdrücken des anderen Arms. Der Kletterer hohen Niveaus muss spezifischere, dem Klettern ähnlichere Übungen verwenden, also beispielsweise Klimmzüge mit unterschiedlich hohem Griffniveau oder Übungen an der Hangelleiter.

Auf den ersten Blick scheint es unter diesem Blickwinkel am effektivsten, ausschließlich zu klettern. Allerdings würden die erforderlichen Beanspruchungen dann umgehend ausbleiben – Akkommodation und fehlende Überlast kämen zum Tragen. Der viel gerühmte Grundsatz »Klettern lernt man durch Klettern« funktioniert also nur auf niedrigem Niveau zufriedenstellend. Auf höherem Niveau müssen die einzelnen Routen oder Boulder so gestaltet werden, dass sie den Körper zielgerichtet

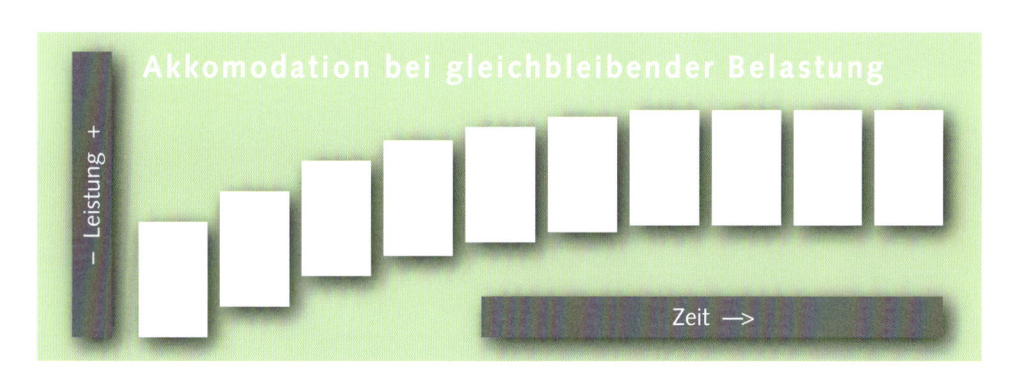

Akkomodation. Stagnation bei gleichbleibender Trainingsbelastung. Die Vierecke symbolisieren gleiche Belastung.

▷ Text Seite 151
Bouldertraining

▷ Text Seite 153
Systemtraining

▷ Text Seite 154
Ausgleichstraining

▷ Text Seite 159
Grundlagenausdauer

beanspruchen. Außerdem können zusätzliche, kletterähnlich gestaltete Kräftigungsübungen angemessen sein. Während bereits »normales« Bouldern bei Kletterern niedrigeren Niveaus in der Regel eine Leistungsverbesserung bewirkt, sollte man ab dem siebten bis achten Grad ein spezifischeres, sogenanntes Bouldertraining durchführen. Dabei werden Belastung und Pausenzeit derart gestaltet, dass eine effektive Beanspruchung resultiert. Auf hohem Niveau eignet sich ergänzend das Systemtraining, bei welchem identische Kletterzüge mehrfach hintereinander absolviert werden können.

Individualität

Schließlich ist noch die Individualität jedes Kletterers zu beachten. Das Training von A muss nicht das Richtige für B sein. Grundlegende Konzepte der Trainingsgestaltung oder einzelne Übungen können selbstverständlich übernommen werden, das gesamte Trainingsprogramm hingegen nicht.

Auch spielt die Frage, wie intensiv einerseits die Antagonisten und andererseits die Grundlagenausdauer zu trainieren sind, in diesem Zusammenhang eine wichtige Rolle. Für den Trainer kommt es darauf an, individuelle Programme zu erstellen und deren Wirksamkeit regelmäßig kritisch zu hinterfragen.

Energiebereitstellung

Muskeln entwickeln Kraft, wenn die in ihnen enthaltenen motorischen Einheiten über die entsprechenden Nerven gereizt werden. Jede motorische Einheit beinhaltet eine motorische Endplatte. An dieser wird der Reiz auf eine Vielzahl von Muskelfasern übertragen. Alle an die Einheit angeschlossenen Muskelfasern kontrahieren dann in ihrer Gesamtheit. Es gibt motorische Einheiten, die primär die weißen, schnellen Muskelfasern enthalten, andere sind überwiegend mit den roten, langsamen Muskelfasern gekoppelt. In beiden Fällen liefert Adenosintriphosphat (ATP) die Energie für das Kontrahieren. Der Vorrat erschöpft schnell, ist aber auch innerhalb kurzer Zeit wiederhergestellt, und zwar auf vier unterschiedlichen Wegen (Zintl 2009).

Bei der Trainingsplanung sollen die individuellen Voraussetzungen des Athleten berücksichtigt werden.

Anaerob alaktazid
(ohne Sauerstoff und ohne Laktatbildung)
- ATP in der Muskelzelle zerfällt zu ADP und P, hierbei wird Energie freigesetzt.
- Dieser Energievorrat reicht für 1 bis 2 Sekunden.
- Innerhalb kürzester Zeit entsteht aus ADP und Kreatinphosphat (KP) wieder ATP.
- Der ATP-Gehalt in der Muskelzelle sinkt nie unter 40 Prozent des Ausgangsniveaus.
- Die Erholungszeit für die KP-Speicher beträgt bis zu 20 Min.

Anaerob laktazid
(ohne Sauerstoff, aber mit Laktatbildung)
- Glykogen und Glukose aus Muskel und Leber werden unter Entstehung von Laktat zu ATP umgewandelt.
- Bei hoher Aktivität dieser sogenannten anaeroben Glykolyse fällt der pH-Wert (Übersäuerung), und die Kraftentwicklung kommt zum Erliegen.
- Die Halbwertszeit für den Laktatabbau beträgt 20 Min.; nach 40 Min. sind 75 Prozent des Laktats abgebaut.

Aerob
(mit ausreichend Sauerstoff)
- In der aeroben Glykolyse wird aus Glykogen, Glukose und Sauerstoff zunächst Pyruvat, aus diesem entsteht dann ATP.
- Die Erholungszeit beträgt bis zu 3 Tage.

Fettstoffwechsel
- Aus Fettsäuren entsteht ATP unter Verwendung von Sauerstoff, Kohlendioxid und Wasser.
- Bei diesem Prozess wird im Körper gespeichertes Fett verbraucht.
- Die Erholungszeit nach lang andauernden Beanspruchungen wie Expeditionen kann mehrere Wochen betragen.

Die kurzen Erholungszeiten für die anaerobe Energiebereitstellung legen nahe, dass man sich innerhalb einer Trainingseinheit mehrfach belasten muss. Einmal am Tag eine Route zu klettern und dabei dicke Arme zu bekommen genügt also nicht. Somit stellt sich die Frage nach dem Trainingsumfang. Wie viel muss man klettern oder trainieren?

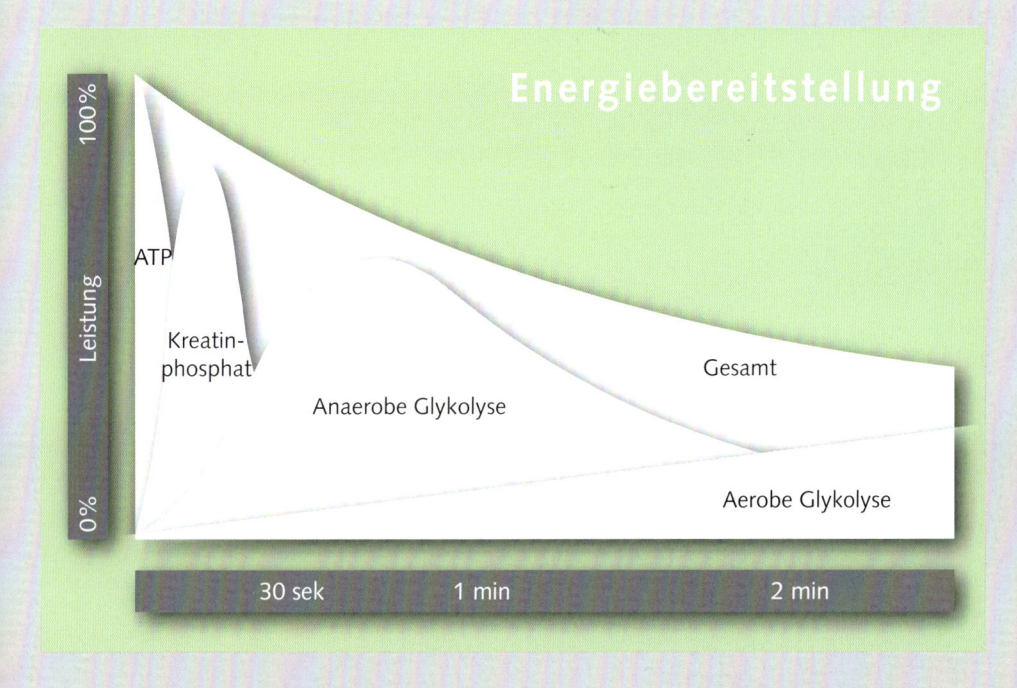

Energiebereitstellung. Die Gesamtenergie ergibt sich aus der Summe der einzelnen Anteile.

Trainingsumfang

Einzelne Routen oder Boulder sind bezüglich der Beanspruchung schwer zu erfassen (wie erschöpft ist man nach dem Durchstieg eines maximal schweren Boulders?). Man bewertet daher die Gesamtanstrengung einer Trainingseinheit. Um dies auf individueller Basis zu ermöglichen, bietet sich eine subjektive Anstrengungsskala an (modifizierte Borg-Skala, siehe nächste Seite). Der Anstrengungsgrad von 1 bis 10 ist dann gleichzeitig ein grobes Richtmaß für die Regenerationsdauer.

Beim Konditionstraining liegt die Beanspruchung zwischen 4 und 8, also zwischen »anstrengend« und »sehr schwer«.
Beim Techniktraining ist es nicht sinnvoll, sich in größeren Abständen vollkommen »plattzumachen« – besser öfter trainieren, da die Verbesserung während des Trainings stattfindet. Es empfiehlt sich somit, überwiegend im Bereich 3 bis 5 der Anstrengungsskala zu bleiben und entsprechend kurze Pausen zwischen den Trainingseinheiten einzulegen.
Je länger man ernsthaft trainiert, umso weniger reagiert man auf Training mit Anpassungen im Bereich der Kondition. Daraus ergibt sich, dass Umfang und Intensität mit zunehmender Leistungsfähigkeit gesteigert werden müssen. Um den Umfang zu bestimmen, kommt anstelle der üblichen Wiederholungszahlen die Anzahl der Kletterzüge infrage. Anstelle der Züge können alternativ die Klettermeter mit dem Faktor zwei multipliziert werden. Bei isolierten Kraftübungen wertet man jede Wiederholung als einen Zug. Nach diesem System lassen sich Trainingsleistungen vergleichsweise einfach addieren. Als Anhaltswerte können die folgenden Umfänge für Phasen mit 100-prozentiger Trainingsintensität dienen.

Umfang bei voller Trainingsintensität
- im ersten und zweiten Trainingsjahr 300 bis 600 Züge pro Woche
- im dritten bis fünften Trainingsjahr 500 bis 900 Züge pro Woche
- ab dem sechsten Trainingsjahr 800 bis 1200 Züge pro Woche

In der Regel wird nach 8 bis 10 Jahren intensiven Trainings eine Grenze erreicht, an der sich die konditionellen Ressourcen nicht weiter steigern lassen. Jenseits dieser Grenze sind dann lediglich noch Verbesserungen im technisch-taktischen oder im mentalen Bereich möglich. Für den Breitensport gilt diese Aussage natürlich nicht. Wer 15 Jahre geklettert ist, ohne dabei systematisch zu trainieren, kann seine Kraft immer noch steigern.

▷▷ Text Seite 150 Periodisierung
▷ Text Seite 19 Akommodation
▷ Text Seite 151 Krafttraining

Subjektive Anstrengung

Grad	Beanspruchung	Pause
1	sehr leicht	<12 h
2	leicht	<12 h
3	etwas anstrengend	12-24 h
4	anstrengend	um 24 h
5-6	schwer	24-48 h
7-8	sehr schwer	48-72 h
9-10	maximal	>72 h

Subjektive Anstrengungsskala als Richtmaß für den Trainingsumfang

Techniktraining muss nicht zwingend körperlich anstrengend sein. Es kann auch Ressourcen wie Gleichgewicht und Konzentration beanspruchen.

Biomechanik

Um kognitiv zu verstehen, wie man Positionen und statische Züge ökonomisch gestalten kann, sind einige grundlegende mechanische bzw. biomechanische Gedanken hilfreich.
Ob jemand diese Gedanken gewinnbringend umsetzen kann, ist typabhängig. Ein eher mathematisch veranlagter Mensch findet Spaß daran, sich in physikalische oder mechanische Gesetzmäßigkeiten zu vertiefen, und ist mit diesem Wissen oftmals in der Lage, gute Vorhersagen bezüglich der Klettertechnik zu treffen. Wer weniger der Mathematik zugetan ist, entscheidet viel ausschließlicher auf Basis seines Bewegungsgefühls.

Kräfte und Vektoren

Will man eine Kraft mathematisch beschreiben, ordnet man ihr einen Betrag (in Newton oder Kilonewton, N oder kN) und eine Richtung zu. Diese beiden Größen sind mittels eines Pfeils (Vektor) darstellbar. Die Länge des Pfeils steht für den Betrag der Kraft. Oft werden Kletterfotos mit derartigen Kraftpfeilen versehen, um Aussagen bezüglich der Technik zu verdeutlichen. Allerdings entsprechen diese Pfeile nur höchst selten einer schlüssigen mathematischen Betrachtungsweise.
Für ein statisches (unbewegtes) System gibt die Mathematik vor, dass die Summe aller Kräfte null zu sein hat. Anders formuliert, muss die Summe der Haltekräfte (Hände und Füße) genau dem Gewicht des Kletterers entsprechen und senkrecht nach oben wirken, also entgegengesetzt zur Erdanziehung. Dieser Grundsatz gilt annäherungsweise auch für langsame Kletterbewegungen. Bei dynamischen Systemen bzw. Dynamos ist die Summe der Kräfte ungleich null. Aus ihrem Wert ergeben sich die Beschleunigungsrichtung und die Stärke der Beschleunigung. Die Betrachtung dynamischer Systeme ist allerdings zu komplex, um hier weiter thematisiert zu werden.

Links: Vektoren haben Richtung und Betrag. Bei langsamen Bewegungen ist die Summe der Haltekräfte gleich der Gewichtskraft.

Rechts: Zum Addieren kann man Vektoren verschieben. Die Kraftwirkungslinie eines Vektors geht durch die beiden Punkte, an denen die Kraft ansetzt.

Vektoren addiert man, indem man sie aneinanderreiht. Zu diesem Zweck muss und darf man sie verschieben (aber nicht drehen). Es kann deshalb nötig sein, die »Kraftwirkungslinie« des Vektors mit anzugeben. Sie geht durch die beiden Punkte, zwischen denen die Kraft gemessen oder berechnet wird.

Schwerpunkt über Tritt

An sich eine klare Sache: Liegt der Körperschwerpunkt genau über einem bestimmten Tritt, kann man darauf einbeinig balancieren. So weit, so gut – nur meint eine nicht unerhebliche Anzahl von Kletterern, dass auch die Position der Ferse eine Rolle spiele, wenn man den Schwerpunkt möglichst gut über den Tritt bzw. möglichst nahe an die Wand bekommen möchte. Die Ferse sei schließlich der Basispunkt des Körpergewichts. Das ist falsch. Nach dieser Logik könnten Leute mit großen Füßen selbst in einer leicht überhängenden Wand noch ständig einen No-hand-rest finden. Es geht also definitiv nur um den Kontaktpunkt mit der Wand, und es ist in diesem mechanischen Zusammenhang egal, ob man mit Spitze, Ballen oder Ferse antritt. Die unbedeutende, durch die unterschiedlichen Fußstellungen verursachte Schwerpunktänderung ist bei dieser Betrachtung vernachlässigt. Man beachte allerdings, dass die Frage »wie« angetreten wird, in punkto Klettertechnik durchaus eine wichtige Rolle spielt.

Zwei Haltepunkte

Bereits bei zwei Haltepunkten wird das System deutlich komplizierter. Wählt man einen Griff plus einen Tritt und ermittelt außerdem den Schwerpunkt, lassen sich die Kraftwirkungslinien für Hand und Fuß zeichnen und die

Links: Treffen sich die Kraftwirkungslinien im Schwerpunkt, sind Hand- und Fußkraft festgelegt.

Rechts: Körperspannung bewirkt, dass sich die Kraftwirkungslinien nicht im Schwerpunkt schneiden, sondern in dessen Lot.

zugehörigen Kräfte berechnen. In der oben dargestellten Position sind die Kräfte weitgehend festgelegt. Hat man mehr Bewegungsspielraum, kann man den Schwerpunkt sowohl hinauf und hinunter als auch von der Wand weg oder zur Wand hin bewegen. Jede Schwerpunktverlagerung verändert die Kraftverteilung auf Hand und Fuß. Eine Verlagerung von der Wand weg führt außerdem dazu, dass die Kräfte sowohl an der Hand als auch am Fuß zunehmen. Analog dazu verursacht Verlagerung zur Wand hin das Gegenteil.

Man kann in der gegebenen Situation aber auch noch etwas anderes tun, nämlich mittels Körperspannung den Fuß zur Hand ziehen oder von ihr wegpressen. Ein Beispiel zur Verdeutlichung: Man hängt in einem Boulderüberhang beidarmig an einem guten Griff (ein Haltepunkt, beide Füße in der Luft). Besitzt man genug Körperspannung, kann man mit einem der beiden Füße schwungfrei verschiedene Tritte ansteuern, den Fuß an unterschiedlichen Stellen ruhig in der Luft verweilen lassen oder an einer reibungsarmen Stelle trotzdem »auf Reibung« antreten. Dieser Effekt ist mit dem obigen Satz »den Fuß zur Hand ziehen« gemeint (Bild Seite 26 unten). Um diesen Effekt vektoriell darzustellen, schneidet man die Wirkungslinien nicht mehr im Schwerpunkt, sondern an einer bestimmten Stelle exakt in seinem Lot. Die Haltekraft nimmt dabei zu. Die Belastungsrichtung des Fußes geht stark in

Links: Die Belastungsrichtung des Griffs geht nach oben und hat etwa den Betrag des Körpergewichts. Für die Füße wurde ein gemeinsamer Kraft-Ansatzpunkt gewählt.

Rechts: Theoretische, minimale Haltkraft bei Belastung rechtwinklig vom Fels weg

Richtung Wand, wodurch man auch schlechte Reibungstritte nützen kann. Das umgekehrte Beispiel ist ein Untergriff. Die Belastungsrichtung desselben geht nicht zum Schwerpunkt, sondern mehr nach oben. Analog schneiden sich die Wirkungslinien exakt im Lot über dem Schwerpunkt.

Betrachtet man die bei diesen Beispielen notwendige Haltekraft, stellt man überraschenderweise fest, dass sie ihren kleinsten Betrag aufweist, wenn die Belastung des Griffs im rechten Winkel von der Wand weg erfolgt (Abbildung oben rechts).

Drehmomente

Beim Klettern treten häufig Drehmomente um die Körperlängsachse auf. Situationen, in denen man sie zu spüren bekommt, werden »offene Tür« genannt. Drehmomente sind als Kraft x Hebelarm definiert und werden in Newtonmeter (Nm) gemessen. Um ein Drehmoment zu bestimmen, benötigt man die Drehachse (Hand-Fuß-Linie), den Abstand des Schwerpunkts zu dieser Achse, das Gewicht und eine Winkelfunktion, die das maximale Drehmoment auf den in der gegebenen Raumlage wirksamen Anteil reduziert – kurz: Die genaue Berechnung ist komplex. Drehachse und Schwerpunktlage stellen aber unabhängig von der exakten Formel wichtige Größen dar.

Zunächst ist klar, dass Drehmomente zusätzliche Kräfte verursachen. Idealerweise vermeidet man entsprechende Positionen. Sind Drehmomente nicht zu umgehen, gibt es zwei grundsätzliche Strategien. Strategie eins wählt die stabilisierenden Punkte, in der Regel die beiden Tritte, eher weit von einander entfernt. Das Drehmoment bleibt dabei gleich. Die Länge des Hebelarms verhält sich umgekehrt proportional zur Stabilisierungskraft (Schwerpunktverlagerung durch unterschiedliche Trittwahl vernachlässigt). Ein größerer Hebelarm erfordert mithin weniger Krafteinsatz. Es fällt leichter, die für den Bewegungsablauf notwendige Position zu stabilisieren.

Aus Drehachse und Abstand zum Schwerpunkt ergibt sich das Drehmoment bei der offenen Tür.

▷▷ Text Seite 46 Lotgleichgewicht

Ein größerer Abstand des linken Fußes von der Drehachse (Hand – rechter Fuß) reduziert die erforderliche Stabilisierungskraft.

NO

Dieses Prinzip gilt in gleicher Weise bei Schulterzügen. Je weiter der untere Fuß von der Drehachse entfernt ist, desto geringer die Stabilisierungskraft.

Strategie zwei verlagert den Schwerpunkt zur Drehachse hin. Gemäß Definition nimmt das Drehmoment bei diesem Vorgang insgesamt ab. Gelingt es, den Schwerpunkt genau in die Drehachse oder ins Lot der Drehachse zu bringen, ist das Drehmoment null.

Beim Klettern kombiniert man häufig beide Strategien. Man variiert Tritte und Schwerpunktlage, bis sich die Stellung optimal anfühlt. Ein gutes Gespür für die optimale Position genügt, um ökonomisch zu klettern. Eine schlüssige Erklärung für die wahrgenommenen Effekte gelingt aber nur, wenn man die mechanischen Aspekte kennt und getrennt betrachtet.

Störfaktoren

Alle bisher dargelegten Effekte sowie auch alle weiteren, im Rahmen des Kapitels »Koordination« beschriebenen Prinzipien können durch Störfaktoren überlagert sein. Ein Störfaktor verhindert, dass man den erwarteten Effekt an einer bestimmten Kletterstelle spürt. Störfaktoren können sogar derart gravierend sein, dass man das Gegenteil des erwarteten Prinzips wahrnimmt und in der Folge geneigt sein kann, das Prinzip als solches in Frage zu stellen.

Im Beispiel des positiv wirkenden größeren seitlichen Trittabstands bei der offenen Tür verursacht ein zu großer Abstand eine so ungünstige Körperhaltung (weit seitlich ausgestelltes Bein), dass man die entsprechende Situation als unökonomisch wahrnimmt. Eine Stellung mit mittlerem Abstand fühlt sich besser an. Stimmt also die kinästhetische Wahrnehmung nicht mit den mechanischen Gesetzen überein, kann man sich auf die Suche nach dem »Bösewicht« machen. Grundsätzlich ist es möglich, zu allen Ökonomieprinzipien Störfaktorenlisten zu erstellen. Dies sei aber der Eigeninitiative wirklich interessierter Trainer oder Athleten überlassen.

◁◁ Text Seite 72
Schulterzug

◁◁ Text Seite 48
Einpendeln

Links: Schwerpunktverlagerung zur Drehachse hin reduziert das Drehmoment

Rechts: Störfaktor. Das Prinzip großer Hebel – kleine Kraft wird hier durch zu weit gespreizte Beine überlagert.

Bewegungsphasen

Um detailliert über Klettertechnik reden zu können, benötigt man eine möglichst klare Terminologie. Doch selbst unabhängig davon, dass häufig verschiedene Bezeichnungen für gleiche Muster verwendet werden (zum Beispiel »Dropknee« anstatt »Ägypter«), ist es schwierig, Bewegungsabläufe in Worte zu fassen. Die Kommunikation wird erleichtert, wenn man Bewegungen in typische Abschnitte unterteilt. Eine solche Phasengliederung ist auch in anderen Sportarten üblich. Beim Klettern lauten die Phasen: Vorbereiten, Greifen, Stabilisieren. Durch die Stabilisierungsphase wird oft bereits die nächste Vorbereitungsphase eingeleitet. Manchmal verschmelzen beide Phasen sogar miteinander.

Die Phasenbetrachtung kann sowohl für statische als auch für dynamische Bewegungen angewendet werden. Sie hat sich bewährt, um differenziert über Bewegungen zu sprechen. Sie eignet sich zudem dafür, die eigene Bewegungsvorstellung klarer zu strukturieren (zum Beispiel Spannungsaufbau in der Greifphase).

Vorbereitungsphase

Zur Vorbereitungsphase gehören die Trittauswahl und alle Aktionen, um den Körper in eine geeignete Stellung für den geplanten Zug zu bewegen. Dieser Vorgang wird »Positionieren« genannt.

Vorbereiten
- Erkennen und Auswahl von Griff- und Trittstrukturen
- Umtreten und/oder Fußwechsel
- Bewegungsablauf frontal oder eingedreht initiieren
- Schwerpunktverlagerung, insbesondere durch Verschieben des Beckens
- gegebenenfalls Zwischengreifen, um den geplanten Zug ausführen zu können

Hauptphase, Greifphase

Die Hauptphase stellt das zentrale Bewegungselement dar. Sie umfasst alle Aktionen, die den Zug zum nächsten Griff betreffen.

Vorbereitungsphase. Fußarbeit und Finden einer geeigneten Ausgangshaltung für die folgende Hauptphase

Weitergreifen
- Spannungsaufbau
- Ausholbewegung und/oder Beschleunigung
- Körperhub
- Lösen vom Griff
- Führen des Armes
- Greifen des neuen Griffs

Stabilisierungsphase

Stabilisieren bedeutet, die neue Situation zu kontrollieren. Erreicht man den Zielgriff statisch, ist das Stabilisieren meist unproblematisch. Bei dynamischen Zügen kommt es aber sogar vor, dass das Stabilisieren die Hauptschwierigkeit darstellt. In dieser Phase können folgende Aktionen auftreten.

Stabilisieren
- Fingerstellung am Griff optimieren
- Spannung aufbauen und/oder halten
- Fuß versetzen
- Schwerpunkt neu positionieren
- Pendelschwung abfangen

In der Regel beziehen sich die Aktionen der Vorbereitungsphase auf eine nachfolgende Greifbewegung. Die obigen Ausführungen zu den einzelnen Phasen betreffen diesen Fall. Bei Plattenkletterei besteht die Hauptschwierigkeit aber häufig darin, einen neuen Tritt anzutreten und zu belasten. In derartigen Fällen muss das »Weitertreten« als Hauptphase betrachtet werden.

Die Phasenbetrachtung zielt keinesfalls darauf ab, Bewegungen zu zerhacken oder in Momentaufnahmen zu zerlegen. Dieser Eindruck könnte entstehen, da im Rahmen der Phasen einzelne Bilder aus mehr oder weniger flüssigen Bewegungsabläufen herausgegriffen und analysiert werden. Abbildungen können generell nur Momente wiedergeben. Sie müssen in jedem Fall gedanklich zu Bewegungssequenzen zusammengefügt werden – unabhängig von der Frage der Phasenbetrachtung.

Klettern besteht zwar überwiegend aus Bewegungsabläufen, aber nicht immer. Auch der beste Kletterer verharrt hin und wieder, sei es, dass er clippen muss, dass er verschiedene Griffe erfühlt oder die Arme ausschüttelt. Es wäre falsch, immer nur flüssige Bewegungsabläufe zu betonen – auch Verweilen gehört zum Klettern. Verweilt man, muss es darum gehen, die entsprechende Position stabil und ökonomisch zu gestalten.

Stabilisierungsphase. Hauptsächlich bei Dynamos von Bedeutung

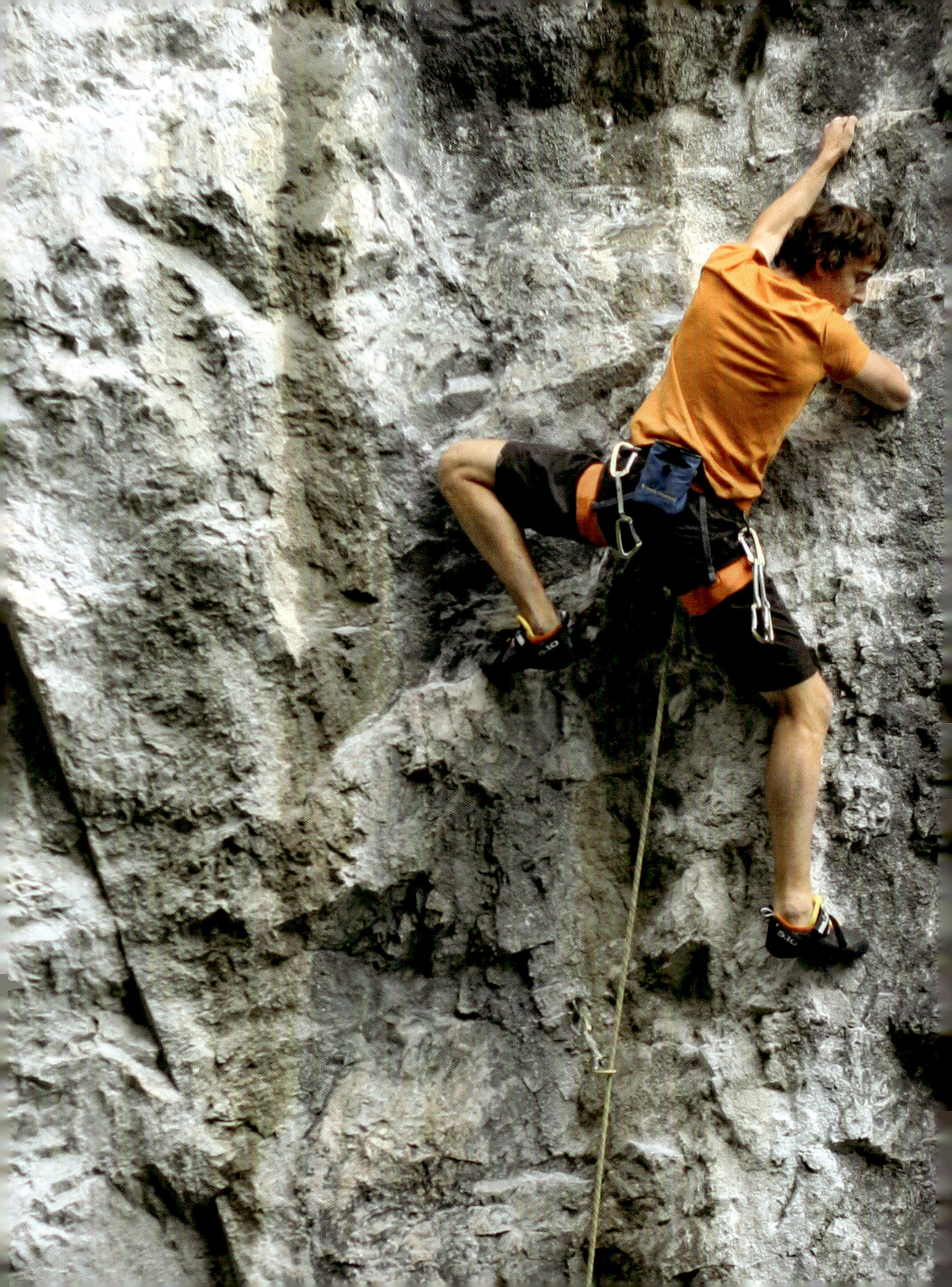

Elemente effektiven Bewegens

Elemente effektiven Bewegens

Wie bereits in der Einführung dargelegt, gab es im Laufe der Jahre mehrere Ansätze, den Komplex Klettertechnik zu gliedern. Die Aufgabe, ein schlüssiges Gesamtkonzept zu entwerfen, ist schwierig – existieren doch auf der einen Seite unterschiedliche Bewegungsmuster und auf der anderen Seite immer wiederkehrende »Prinzipien ökonomischen Kletterns«. Diese ursprünglich von Stefan Hilgers formulierten und als »PÖKs« bezeichneten Prinzipien wurden später den koordinativen Fähigkeiten Gleichgewicht, Körperspannung, Dynamik und Präzision zugeordnet. Der Lehrplan gliedert die Ökonomiekriterien bzw. die ihnen zugeordneten Technikelemente auf dieser Basis.

Ein aktuell diskutierter Gliederungsansatz betrachtet die Klettertechnik im Verlauf der bereits erläuterten Bewegungsphasen. Der Ansatz geht auf Guido Köstermeyer (2012) und Andreas Hofmann (2007) zurück und ordnet den einzelnen Phasen sogenannte Bewegungsmerkmale zu. Diese Betrachtungsweise stellt das Bewegen in den Mittelpunkt und gliedert die Merkmale gemäß der Reihenfolge ihres Auftretens im Verlauf der Phasen. Die Autoren beziehen sich bei der Beschreibung der Merkmale auf senkrechte bis mäßig überhängende Wandkletterei und haben den resultierenden Bewegungsablauf »Standardbewegung« genannt.

Standardbewegung meint dabei nicht einen normierten Ablauf wie dies zum Beispiel in Wurfsportarten der Fall ist, sondern ein variables, situativ angemessenes Anwenden der einzelnen Merkmale. Dieses Variieren ist notwendig, da selbst im Rahmen von Wandkletterei immer wieder unterschiedliche Technikelemente zum Einsatz kommen. Die Standardbewegung kann insofern frontal oder eingedreht erfolgen.

Die Merkmale der Standardbewegung gelten auch bei steiler Felskletterei.

Ökonomisches Bewegen bei Wandkletterei

Klar ist, dass die resultierende Beschreibung einen idealtypischen Bewegungsablauf darstellt, der in der Praxis durch diverse Störfaktoren (Text Seite 27) beeinträchtigt sein kann. Es wird also nicht immer gelingen, den gesamten Kletterablauf nach diesen Kriterien abzuspulen. Gleichwohl macht es Sinn, die eigenen Bewegungsmuster bzw. die Muster betreuter Schüler oder Athleten auf diese gut beobachtbaren Merkmale hin zu analysieren und an ihrer Optimierung zu arbeiten.

Das Konzept wird in Anlehnung an die genannten Autoren kurz skizziert. Die Merkmale sind zu fünf Gruppen zusammengefasst – die genauen Beschreibungen der einzelnen Merkmale finden sich in den entsprechenden Kapiteln. Begonnen wird die sich in Form eines Kreislaufs immer wiederholende Abfolge mit der Hauptphase.

Drüber und Rauf

Sobald Fußstellung und Körperposition für den nächsten Zug vorbereitet sind, schiebt man das Becken bestmöglich über die Tritte. Je nach Situation bedeutet dies zur Wand hin oder zusätzlich auch zur Seite. Dann folgt das »Rauf«, bei dem sich der Rumpf mehr oder weniger weit nach oben bewegt. Beide Bewegungen können auch dynamisch ausgeführt werden, wobei sie miteinander verschmelzen. Man spricht dann von Hüftauslösung oder Welle.

Weitergreifen in einem Zug

Während des Weitergreifens muss die andere Hand den Körper allein stabilisieren. Diese Phase erfordert erhöhte Körperspannung und soll deshalb kurz gehalten werden. Man belastet den Ausgangsgriff mit der Greifhand bis man für das »Rauf« und das damit unmittelbar verbundene Weitergreifen bereit ist. Die Greifbewegung wird zügig und ohne Unterbrechung vollzogen.

Stabilisieren, Nachgeben

Man fasst den neuen Griff möglichst schnell so, dass sich ein geeigneter Formschluss ergibt. War der Zug statisch, ist die neue Position automatisch stabil und die Aufgabe besteht darin, Körperspannung abzubauen. »Weich Greifen« spielt dieser Phase eine wichtige Rolle.
War der Zug dynamisch, kann das Stabilisieren die Hauptschwierigkeit darstellen. Es geht darum, schnell die notwendige Körperspannung aufzubauen. Das »Nachgeben« beginnt erst, wenn die Situation unter Kontrolle ist.

Anlaufen neuer Tritte

Sofern möglich, sollte das »Anlaufen« der neuen Tritte am »langen Arm« erfolgen. Köstermeyer (2012) spricht in diesem Zusammenhang von »Entkoppeln«. Damit ist gemeint, dass die Beinbewegungen zunächst unabhängig von den Armbewegungen vollzogen werden. Zum Anlaufen gehört die Frage der Schrittweite, die Thematik »leise Treten« und der Aspekt Lot. Man wählt Tritte, die sich im ungefähren Lotbereich der Haltehand befin-

◁ Text Seite 51 Greifen in einem Zug

◁ Text Seite 62 Weich Greifen
◁◁ Text Seite 44 Bewegungszentrum Hüfte

◁ Text Seite 50 Spannungsaufbau
◁◁ Text Seite 58 Hüftauslösung

◁ Text Seite 60 Positionieren

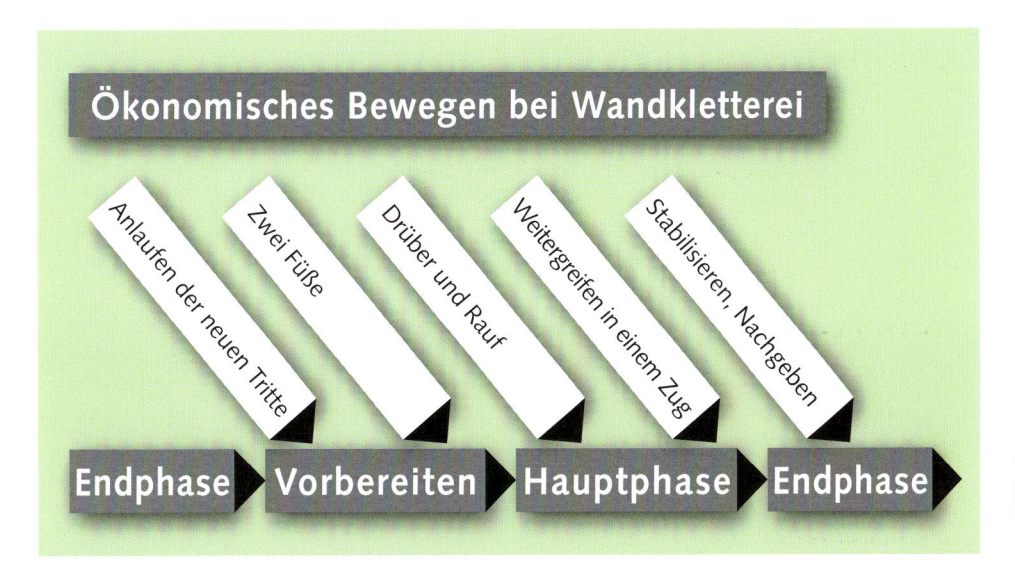

Die Schwerpunkte der Standardbewegung. Nach Hofmann (2007) und Köstermeyer (2012)

den. Sind beide Griffe etwa gleich hoch, kann der gesamte Wandbereich unter den Griffen zum Anlaufen genutzt werden.

Zwei Füße
Letztlich wünscht man sich die Tritte rechts und links des Lotes der Haltehand – hoch genug um beim nächsten »Drüber und Rauf« angenehm gestreckt am Zielgriff anzukommen. Steht lediglich ein Tritt zur Verfügung, kann der zweite Fuß auf Reibung gegen die Wand gestellt werden. Alternativ bietet sich ein »Pendelbein« an. Auch die Techniken »Scheren« und »Ziehen am Tritt« gehören zu dieser Phase, besonders wenn es eine offene Tür zu stabilisieren gilt.

▷ Text Seite 81
Diagonal einpendeln

Ökonomisches Bewegen in anderen Klettersituationen

Wie bereits erwähnt, gilt das skizzierte Konzept für Wandkletterei. Es deckt damit die typische Kunstwandsituation ab und trifft gleichermaßen auch für steile Felsrouten zu. Selbst beim Klettern an Wandstrukturen wie Kanten oder in Kaminen haben einige der genannten Merkmale volle Gültigkeit (z. B. »leise Treten«, »weich Greifen«). Die Beschreibung einiger anderer Merkmale passt aber nicht wirklich zum jeweiligen Bewegungskonzept.

▷▷ Text Seite 44
Schwerpunkt über die Tritte

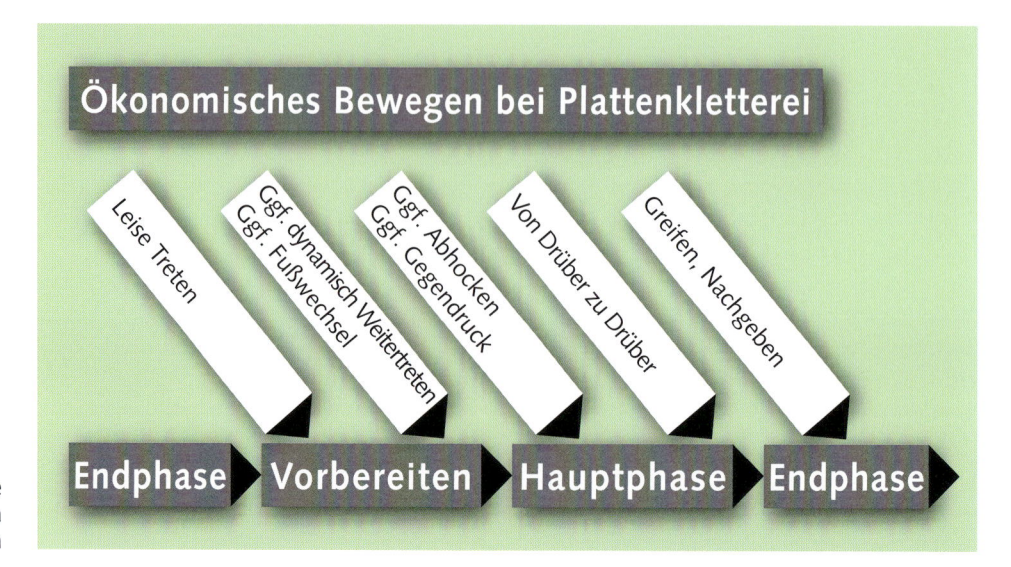

Grundsätzlich lässt sich jede Klettertechnik nach dem dargelegten Schema beschreiben. Man bestimmt die zentrale Aktion – also die Hauptphase. Dadurch sind auch die anderen Phasen festgelegt. Anschließend ordnet man den einzelnen Phasen die jeweils charakteristischen Merkmale zu. Explizit sei diese Vorgehensweise am Beispiel Plattenkletterei gezeigt.

Beispiel Plattenkletterei
Beim Bewegungskonzept für Plattenkletterei mit Steilheit von 80° oder weniger weichen einige der unter Wandklettern genannten Merkmale deutlich ab. Man stelle sich einen Kletterer vor, der sich auf einer Reibungsplatte im Lot der Haltehand und am langen Arm für das nächste Weitergreifen zu positionieren versucht. Korrekterweise bleibt der Schwerpunkt in diesem Gelände während der gesamten Bewegungssequenz bestmöglich über den Tritten. Manchmal genügt es, die Hände lediglich balancierend am Fels anzulegen. Oft, besonders wenn die Tritte klein, abschüssig oder

Ökonomisches Bewegen bei Plattenkletterei

Endphase	Vorbereiten	Hauptphase	Endphase
Leise Treten	Ggf. dynamisch Weitertreten / Ggf. Fußwechsel	Ggf. Abhocken / Ggf. Gegendruck	Von Drüber zu Drüber	Greifen, Nachgeben

Die Schwerpunkte bei Plattenkletterei im Verlauf der Phasen

weit voneinander entfernt sind, besteht die Hauptphase im Weitertreten.

Aus »Drüber und Rauf« wird »von Drüber zu Drüber und Rauf«. Der sich über dem ursprünglichen Standfuß befindende Schwerpunkt muss über den neuen Standfuß. Je nach Situation vollzieht man die Bewegung statisch oder angemessen dynamisch.
Bei statischer Bewegungsausführung und insbesondere bei fordernden Reibungstritten erfolgt zunächst eine Schwerpunktverlagerung über den neuen Tritt und anschließend der Körperhub (das »Rauf«).
Bei dynamischer Ausführung geht der Impuls vom ursprünglichen Standfuß aus. Die Beschleunigung erfolgt in direkter Linie zur angestrebten Endposition. Hüftauslösung ist verzichtbar.

Steht man »über« dem neuen Tritt, ist das Weitergreifen weder schwierig noch anstrengend. Hohe Körperspannung ist in dieser Phase überflüssig. Da die Arme wenig Kraft aufwenden müssen, spielt es keine Rolle, ob sie »lang« oder gebeugt sind.

Die Fußtechnik hat beim Plattenklettern hohe Praxisrelevanz. Leises und präzises Treten ist gefragt. In diesem Zusammenhang können Techniken wie Fußwechsel, Stützen oder Antreten auf Gegendruck hilfreich sein. Auch dynamisches Weitertreten und Abhocken auf hohen Tritten kommen situativ zum Einsatz. Es steht also eine breite Palette von Technikelementen zur Verfügung um das nächste »Drüber zu Drüber« vorzubereiten.

Im Folgenden werden zunächst die Aspekte der Bewegungsmerkmale Treten und Greifen erläutert. Danach folgen Beschreibungen weiterer Technikelemente. Sie können sowohl dem Bewegungskonzept der Standardbewegung als auch dem Plattenklettern zugeordnet werden, sind aber nicht nach den Phasen der Kletterbewegung, sondern nach den koordinativen Ressourcen Gleichgewichtsempfinden, Körperspannung, Dynamik und Präzision gegliedert. Für Körperspannung wird kinästhetische Differenzierung und für Dynamik Kopplungsfähigkeit benötigt. Koordinative Fähigkeiten sind daher eine wichtige Grundlage. Natürlich kann nicht jeder Aspekt zu jedem Zeitpunkt Gültigkeit haben. Ähnlich wie bei den Trainingsprinzipien scheinen sich manche Aussagen sogar zu widersprechen. Diese scheinbaren Widersprüche lösen sich auf, wenn man eine bestimmte Situation mit gesundem Menschenverstand betrachtet und überlegt, welche Grundsätze aktuell Relevanz besitzen und welche nicht. Wer zum Beispiel piazt, widerspricht dem Prinzip »Schwerpunkt über die Füße«. Trotz dieser absichtlichen Verlagerung ist Piazen eine bisweilen zwingende Technik.

◁ Text Seite 18
Trainingsprinzipien

◁◁ Text Seite 66
Reibungstechnik

Bei Plattenkletterei kann das Weitertreten die Hauptphase des Bewegungsablaufes darstellen.

ELEMENTE EFFEKTIVEN BEWEGENS

NO

Große Tritte im Bereich der vorderen Trittkante belasten

▷▷ Text Seite 62
Leise treten

▷▷ Text Seite 24
Schwerpunkt über Tritt

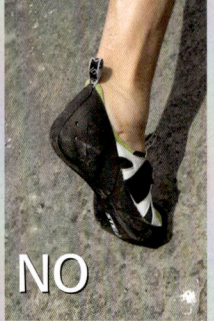

Antreten mit Innenballen und Außenrist

▷▷ Übungen
69, 75, 78

NO

Frontales Antreten, Ferse nicht zu hoch!

Treten

Das Körpergewicht wird in der Regel von Händen und Füßen gemeinsam gehalten bzw. getragen. Die Hände müssen dabei denjenigen Anteil halten, der von den Füßen nicht übernommen werden kann. Wer gut steht, spart also Kraft.

Die folgenden Ausführungen zur Tritttechnik beziehen sich auf leichte, profillose Kletterschuhe. In Sportkletterrouten sind solche Schuhe Standard, und auch in Mehrseillängenrouten bevorzugt man sie. Bei alpinen Klettereien können schwere Bergstiefel notwendig sein. Plant man entsprechende Touren, empfiehlt es sich, das Klettern mit Bergstiefeln speziell zu trainieren.

Kletterschuhe müssen sauber sein – jedenfalls von unten. Wer mit dreckigen Schuhen einsteigt, versaut nicht nur die Wand, sondern erhöht auch sein persönliches Risiko, »abzuschmieren«. Ist der Einstiegsbereich feucht oder erdig, leistet ein Seilsack gute Dienste, um den gesäuberten Schuh nicht wieder zu verdrecken. Beim Bouldern werden mitunter Startteppiche oder Fußabstreifer benutzt.

Je weicher die Schuhe, desto häufiger tritt man »auf Reibung« an. Härtere Kletterschuhe stehen besser auf kleinen Leisten oder Käntchen. Grundsätzlich sollte man den Fuß exakt platzieren und nicht wippen. Ein gut gesetzter Fuß kann nicht weiter verbessert werden. Wippen kostet Zeit und verschlechtert möglicherweise sogar die Platzierung. Wippen darf insofern getrost als genereller Kletterfehler betrachtet werden.

Leisten und konkrete Tritte

Findet sich ein konkreter Tritt, wird man diesen gegenüber Reibung oder Klemmern bevorzugen. Bei großen Tritten spielt die Fußstellung keine Rolle, man kann in jeder beliebigen Stellung auf dem Tritt stehen. Um bewegungsbereit zu sein, tritt man allerdings auch große

Tritte mit dem vorderen Teil des Kletterschuhs an (Ballenbereich). In Einzelfällen kann es Sinn machen, mit der Ferse anzutreten – sei es, um die Wade zu entspannen oder um eine nur geringfügig drehende offene Tür zu stabilisieren.

Sehr große Tritte werden im Bereich der vorderen Trittkante belastet. Je weiter der Fuß »vor« der Kletterwand steht, desto weniger Haltearbeit müssen die Hände leisten.

Leisten tritt man normalerweise seitlich an – also Ballenbereich Innenkante. Dies erfordert ein gezieltes Aufkanten bzw. Gegendrehen des Fußes. So verhindert man, dass die Sohle vom Tritt »abkippt«. Häufig werden Leisten auch mit der Außenkante des Schuhs angetreten (Außenrist).

Antreten mit der Fußspitze (frontales Antreten) macht in Dellen und Felslöchern Sinn. Innen- oder Außenseite finden hier keinen Halt. Beim Treten mit der Fußspitze hebt man die Ferse etwas an, sodass die Sohle im Zehenbereich horizontal oder leicht hängend belastet wird. Achtung: Zu starkes Anheben der Ferse kann die Fußspitze vom Tritt »herunterhebeln«.

Reibung

Bei Reibung unterscheidet man einerseits gleichmäßig geneigte, mehr oder weniger glatte Reibungsplatten und andererseits Reibungstritte in steilerem Gelände. Bei Ersteren versucht man, viel Sohle auf den Tritt zu bringen, das heißt, die Ferse bleibt tief oder befindet sich in Mittelstellung. Angetreten wird in der Regel frontal. Auf kleineren Reibungstritten und besonders in Reibungsdellen wird die Ferse deutlich mehr angehoben. Der Fuß würde sonst aus der Delle »herauskippen«. Auf Reibungstritten sollte man ruhig stehen. Bewegt man den Fuß, kann er abrutschen. Bewegungen unter Last können allerdings auf wirklich glatten Granit- oder Kalkplatten eine Rolle spielen. Hier kommt es vor, dass der Schuh langsam abwärts driftet. Man kann dies bis zu einem gewissen Grad kompensieren, indem man »in Bewegung bleibt«. Driftet der Fuß nicht, gilt die Forderung, ruhig zu stehen. Im Sandstein kommt diesbezüglich noch ein spezieller Effekt hinzu: Bewegt man den Fuß unter Last, können sich Sandkörner lösen und

◁ Übungen
54, 55

Oben: Bei Reibungstritt Ferse eher tief.
In Reibungsdelle Mittelstellung

Links: Reibungskletterei.
Käntchen mit der Hand wandparallel belasten, erhöht die Reibung der Füße

▷ Übungen
38, 76, 77

▷ Text Seite 72
Gegendrucktechnik

wie ein Kugellager wirken. Aus diesem Grund achtet man neben dem ruhig stehen darauf, dass sowohl Tritt als auch Sohle sandfrei sind (abblasen bzw. abstreifen).
Reibungskletterei im engeren Sinn kommt ohne Griffe aus. Die Hände werden stützend eingesetzt, um das Gleichgewicht zu halten. Häufig benutzt man beim Reibungsklettern aber auch normale Griffe. Mittels Körperspannung ist man in diesem Fall in der Lage, mehr Reibung an den Sohlen zu erzeugen.

Fuß verklemmen

Klassisch für Fußklemmer sind Handrisse von 4 bis 6 Zentimeter Breite. Man winkelt den Fuß seitlich ab und steckt ihn aufgekantet in den Riss. Dort wird er in Richtung der normalen Position zurückgedreht und klemmt. Führt man den Fuß horizontal ein und tritt ihn nach unten durch, bis es nicht mehr weiter geht, lässt er sich anschließend nur schwer wieder lösen.
In Fingerrissen kann man den Zehenbereich des Kletterschuhs in den Riss drücken. Oft findet man aber unabhängig vom Riss kleine Tritte, auf denen sich besser antreten lässt.

In Schulterrissen klemmt der Fuß diagonal (aktives Drehen des Beins). In engen Körperrissen versucht man, die Füße längs zu verklemmen.

Ziehen, Hakeln, Foothook

Diese Techniken kommen vorzugsweise bei Überhang- und Dachkletterei zum Einsatz. Der Begriff »Ziehen« mit den Füßen beschreibt Überhangsituationen, bei denen man die Füße benutzt, um den Schwerpunkt nahe an der Wand zu halten. Die Füße verhindern also, dass der Körper auswärts schwingt und man nur an den Armen hängt. Im Normalfall wird der Fuß dazu auf einem positiven Tritt platziert bzw. »in« den Tritt »gegraben«. Anschließend zieht man den Körper oder genauer das Becken zur Wand hin. Befindet sich der Tritt hoch oder weit seitlich, kann man das Ziehen auch mit der Ferse bewerkstelligen. Man spricht in diesem Fall von einem »Heelhook«.
In Dächern kann ein Fuß zwischen großen Griffen oder vergleichbaren Strukturen verklemmt werden und ziehen. Alternativ hängt man Zehenoberseite oder Rist an einer pas-

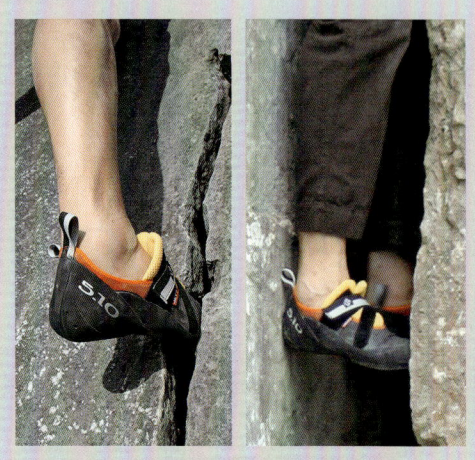

Oben: Fußklemmer und Füße längs verklemmen

Rechts: »Ziehen« mit dem rechten Fuß

senden Struktur ein und nennt man diese Technik »Hakeln« oder »Toehook«. Die Kombination Toehook mit dem einen und Gegentreten mit dem anderen Fuß führt zu stabiler Platzierung der Füße und bietet eine gute Möglichkeit, den Körper »felsnah« zu positionieren. Die genannten Hooks gehören zum Überbegriff »Foothook«. Neben den beschriebenen Situationen kommen sie oft am Ausstieg von Überhängen vor. Man setzt zunächst einen Heelhook und ändert die Fußstellung im Verlauf der Bewegungssequenz in eine normale Antretposition. Ggf. Durchstützen.

Fußwechsel

»Fußwechsel« bedeutet, die Füße auf dem gleichen Tritt zu wechseln. Dieser Vorgang wurde früher als »Trittwechsel« bezeichnet. Da es aber um den gleichen Tritt geht, ist Fußwechsel die treffendere Formulierung.
Ein Fußwechsel kann statisch oder dynamisch erfolgen. Man beachte, dass die Methoden »Wegtreten« und »Umspringen«, die in der älteren Literatur beschrieben wurden, nicht mehr zeitgemäß sind. Die optimierte dynamische Methode stellt eine Synthese beider Techniken dar. Dabei hält man zunächst den zweiten Fuß unmittelbar über den ersten. Der dynamische Fußwechsel erfolgt dann in Verbindung mit einer dosierten Hochentlastung. Der untere Fuß wird im Totpunkt herausgezogen. Bei kleinen Tritten ist eine weiche, fließende Bewegungsausführung wichtig.
Beim »Danebentreten« lässt man von vornherein etwas Platz auf dem Tritt, um den zweiten Fuß neben den ersten stellen zu können. Während dies bei großen Tritten keinerlei Probleme bereitet, ist bei kleineren Tritten Präzision gefragt.
Beim »Fußwechsel auf Reibung« baut man über entsprechende Körperspannung kurzzeitig eine Gegendrucksituation auf. Diese nützt man, um zweimalig auf Reibung anzutreten und letztlich den anderen Fuß auf dem Ausgangstritt zu platzieren.
Beim »Fußwechsel mit Zwischentritten« sind zwei zusätzliche Hilfstritte erforderlich. Mit drei Schritten wird der andere Fuß auf den Ausgangstritt gebracht. Oft ist in diesem Fall aber gar kein Fußwechsel erforderlich, da man die Bewegungssequenz auch von einem der Zwischentritte aus fortsetzen kann.

◁◁ **Übung**
18

◁◁ Text Seite 90
Durchstützen

◁ Text Seite 46
Antreten auf Reibung

Links: Heelhook
Rechts: Toehook und Gegentreten

40 | ELEMENTE EFFEKTIVEN BEWEGENS

Dynamischer Fußwechsel. Vorbereitend hält man den zweiten Fuß unmittelbar über den Ersten.

Dynamischer Fußwechsel. Eine dosierte Hochentlastung ermöglicht das Umtreten.

Daneben Treten. Von vorneherein etwas Platz auf dem Tritt lassen

Greifen

Primär geht es darum, Griffmöglichkeiten überhaupt zu erkennen und unterschiedliche Grifftypen wirklich nützen zu können. Daneben ist im Hinblick auf die Ökonomie das sogenannte »weiche Greifen« von Bedeutung. Da die Durchblutung der Arme belastungsabhängig ist, versucht man, sich »so wenig wie möglich« festzuhalten. Weiches Greifen setzt ökonomisches Bewegen voraus und wird unter »Präzision« behandelt.

Physiologisch günstige Fingerhaltungen

Die relativ kleinen Fingergelenke sind durch die hohen Belastungen beim Klettern besonders verletzungsgefährdet. Günstige Fingerstellungen sollten bevorzugt angewendet werden, ungünstige weniger. Vor allem hinsichtlich des Trainings ist dieser Aspekt von Bedeutung. Man beachte aber, das es im Sinne der Spezifik erforderlich ist, auch die »ungünstigen« Fingerstellungen in angemessenem Umfang zu trainieren.

Hängende Finger sind im Hinblick auf das Verletzungsrisiko günstig, aufgestellte und flach aufgestellte Finger weniger. Die starke Beugung im Mittelgelenk und die passive Überstreckung im Endgelenk können Ringbandrisse und Sehnenscheidenentzündungen verursachen. Spitz aufgestellte Finger kommen bei sehr feinen Schuppen zum Einsatz. Hinsichtlich der physiologischen Belastung sind sie günstiger als aufgestellte Finger. Die Technik ist aber koordinativ schwierig und kann schmerzhaft sein.

Griffe

Griffe können nach ihrer Belastungsrichtung in (normale) Griffe, Seitgriffe und Untergriffe eingeteilt werden. Es gibt aufgeschraubte Griffe, Leisten, Reibungsgriffe (Sloper), Löcher, Kiesel und Sinter. Griffe mit Hinterschnitt werden »positiv« oder »incut« genannt. Außerdem besteht oft die Möglichkeit, Griffe stützend zu belasten. Dazu rotiert man den Unterarm nach außen und legt den Handballen am Fels an. Grundsätzlich gilt das Prinzip des Formschlusses, man greift also mit möglichst viel Hand- bzw. Fingerfläche. Außerdem sind Griffe oft nur in bestimmte Richtungen belastbar. Die Klettertechnik muss daher entsprechend gewählt werden. Gelingt es nicht, die passende Technik zu finden, kann ein bestimmter Griff schlichtweg unbrauchbar sein.

Bei Löchern nimmt man den stärksten Finger oder das stärkste Fingerpaar. Ist das Loch leicht zu halten, kann man im Sinne eines taktischen Belastungswechsels auch schwächere Finger benutzen. Einfingerlöcher können für den Mittelfinger zu eng sein. Sind sie zudem scharfkantig, sollte man das Verletzungsrisiko abwägen. Für den Fall, dass die Füße rutschen und der Finger im Loch bleibt, ist ein Bruch die harmloseste Variante. Ähnliche unschöne

◁◁ Übungen
28, 29, 30, 33

◁◁ Text Seite 149
Laktazide
Kraftausdauer

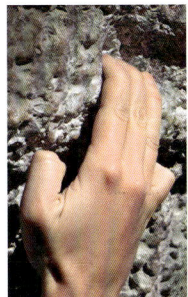

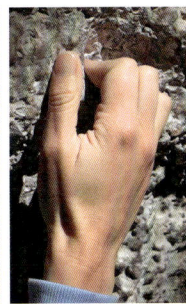

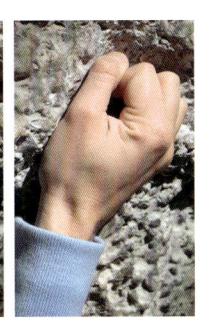

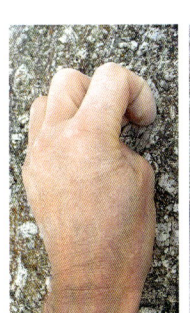

Linke Reihe:
Fingerstellungen:
hängend, flach, aufgestellt

Rechte Reihe:
Links: Finger spitz aufgestellt
Rechts: Formschluss

Handklemmer. Die Klemmwirkung entsteht durch Verdicken des Daumenballens.

Konsequenzen drohen bei einfingrigem Festhalten in engen Hakenösen und bei (Ehe-)Ringen, die im Sturzfall hängen bleiben.
Bei Löchern und Kieseln lässt sich die Haltekraft gegebenenfalls durch Übereinanderlegen mehrerer Finger erhöhen (bündeln). Bei Zangengriffen (zum Beispiel Sinter) wird zwischen Fingern und Daumen oder Fingern und Daumenballen Gegendruck erzeugt. Zangengriffe bieten oft die Möglichkeit einer Belastungsrichtung »vom Fels weg«, was ansonsten nur bei positiven Griffen möglich ist und zu einer Reduzierung der erforderlichen Haltekraft führt. Große, rundlich vorstehende Griffe hält man kraftsparend, indem man die ganze Hand seitlich darüberlegt (Affengriff). Der Arm kann dabei sowohl nach innen (kleiner Finger wandnah) als auch nach außen rotiert sein (Zeigefinger wandnah). Bei kleinen vorstehenden Kieseln oder großen Feldspatkristallen besteht die Möglichkeit, mit dem Daumen zu halten und die Beugung des Daumens mit zwei oder drei darüber gelegten Fingern zu unterstützen.

Klemmen

Paradebeispiel ist der Handriss. Die Klemmwirkung entsteht, indem man den Daumen zum kleinen Finger hin bewegt. Dadurch verdickt sich der Ballen und klemmt gegen den Handrücken. Dieser soll an einer möglichst formschlüssigen Rissstelle anliegen. Die Hand darf unter Belastung nicht im Riss rutschen – andernfalls sind Abschürfungen sehr wahrscheinlich. Zur Unterstützung für den klemmenden Daumenballen können die Finger im Grundgelenk gebeugt werden und zusätzlichen Gegendruck aufbauen. Wer allerdings versucht, nur durch den Gegendruck der gebeugten Finger zu klemmen, investiert viel Kraft und Schmerz, ohne wirklich Erfolg zu haben.
Für Handklemmer wird die Hand grundsätzlich Daumen oben in den Riss gesteckt. Nur so sind weite Durchläufer möglich. Verläuft der Riss schräg, klemmt die obere Hand oftmals auch mit Daumen unten. Muss man einen

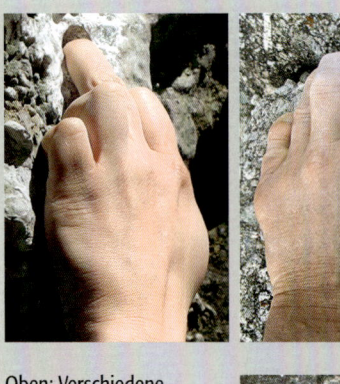

Oben: Verschiedene Greifarten: Fingerloch, Bündeln, Zange, Affengriff

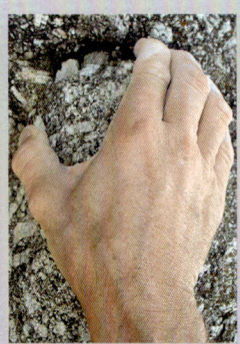

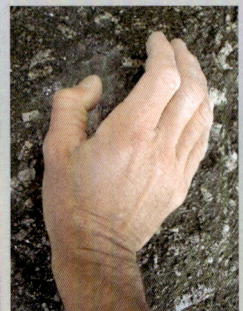

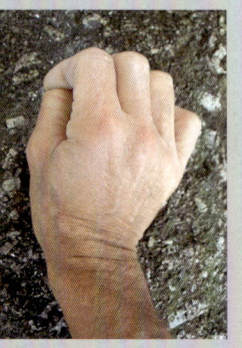

Rechts: Punktförmiger Daumengriff (Feldspatkristall)

Handklemmer sehr weit oben im Riss platzieren, kann ebenfalls die Daumen-unten-Position angewendet werden. Die Hand lässt sich auf diese Weise oft besser verklemmen. Etwa ab Kopfhöhe fühlt sich Daumen unten aber ziemlich verdreht an.

In Fingerrissen hält man die Hand Daumen unten und steckt alle vier Finger in den Riss. Bei Belastung verdrehen sie sich und verursachen die gewünschte Klemmwirkung. Das Verdrehen ist allerdings physiologisch ungünstig und kann mittelfristig zu Problemen an den Kapseln oder Seitenbändern der Mittelgelenke führen. Während Fingerrisse in der Regel gut klemmen, sind die Rissbreiten zwischen Hand und Finger eher mühsam. Hier gibt es zwei Möglichkeiten: Entweder man verklemmt das Grundgelenk des Zeigefingers (Daumen unten) oder man baut einen »Slider«. Bei Letzterem legt man den Daumen an einer geeigneten Stelle im Riss an. Dann zieht man Zeige- und Mittelfinger nach unten bis das ganze Paket klemmt.

In Faustrissen entspannt man die Hand und führt sie mit gestreckten Fingern in den Riss ein. An der Klemmstelle ballt man sie zur Faust. Es klemmen die Knöchel von Zeigefinger und kleinem Finger. Die bisweilen dargestellte Methode »Kleinfingerknöchel gegen Daumenaußenseite« liefert in der Praxis nur unbefriedigende Ergebnisse. Ganz generell fühlen sich Klemmer in Faustrissen oft unsicher an. Man muss die Technik regelmäßig üben – nur mit Routine wird man diesen Klemmern im Bedarfsfall trauen.

In Rissen über Faustbreite kreuzt man die Arme, legt die Handrücken aneinander und verklemmt beide Hände gemeinsam. Diese Technik wird in Anlehnung an ihren Erfinder »Leavittation« genannt. Die Klemmwirkung dieser Technik ist exzellent – das Versetzen eines Doppelhandklemmers aber schwierig. Wird der Riss noch breiter, benutzt man den Hand-Faust-Klemmer. Dabei empfiehlt es sich, den Handballen der einen Hand gegen die Daumenseite der anderen Faust zu verklemmen.

In diagonalen Rissen klemmt die obere Hand Daumen unten.

◁ Text Seite 86
Risstechnik

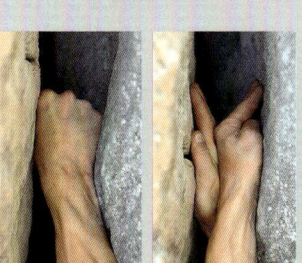

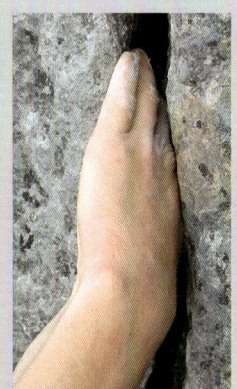

Links: Fingerklemmer. Die Klemmwirkung entsteht durch Verdrehen der Finger.

Rechts: Rissbreite zwischen Finger und Hand. Grundgelenk Zeigefinger verklemmen

Links: Rissbreite zwischen Finger und Hand. Beim »Slider« klemmt Daumen gegen Zeige- und Mittelfinger.

Rechts: Faustklemmer, Doppelhand-Klemmer, Hand-Faust-Klemmer

Gleichgewicht

▷ **Spielformen**
9, 13, 20, 22, 56, 57

In einliegenden Routen (flacher als 90°) will man »auf den Tritten balancieren«. Man verschiebt das Becken, um dies zu realisieren. Hier geht es um die Gleichgewichtsfähigkeit im üblichen Sinne.

Es gilt der Grundsatz »auf die Füße zu kommen«. Klettern ist mehr oder weniger ein Balanceakt und folgt der Logik der besten Tritte. Die Hände werden zum Teil nur aus Gleichgewichtsgründen an die Wand gelegt. Griffe sind zweitrangig.

Hängt die Wand über, tritt der Aspekt »Schwerpunkt über die Füße« in den Hintergrund. Primärer Ansatz ist jetzt, Tritte etwa im Lot der Haltehand zu finden und auch den Schwerpunkt so weit wie möglich in dieses Lot zu verlagern, also »Schwerpunkt unter die Griffe«. Dieses Bewegungsmuster wird im Folgenden als »Lotgleichgewicht« bezeichnet.

▷ Text Seite 26
Drehmomente

Klettern im »Lot« ermöglicht Bewegen ohne wesentliche Drehmomente um die Körperlängsachse. Klettern ohne solche »Drehtendenzen« ist ökonomisch. Man muss keine Aktionen durchführen, um die lästigen Dreheffekte zu stabilisieren, und insofern auch keine zusätzliche Kraft aufwenden. Man beachte auch, dass es im Gegensatz zum Klettern mit »offenen Türen« steht. Die Letzteren kann man zwar in den Griff bekommen, aber eben mit Extraaufwand.

▷▷ Text Seite 72
Gegendrucktechnik

Schwerpunkt über die Tritte

▷ **Übungen**
20, 24, 39, 51, 69

Bei einliegenden Routen kann es schon genügen, die Hände lediglich zum Ausbalancieren an die Wand zu legen. Wesentlich ist, einen neuen Tritt zu finden und sich darauf aufzurichten. Je weniger Griffe zur Verfügung stehen, desto zwingender wird der Grundsatz, den Schwerpunkt über den Füßen bzw. beim Weitertreten über dem jeweiligen Standfuß zu halten. Man konzentriert sich also auf die Abfolge der Tritte. Sie geben die Bewegungslinie

▷▷ Text Seite 32
Ökonomisches Bewegen bei Wandkletterei

vor. Die Griffe sind sozusagen schmückendes Beiwerk. Man überlegt in Ruhe, welche man benutzen und wie man sie verwenden möchte. Da man sich kaum festhalten muss, hat man keinerlei Zeitdruck. Das Becken wird oft bereits während der Vorbereitungsphase »über« die neuen Tritte gebracht. Diese »statische Bewegungsvorwegnahme« ist oft auch bei senkrechter Wandkletterei gut anwendbar. Bei senkrechter Wandkletterei mit konkreten Tritten und abschüssigen Griffen wird man den Schwerpunkt so nahe wie möglich an die Wand bringen. Beim Weitertreten klappt man das Knie seitlich weg, anstatt es vor dem Körper anzuwinkeln. Auch wird man überwiegend frontal klettern, denn der Schwerpunkt lässt sich bei dieser Technik näher an der Wand halten als beim Eindrehen.

Bewegungszentrum Hüfte

Das Becken repräsentiert die Position des Körperschwerpunkts. Man beachte, dass sich der Schwerpunkt bei Rumpfkrümmung auch außerhalb des Körpers befinden kann (zum Beispiel bei der Gegendrucktechnik). Das Becken ist gut geeignet, Gewichtsverlagerungen zu realisieren – verschiebt man es, ergibt sich wegen der vergleichsweise großen beteiligten Körpermasse auch eine deutliche Schwerpunktverlagerung.

Es kommt vor, dass man verharrt, um die folgende Griffsequenz zu überblicken. In diesem Fall muss man den Kopf von der Wand entfernen. Gleichzeitig positioniert man das Becken so nahe wie möglich am Fels. Diese Haltung wird als »Bogenstellung« bezeichnet. Im Gegensatz dazu entfernt man das Becken bei gut griffiger Wandkletterei immer wieder kurzzeitig vom Fels, um vor dem Körper höher zu treten. Dies gilt insbesondere bei der Gegendrucktechnik. Das seitliche Verschieben des Beckens im Sinne von »Drüber und Rauf« wurde bereits zu Beginn dieses Kapitels beschrieben.

GLEICHGEWICHT | 45

Schwerpunkt über den Standfuß. Gewichtsverlagerung mittels Becken entlastet den linken Fuß.

Links: Frontal lässt sich der Schwerpunkt näher an der Wand platzieren als eingedreht.
Rechtes Bild: Bogenstellung

Antreten auf Reibung erfordert kurzzeitige Schwerpunktverlagerung nach hinten.

Zwischentreten im Lot

Bei Spreizstellungen kann es vorkommen, dass der (hauptsächlich) belastete Fuß weitergesetzt werden soll. Oft lässt sich diese Situation mit seitlicher Schwerpunktverlagerung, mit Stützen oder Ellbogenstützen lösen. Führen die genannten Bewegungselemente nicht zum Ziel – beispielsweise weil der Zieltritt zu weit entfernt ist, wie rechts abgebildet – muss zunächst der zweite Fuß ins Lot. Dies kann durch Fußwechsel, durch Benutzen eines weiteren Tritts oder durch Antreten auf Reibung geschehen. Steht der zweite Fuß im Lot, sollte der erste problemlos versetzt werden können.

▷▷ Text Seite 36
Ziehen mit Fuß
▷ Text Seite 39
Fußwechsel
▷ Text Seite 45
Antreten auf Reibung

Lotgleichgewicht

In steilen Routen folgen die Bewegungen der logischsten Griffkombination. Die Füße übernehmen das Positionieren für den jeweils nächsten Zug und treten dabei grundsätzlich im Lot der Haltehand an. Je besser die Tritte, desto weniger exakt müssen die Füße im Lot bzw. der eine rechts und der andere links davon stehen. Mit guten Tritten stabilisiert man kleinere Drehmomente mehr oder weniger automatisch. Bei schlechten Tritten wächst die Notwendigkeit präziser Positionierung. Insbesondere bei Reibungstritten kann man Drehmomente nur bedingt durch Ziehen mit dem Fuß stabilisieren.

Hinsichtlich der Koordination ist beim Lotgleichgewicht etwas anderes gefragt als beim Balancieren. Ein Beispiel verdeutlicht die gefragte Fähigkeit. Man hält sich einarmig an einer Klimmzugstange und hebt die Füße nacheinander vom Boden ab. Sobald der zweite Fuß den Boden verlässt, pendelt man mehr oder weniger hin und her. Nach dieser Erfahrung stellt man einen Fuß wieder auf den Boden und verlagert den Schwerpunkt so, dass man beim nächsten Heben des Fußes nicht mehr pendelt: je weniger Pendeln, desto besser das Lotgleichgewicht.

▷▷ Text Seite 72
Gegendrucktechnik

Gespür für das Lotgleichgewicht spielt eine zentrale Rolle im Hinblick auf die Ökonomie der Greifphase. Es geht um die Frage, ob man den Schwerpunkt derart verlagern kann, dass keine (längsaxialen) Drehmomente auf den Körper wirken. Lässt sich diese ökonomische Positionierung nicht realisieren, muss man die wirkenden Drehmomente durch entsprechende Techniken stabilisieren (zum Beispiel »Ziehen mit Fuß«). Andernfalls würde man beim Weitergreifen wegpendeln.

Pendelt man weg, müssen zwingend andere Tritte gefunden werden, aber auch schon bei einer kontrollierbaren offenen Tür können andere Tritte ökonomischer sein. Dazu benötigt man Ideen, nach denen die Platzierung der Füße erfolgt. Grundsätzlich gehören sie – wie bereits dargelegt – ins Lot der Haltehand bzw. der eine rechts und der andere links davon. Bei Seitgriffen verlagern sich die Tritte entgegen der Belastungsrichtung des Griffs. Gleiches gilt für Sloper in Überhängen und Dächern (Gegendruckeffekt). Kann man hingegen mit dem gegengleichen Fuß ziehen oder hooken, wählt man den Tritt eher in Belastungsrichtung des Griffs – auf der anderen Seite wie beim beschriebenen Antreten auf Gegendruck.

In Überhängen kommt noch der Aspekt »Tritte gegenüber Zielgriff« hinzu. Dieses Prinzip wird von Marietta Uhden als »Platzierungsuhr« bezeichnet (Uhden 2007). Der Schwerpunkt befindet sich etwa im Lot der Haltehand und die Füße etwa 30° rechts und links der Linie Schwerpunkt–Zielgriff. Fuß eins, Fuß zwei, Schwerpunkt und Zielgriff bilden somit ein auf dem Kopf stehendes Y. Jakub Kunc (2008) kommt aufgrund eigener Untersuchungen zu dem Schluss, dass der Spreizwinkel der Beine kleiner sein müsse als die geforderten 60° (vergleiche Bild). Man bedenke auch, dass es sich bei der Platzierungsuhr lediglich um einen von zwei Aspekten handelt. Je steiler der Überhang, desto bedeutender das oben erläuterte Prinzip, das sich auf die Belastungsrichtung des Griffs bezieht.

GLEICHGEWICHT | 47

Zwischentreten im Lot

Positionieren im Lot der Haltehand

Links unten: Gegentreten der Füße bei nach rechts zu belastendem Seitgriff

Mitte unten: Lösen der gleichen Situation mittels Foothook

Unten: »Platzierungsuhr«, vergleiche Text

Einpendeln

▷ Übungen
22, 24, 85

Grundsätzlich fühlt es sich stabil an, während des Weitergreifens beide Füße am Fels platziert zu haben. Weitergreifen ist aber auch mit lediglich einem einzigen platzierten Fuß realisierbar. Da man in diesem Fall während des Greifens lediglich über zwei Haltepunkte am Fels verfügt, muss der Tritt sehr genau gewählt sein. Man spricht bei dieser Technik von »Einpendeln«.

▷ Text Seite 60
Positionieren
▷▷ Text Seite 26
Drehmomente

Bereits hier sei angemerkt, dass auch Einpendeln dem Prinzip »zwei Füße« entspricht. Man vergisst den zweiten Fuß nicht, sondern entscheidet bewusst, ihn in der Luft hängen zu lassen.

▷▷ Übungen
43, 50, 79

Das in der Luft hängende Bein nennt man »Pendelbein«. Schwingen weder Körper noch Pendelbein hin und her, befindet man sich im Lotgleichgewicht. Ein Kletterer in dieser Stellung kann mit einer schief aufgehängten Tür verglichen werden. Die Tür pendelt sich in einer ganz bestimmten Raumlage ein und verharrt anschließend in Ruhe.

Einpendeln wird oft mit Eindrehen kombiniert. Dabei tritt der zur Haltehand gegengleiche Fuß auf Außenrist an. Man kann aber auch »gleichseitig« einpendeln. Es macht daher Sinn, klar zwischen »diagonal« und »gleichseitig« Einpendeln zu differenzieren.

▷ Text Seite 76
Gleichseitig einpendeln
▷ Text Seite 81
Diagonal einpendeln

Einpendeln könnte als die Essenz des Lotgedankens bezeichnet werden und ist oftmals ökonomisch. Es steht aber in ganz eindeutigem Widerspruch zur Dreipunktregel. Letztere muss daher – zumindest ab einem mittleren Kletterniveau – grundsätzlich in Frage gestellt werden.

Die Dreipunktregel fordert zu jedem Zeitpunkt Felskontakt mit drei oder vier Haltepunkte. Es mag mit dieser Regel zusammenhängen, dass viele Kletterer Sensibilität für das Lotgleichgewicht vermissen lassen. Das zur Dreipunktregel gehörende Motto lautet: Klettern muss sich stabil anfühlen. Für alpines Klettern durchaus berechtigt, stellt dieser Denkansatz beim Sportklettern eine Sackgasse dar. Hier ist Gespür für das Lotgleichgewicht gefragt. Wer die Einpendeltechniken nicht kennt oder nicht anwendet, sollte sie bewusst trainieren. Nur wer das Lotgleichgewicht schnell und verlässlich findet, wird im Bedarfsfall davon profitieren können.

Lot oder offene Tür

Wie oben erwähnt gibt es Situationen, in denen man nicht loslassen kann, ohne seitlich wegzupendeln. Solche Situationen werden als »offene Tür« bezeichnet. Gelingt es nicht, sich durch besseres Positionieren ins Lot zu bringen, muss man wohl oder übel versuchen, die im Rahmen des Bewegungsablaufs notwendige Stellung zu stabilisieren. Ziehen oder Hooken mit dem zur Haltehand gegengleichen Fuß, Stabilisieren mit Ägypter sowie vorne oder hinten Scheren sind die klassischen Bewegungsmuster, um das Problem zu lösen.

Man beachte, dass zwischen Scheren und einem an die Wand angelehnten Pendelbein fließende Übergänge bestehen. Drückt man mit dem Pendelbein gegen die Wand, entspricht dies genau genommen einer Maßnahme gegen die offene Tür. Obwohl die Übergänge fließend sind, sollte man zwischen dem in der Luft hängenden Pendelbein und einem gegen die Wand gestellten Bein unterscheiden – entspricht doch Ersteres dem Lotgedanken, wohingegen Zweiteres zum Maßnahmenkatalog für »Lot nicht möglich« gehört.

Im Kletteralltag ist diese Unterscheidung ziemlich belanglos. Ein leicht angelehntes Bein mag sich ein Quäntchen besser anfühlen als ein frei hängendes. Oder es fühlt sich nicht besser an, stört aber auch nicht. Die Unterscheidung ist allerdings wichtig, um die Gliederung »im Lot« und »nicht im Lot« zu verstehen und um das Lotgleichgewicht bewusst üben zu können.

GLEICHGEWICHT | 49

»Diagonal« Einpendeln (linkes Bild)

»Gleichseitig« Einpendeln (rechtes Bild)

Zwei Lösungen für die offene Tür. Hinten Scheren (linkes Bild). Ägypter (rechtes Bild)

Fließender Übergang zwischen Pendelbein (links) und Scheren (rechts). Durch Scheren kann der Schwerpunkt nach links verschoben werden. Die Linie verdeutlicht die Stellung des Unterschenkels.

Körperspannung

▷ **Übungen**
17, 25, 27, 32, 35, 38, 61

▷ Text Seite 24
Zwei Haltepunkte

▷ Text Seite 72
Gegendrucktechnik

▷ Text Seite 143
Sturzangst

Wer klettert, kommt nicht umhin, sich mit dem Begriff der Körperspannung zu beschäftigen. »Da musst du mehr Spannung aufbauen«, lautet oftmals die fachmännische Analyse, wenn ein Zug nicht gelingen will. Anderseits gilt der Grundsatz, mit möglichst wenig Kraft zu klettern. Dieser Grundsatz betrifft natürlich auch die Körperspannung.

Körperspannung erfüllt viele Funktionen. Mit ihr kann man – abstrakt gesprochen – seine Haltepunkte zueinander hinziehen oder voneinander wegdrücken. Praktisch gesehen kann man zum Beispiel »Patscher« an einem runden Bauch gegeneinander pressen, einen Untergriff anlaufen, sich beim Stemmen in einem Kamin verspreizen oder beim Piazen auf Reibung antreten.

Die Vorstellung, mit minimaler Kraft bzw. Körperspannung zu klettern, zielt nicht darauf ab, hohe Spannungszustände generell zu vermeiden. Überhängende Kletterei an Slopern kann maximale Körperspannung fordern. Die Vorstellung bedeutet allerdings explizit, jeweils nur die wirklich notwendige Spannung aufzubauen. Es ist ein typischer Anfängerfehler, im gesamten Oberkörper hart und angespannt zu sein. Mangel an Bewegungserfahrung und möglicherweise auch Angst sind die Gründe für einen derartigen, durchaus unökonomischen Stil.

Verblüffenderweise hängt auch die sogenannte »Nähmaschine« damit zusammen. Dabei handelt es sich um mehr oder weniger ausgeprägtes Beinzittern. Während man intuitiv zu hohe Anspannung in den Beinen als Ursache vermuten würde, liegen die wahren Gründe eher in einem Spannungsmissverhältnis: zu hohe Oberkörperspannung bei gleichzeitig zu geringer Trittbelastung.

Spannungsaufbau

Grundsätzlich klettert man mit so wenig Körperspannung wie möglich. Wer mehr Spannung aufbaut, verbraucht mehr Energie und ermüdet unnötig früh. Hat man die Wahl zwischen alternativen Klettertechniken, bevorzugt man die weniger anstrengende (zum Beispiel Risstechnik versus Piazen). Unabhängig davon nimmt die erforderliche Körperspannung mit der Steilheit und der Schwierigkeit zu. Schweres Klettern erfordert also durchaus hohe Spannung, sei es für isolierte Züge oder für ganze Passagen.

Beim Klettern finden auch Spannungswechsel statt, nicht nur im Rahmen bestimmter Techniken, sondern ebenso im Verlauf jeder Kletterbewegung. Die höchsten Spannungen treten oft in der Greifphase auf. Gelegentlich sind sie so hoch, dass man den Zug nur mit maximalem Einsatz oder überhaupt nicht ausführen

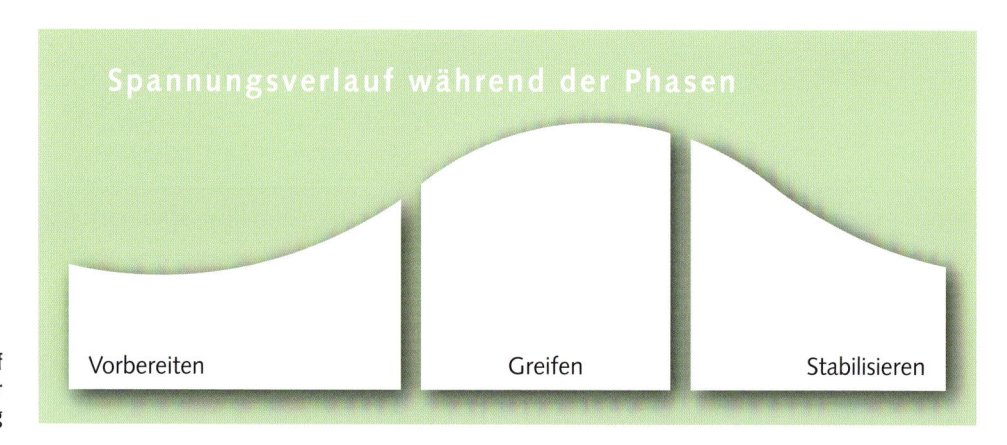

Spannungsverlauf während der Phasen

| Vorbereiten | Greifen | Stabilisieren |

Spannungsverlauf während der Kletterbewegung

kann. Während des Positionierens versucht man, die Spannung gering zu halten (zum Beispiel durch einen »langen Arm«), in der Greifphase nimmt sie zu. Hier hat ja auch nur ein Arm Wandkontakt; er übernimmt kurzzeitig die doppelte Haltearbeit. Das erfordert doppelten Kraftaufwand in der betroffenen Muskelkette. Die hohe Spannung muss gegebenenfalls auch während der Stabilisierungsphase gehalten werden. Dabei bleibt der untere Arm voll auf Last, bis die Situation unter Kontrolle ist. Verlieren beide Füße Wandkontakt, tritt je nach Steilheit »Pendelschwung« auf. Diesen fängt man am besten ab, indem man sich klein macht, also die Arme und Beine anzieht. Einer der beiden Füße wird möglichst bereits beim ersten Zurückschwingen wieder platziert.

In manchen Situationen lässt man die Beine absichtlich zu neuen Tritten durchschwingen. Auch hierbei ist wichtig, mindestens einen Fuß bereits beim ersten Schwingen auf dem neuen Tritt zu platzieren (schneller Spannungsaufbau). Im Idealfall stehen sofort beide Füße. Beim Klettern von Dächern ist der Spannungsaufbau für die Reichweite verantwortlich. Lässt man sich schlapp durchhängen (»Hängesack«), kann man nicht oder nur unbedeutend weit greifen. Je mehr Spannung man aufbaut bzw. je näher man das Becken an die Wand bringt, desto größer die realisierbaren Griffabstände! Der beschriebene Hängesack taugt zwar nicht zur Fortbewegung, kann aber zum Rasten dienen, gegebenenfalls in Verbindung mit einem Foothook.

Viele Techniken zielen darauf ab, Kletterstellen mit wenig Körperspannung zu lösen. Beim Frosch trägt das Prinzip »beidbeiniger Körperhub« erheblich zur Spannungsminderung bei. Eindrehen reduziert die Oberkörperspannung gegenüber frontalem Klettern. Man muss nicht so stark blockieren, sondern kann sich sozusagen »auf den Haltegriff rollen«.

Greifen in einem Zug

Wie schon erwähnt, wechselt die Körperspannung je nach Situation und auch innerhalb der Phasen. Man achtet daher darauf, die Hand, die weitergreifen wird, an ihrem Griff (dem

◁◁ Text Seite 28 Phasen

◁ Foto Seite 52

Pendelschwung abfangen. Fuß beim ersten Rückschwinger wieder platzieren

▷ Übungen
83, 85

▷▷ Übungen
21, 42, 52

▷ Text Seite 41
Formschluss

unteren) zu belassen, bis die Positionierung abgeschlossen ist. Ist der Ausgangsgriff schwer zu halten, bleiben beide Hände voll auf Last. Erst im allerletzten Augenblick wird die Unterstützung aufgegeben. Mit dieser Technik muss man die hohe Spannung der Greifphase nur kurzzeitig halten.

Es ist ein typischer Anfängerfehler, den unteren Griff zu früh aufzugeben. Man fingert nach dem Zielgriff, steht aber noch zu tief und erreicht ihn nicht. Was folgt, ist planloses Umhertasten mit der Vorstellung, sich doch noch irgendwo festzukrallen. Glück gehabt, wenn man etwas findet! Sich einarmig neu zu positionieren ist jedenfalls mühsam. Alles in allem stellt frühzeitiges Loslassen eine kraftraubende Angelegenheit dar, die nicht selten mit Sturz oder Aufgabe endet. Man behält also beide Griffe in der Hand, bis die Position stimmt, und führt das nächste Weitergreifen »in einem Zug« aus.

Dieses »in einem Zug« bedeutet auch, die Handbewegung ohne Unterbrechung zu vollziehen und den Griff formschlüssig zu fassen. Sind die Finger am Griff schwierig zu sortieren (»nachruckeln«) oder hält der Griff nicht, was er verspricht, kann es erforderlich sein, die Aufwärtsbewegung oben zu blocken. Die hierfür notwendige Körperspannung sollte man aber nicht ohne Not investieren.

Sofern vorhanden, kann man Zwischengriffe benutzen. Besonders bei weiten Abständen erleichtert es das Positionieren deutlich, wenn die Greifhand zwischenzeitlich einen zusätzlichen Hilfsgriff etwa auf Höhe der Haltehand fasst, um dann nach neuerlichem Höhertreten endgültig den Zielgriff anzusteuern.

Langer Arm

Der »lange Arm« lässt sich in vielen Situationen gewinnbringend einsetzen. Man kann erheblich Spannung im Schulterbereich einsparen, wenn der haltende oder überwiegend haltende Arm gestreckt ist. Anwendungsbereiche für den langen Arm sind Clipper, Rastpositionen und eine ganze Reihe von Klettersituationen, beispielsweise das Positionieren in der Vorbereitungsphase, die Greifphase beim Eindrehen und das Halten des Griffs in der Stabilisierungsphase.

Wer dieses zweifelsohne ökonomische Prinzip konsequent umsetzt, kann sich aber längerfristig Schulterprobleme einhandeln. Der lange Arm wird nämlich häufig damit kombiniert, dass die Schulter nach oben nachgibt und man mehr oder weniger passiv in den Bändern und Kapselstrukturen des Schultergelenks hängt. Viele Kletterer haben sich angewöhnt, passiv auszuhängen und bei schweren Zügen mit der Schulter nach oben auszuweichen. Die damit verbundenen Probleme werden im nächsten Kapitel ausgeführt.

Durchschwingen mit beiden Beinen

Hüfte an die Wand für maximale Reichweite

KÖRPERSPANNUNG | 53

Ausgangsgriff möglichst lange halten

Greifen »in einem Zug«
Die Handbewegung zum Zielgriff erfolgt ohne Unterbrechnung

Zwischengriff zum höher Positionieren

Der lange Arm muss indessen nicht mit einem Nachgeben der Schulter einhergehen. In der Konsequenz sollte man darauf achten, die Schulter nur in Kletterstellungen mit vergleichsweise geringer Belastung völlig zu entspannen. Bei höherer Belastung bleibt die Schulter auch trotz langem Arm in tiefer Position. Darüber hinaus sollte man sich angewöhnen, Zugbewegungen grundsätzlich mit einem »Ranholen« des Schulterblatts einzuleiten. Erst wenn die Schulter »zentriert« ist, beginnt das Beugen des Arms.

Tief gehaltene Schulter

▷ **Übungen**
58, 59

Wie oben dargelegt, ist Klettern am gestreckten Arm ökonomisch. Zweifelsohne spart es Kraft, die Bewegungsvorbereitung mit tiefer Körperposition und insofern mit entsprechend wenig Spannung auszuführen. Ökonomie kann ganz allgemein mit geringem Kraftaufwand gleichgesetzt werden. Wer ökonomisch klettert, ist in schweren Routen öfter erfolgreich. Andererseits entwickelt er gewisse Muskeln nicht in dem Maße, wie es wünschenswert wäre. Kurzfristig gedacht, benötigt man diese Muskulatur offensichtlich nicht. Längerfristig ergeben sich dadurch aber zwei Problemfelder: einerseits muskuläre Dysbalancen und andererseits Leistungsdefizite in höheren Schwierigkeitsgraden. Je höher der Grad, desto häufiger treten Stellen auf, die ganz erhebliche Spannung fordern. Beispiele sind Sloper in Überhängen sowie weite Blockierzüge. Frontales Blockieren wird aber nicht trainiert, wenn man weite Züge immer geschickt mit Eindrehen löst. Positionieren am langen Arm liefert kaum Trainingsreize für den Rumpfbereich. Der Rumpf muss aber bei slopiger Überhangkletterei stabilisiert werden können. Kurz und bündig: Was in einem Grad x funktioniert, führt im Grad x + 1 noch lange nicht zum Erfolg.

Muskuläre Dysbalancen stehen im Widerspruch zu der Vorstellung, Klettern als Lifetimesport zu betreiben. Wird das in einer seichten Pfanne geführte Schultergelenk immer nur mit Blockier- und Zugbewegungen oder sogar mit passivem Aushängen belastet, kann der Oberarmknochen in seiner Pfanne »verrutschen«.

Links: Langer Arm während der Greifphase
Rechts: Nachgeben am langen Arm

Dies führt zu (unter Umständen chronischen) Entzündungen. Auch besteht durchaus die Gefahr von Schulterluxationen durch die einseitige Belastung. Das Problem der muskulären Dysbalancen wird eindrucksvoll durch die zunehmende Zahl von Schulterbeschwerden bei leistungsstarken Kletterern belegt.

Es dürfte vielen Menschen gar nicht bewusst sein, dass man das Schulterblatt gut und gerne 10 Zentimeter auf und ab bewegen kann. Hängt man sich passiv in die Schulter, wird das Gelenk bis zum Ohr hochgezogen und die Führung des Oberarmknochens in seiner Pfanne leidet. Längerfristig sind orthopädische Probleme vorprogrammiert.

Doch auch der Aspekt adäquaten Muskelaufbaus kommt bei passivem Hängen in der Schulter zu kurz. Latissimus, Schulterblatthaltemuskulatur und Rotatorenmanschette werden nicht trainiert. Jegliches Ziehen muss durch Beugen des Ellenbogens geschehen. Dies hat unter anderem die Konsequenz, dass weite frontale Durchblockierer gar nicht ausgeführt werden können. Mit regelmäßigem passivem Aushängen der Schulter riskiert man also orthopädische Probleme, gewöhnt sich unphysiologische Bewegungsmuster an und entwickelt wichtige Muskeln nicht in angemessener Weise.

Der lange Arm bringt also nicht nur Vorteile. Er soll aber keineswegs generell in Frage gestellt werden. Der lange Arm bleibt nach wie vor ein wichtiges Kriterium ökonomischen Kletterns. Man versucht allerdings, die geschilderten Probleme zu vermeiden, indem man hin und wieder eine steile Route absichtlich frontal und ohne Dynamik klettert. Man setzt auf diese Weise gute Trainingsreize für weite Blockierer. Außerdem lässt man auch beim langen Arm nicht alle Muskeln locker, sondern hält angemessene Spannung in Latissimus und Schulterblattmuskulatur.

Wer diese wichtige Thematik bislang außer Acht gelassen hat, beginnt die Umstellung am besten in leichten Routen (zwei UIAA-Grade unter der Leistungsgrenze). Hier kann man sich gut auf die Schultern konzentrieren. Außerdem achtet man bei allen isolierten Kraftübungen (zum Beispiel Klimmzüge, Dips, Trizeps-Curls) auf die tief gehaltene Schulter.

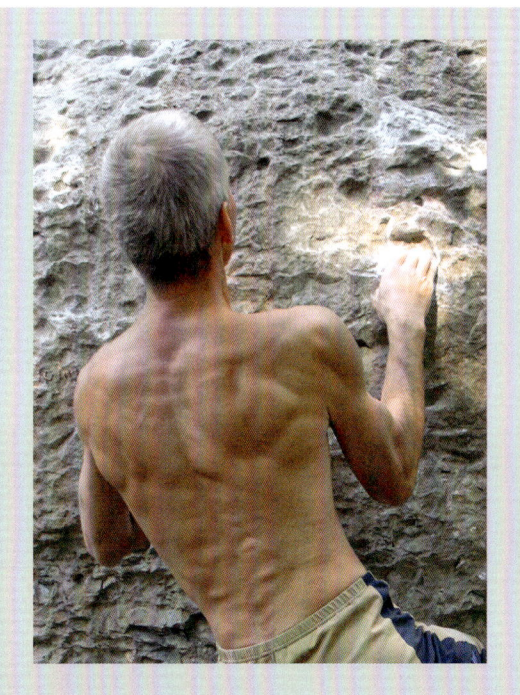

Links: Halten des rechten Griffes mit »zentrierter« bzw. tief gehaltener Schulter.

Rechts: Die »nicht fixierte« Schulter kann mittelfristig zu orthopädischen Problemen führen.

Dynamik

▷ **Spiele**
20, 22, 35, 39, 40, 47, 84

▷▷ Text Seite 92
Dynamos

▷▷ Text Seite 92
Softer dynamischer Zug

Dynamos bieten zahlreiche Bewegungsvarianten, die weit über die Möglichkeiten statischer Technik hinausgehen (zum Beispiel Pendeldynos oder Schwungmitnahme). Der häufige Anfängerfehler, sich in der Vorbereitungsphase nicht um eine stabile Position zu kümmern und stattdessen einen Dynamo oder Schnapper zu versuchen, ist wenig zielführend. Dynamos sind genauso zwingend von einer korrekten Platzierung der Füße abhängig wie statische Züge. Das Timing des Bewegungsablaufs ist allerdings komplexer und sollte aufbauend auf statische Bewegungsmuster und nicht alternativ zu ihnen erlernt werden.
Beim statischen Klettern verharrt der Rumpf während des Greifens in seiner Position (Greifen ohne Körperhub). Man kann den Körper aber auch während der Greifphase nach oben bewegen. Das »fließende Klettern« nützt diese Bewegungsform.
Bei beiden Bewegungsmustern ist der Schwung allerdings so gering, dass er keinen wesentlichen Einfluss hat. Die notwendige Haltekraft wird nicht bzw. kaum verringert. Im Gegensatz dazu arbeitet dynamisches Klettern mit Schwung. Der Rumpf wird aktiv in die Bewegung mit einbezogen. Die während der Greifphase einarmig zu leistende Haltekraft reduziert sich.
Man unterscheidet Dynamos im Wesentlichen nach der Beschleunigungsintensität (explosiv, soft) und nach der Beschleunigungsrichtung (zur Wand hin, nach oben, pendelnd). Weitere Unterschiede bestehen hinsichtlich dem Verhalten der Füße (beide bleiben auf den Tritten, einer bleibt auf dem Tritt, beide lösen sich) und dem Verhalten der Arme (normaler Dynamo, Doppeldyno).
Da man fast jede Klettertechnik dynamisch ausführen kann, macht es wenig Sinn, den Dynamo an sich als isolierte Technikform zu beschreiben. Vielmehr versucht man, die in diesem Kapitel erläuterten Grundsätze in der jeweiligen Situation anzuwenden. Lediglich die speziellen Formen Pendeldyno, Doppeldyno, Sprung und softer dynamischer Zug werden im Kapitel »Technik« noch extra behandelt.
Bleibt die Frage, wann man dynamisch klettern

Dynamo. Ausholbewegung, beschleunigen, weitergreifen.

soll. Durch den kraftsparenden Effekt verschiebt sich die Leistungsgrenze nach oben. Dynamisch lassen sich Züge ausführen, die statisch überhaupt nicht machbar sind. Es sei aber angemerkt, dass ein misslungener Dynamo oft eine gewisse Abwärtsdynamik zur Folge hat. Es sollte vorab geklärt sein, ob der Sturz vertretbar ist, ob er weich gesichert im Seil oder gut gespottet auf der Bouldermatte endet oder ob man an dieser Stelle besser doch nicht stürzt.

Beschleunigen

Wie soft oder explosiv man beschleunigt, hängt von der Situation ab. Ein zu zögerlich angesetzter Dynamo muss scheitern. Andererseits gibt es Stellen, die nur wenig Schwung erfordern, oder Stellen, die man zwar statisch klettern könnte, die aber mit einer dosierten Dynamik wesentlich leichter von der Hand gehen. Es geht also nicht um maximale Beschleunigung oder Geschwindigkeit, sondern um maximale Präzision.

Die Beschleunigungsrichtung muss ebenfalls der Situation angemessen sein. Für einen weiten Dynamo erfolgt sie meist lotrecht nach oben. Bei senkrechter Wand leuchtet das unmittelbar ein. Doch die Beschleunigungsrichtung nach oben gilt mehr oder weniger auch in Überhängen und Dächern. Nur bei lotrechter Beschleunigung existiert ein bewegungsloser Totpunkt. Konsequenz der vertikalen Beschleunigung ist, dass man den Körper im Rahmen der Ausholbewegung von der Wand entfernt.

Ausnahmen sind Stellen mit schlechten Startgriffen und guten Zielgriffen. Hier geht die Beschleunigung stark in Richtung Zielgriff. Dies ist aber meist damit verbunden, dass die Füße nicht mehr auf den Tritten bleiben und hinausschwingen. Man muss daher in der Stabilisierungsphase den entstandenen Pendelschwung abfangen.

Je länger der Beschleunigungsweg, desto geringer sind die dafür erforderlichen Haltekräfte. Man wählt daher einen möglichst langen Beschleunigungsweg, geht also vor dem Beschleunigen maximal tief. Bereits dieses Tief-

◁ Grafik Seite 58

◁◁ **Übungen**
7, 9, 39, 62
◁ Text Seite 50
Spannungsaufbau

Sturz nach misslungenem Dynamo

gehen kann man dynamisch ausführen, um die dabei entstehende Muskel- und Sehnenvorspannung zu nützen. Schnelles Tiefgehen wird als »Ausholbewegung« bezeichnet.

Bei Slopern kann der Beschleunigungsspielraum eingeschränkt sein. Maximales Tiefgehen würde zum Abrutschen der Hände führen. In solchen Fällen muss man »kurz und hart« beschleunigen. Wenn Beschleunigen überhaupt nicht möglich ist, führt man die Greifbewegung maximal schnell aus. Diese Technik wird als »Schnapper« oder »dynamisches Abfangen« bezeichnet und ist explizit nur dann sinnvoll, wenn keinerlei Spielraum zum Beschleunigen existiert. Bereits während der Greifphase bewegt sich der Körper (wieder) nach unten. Der entstehende Schwung muss am Zielgriff abgefangen werden. Dies bedeutet erhöhte Verletzungsgefahr für die Greifhand.

▷▷ Übungen 7, 16, 62

Greifen im Totpunkt

▷ Übungen 20, 49

Idealerweise greift man im »Totpunkt« bzw. »Deadpoint«. Diese Begriffe bezeichnen den Umkehrpunkt der Schwerpunktbewegung. Ähnlich wie bei einem Benzinmotor, wo der Zündzeitpunkt kurz vor dem Totpunkt des Kolbens erfolgt, verlässt die Greifhand den Ausgangsgriff unmittelbar bevor der Körper seinen höchsten Punkt erreicht. Nur dann kann der kurze Moment von »Schwerelosigkeit« zum Greifen genutzt und sofort Spannung aufgebaut werden. Je slopiger der Zielgriff, desto wichtiger der Spannungsaufbau: Bei zu langsamem Spannungsaufbau können die Füße hinauspendeln – im Falle eines Slopers mit der Konsequenz Sturz.

Hüftauslösung

Dynamos können durch die Hüfte eingeleitet werden. Man spricht dann von Hüftauslösung oder »Welle«. Das Becken wird dabei zunächst isoliert nach oben und in Richtung Wand beschleunigt. Die Arme bleiben während dieser Phase des Bewegungsablaufs gestreckt. Unmittelbar anschließend folgen die Beschleunigung des Oberkörpers und die Greifphase (im Totpunkt des Beckens).

Im Vergleich zum klassischen Dynamo liefert die Welle ein »rundes« Bewegungsgefühl und man gewinnt mehr Zeit, um den neuen Griff zu fassen. Allerdings ist die Welle sowohl nach den Bewegungserfahrungen vieler Kletterer als auch nach einer Untersuchung von Köstermeyer (1997) für Sprünge weniger geeignet – in Situationen also, bei denen beide Füße die Tritte verlassen.

Flugparabel und Totpunkt

Greifen und Spannungsaufbau

Loslasszeitpunkt

Greifen im Totpunkt

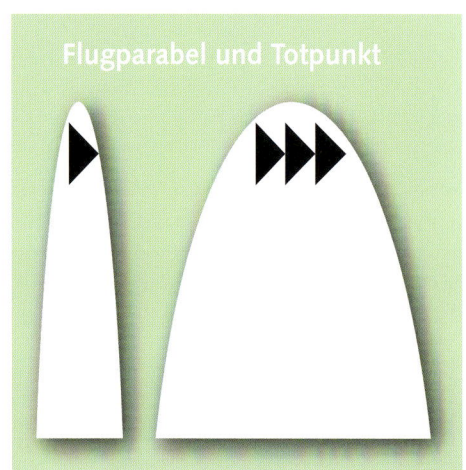

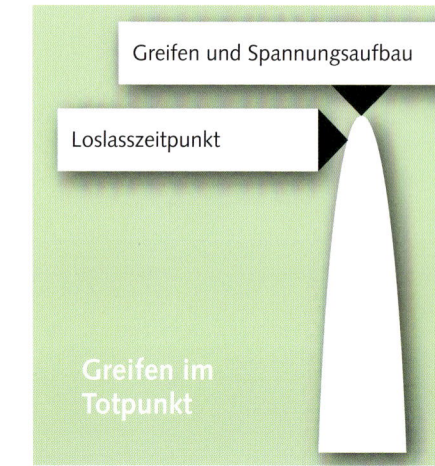

Links: Flugparabel. Ein »schwereloser« Totpunkt entsteht ausschließlich bei vertikaler Beschleunigung.

Rechts: Um im Totpunkt greifen zu können, muss man rechtzeitig loslassen.

DYNAMIK | 59

Wandparalleles Beschleunigen führt zu Pendelschwung, der am Zielgriff abgefangen werden muss.

Sloper machen weite Ausholbewegungen unmöglich.

Hüftauslösung bzw. Welle. Zunächst wird das Becken isoliert beschleunigt.

Präzision

▷ Spielformen
4, 13, 20, 41, 53, 74

▷ Text Seite 130
Stress

Bewegungen können präzise oder unpräzise aussehen. Ein ungeeigneter Vorstartzustand beeinflusst die Präzision ähnlich ungünstig wie Stress jeglicher Art. Positiv schlagen andererseits die bereits behandelten Aspekte Gleichgewicht, Spannung und Dynamik zu Buche. Sie stellen wichtige Voraussetzungen für exakte Bewegungen dar.

Das Kapitel »Präzision« beinhaltet insofern etliche Querverbindungen. »Weich greifen« beispielsweise hat mit Spannung zu tun. Gleichzeitig erhebt das Kapitel keinerlei Anspruch darauf, alle im Zusammenhang mit dieser Thematik relevanten Punkte anzusprechen.

Positionieren

▷ Übungen
15, 20, 21, 45, 57, 59

Positionieren zielt darauf ab, die neuen Tritte so anzulaufen, dass ein flüssiger Bewegungsablauf möglich wird. Es umfasst mehrere Fragestellungen, die in ihrer Gesamtheit die Qualität der Vorbereitungsphase ausmachen. Mit welcher Technik ist der folgende Zug geplant? Wie ist die optimale Antrethöhe? Ist das Umtreten direkt oder in mehreren kleinen Schritten ökonomisch? Soll statisch oder dynamisch weitergetreten werden?

Zwei Füße

Beim Positionieren werden in der Regel zwei neue Tritte angesteuert. Man spricht vom Prinzip »zwei Füße«. Wir haben zwei Füße und sollten beide in die Bewegung einbeziehen. Anfänger vergessen oft einen Fuß und ziehen ihn während der Greifphase nutzlos hinter sich her. Stehen genügend Zwischentritte zur Verfügung, wird man große Schritte vermeiden. Kleine Schritte sind besonders bei Eindrehsequenzen sinnvoll, da das Positionieren »von Außenrist zu Außenrist« erfolgt. Ein einziger großer Schritt ist hier oft mühsam.

Schrittweite

Eine alte Kletterregel empfiehlt grundsätzlich kleine Schritte. Obwohl sie oft anwendbar ist, besitzt sie dennoch keine Allgemeingültigkeit. Bevor man mit hoher Körperspannung auf Reibung hochtrippelt, kann ein einzelner großer Schritt günstiger sein. Dabei entsteht allerdings, wie bei dem geschilderten Anfängerfehler, eine »einbeinige« Situation. Um weiter zu kommen, muss der untere Fuß letztlich seinen Tritt aufgeben. Oft kann man die Lage dadurch verbessern, dass man den zweiten Fuß ebenfalls auf einen (etwas höheren) Tritt oder an geeigneter Stelle auf Reibung stellt. Doch selbst wenn dies nicht gelingt, entsteht kein ernstes Problem. Da man zum Aufrichten auf dem

Positionieren. Viele kleine Schritte beim Eindrehen

PRÄZISION | 61

hohen Tritt beide Arme zur Verfügung hat, ist der Körperhub auch einbeinig möglich.

Antrethöhe

Unabhängig von der Anzahl der Schritte ist die Antrethöhe von großer Bedeutung. Tritt man zu tief an, erreicht man den nächsten Griff nicht und muss die ganze Vorbereitung neu aufbauen. Es kann auch sein, dass man den Griff in überstreckter Haltung erreicht. Dann wird das Stabilisieren schwierig. Tritt man andererseits zu hoch an, erlangt man den nächsten Griff problemlos, benötigt aber viel Kraft. Manche Züge sind bei zu hohem Antreten überhaupt nicht durchführbar. Idealerweise wird die Antrethöhe folglich so gewählt, dass man den Zielgriff »angenehm gestreckt« erreicht. Je nach Situation kann man dann sofort Spannung aufbauen oder zunächst »nachgeben«, also die Spannung reduzieren, um sich am langen Arm neu zu positionieren.

Kleine Tritte nutzen

Erkennt man auf der gewünschten Höhe keine offensichtlichen Tritte, lohnt es sich, genauer hinzuschauen. Besonders Hallenkletterer übersehen oft kleine Strukturen. Dabei sind bereits Leisten von wenigen Millimetern hilfreich.

◁ Text Seite 51
Greifen in einem Zug

Fehlen entsprechende Tritte, ist ein großer Schritt oftmals günstiger

Griff »angenehm gestreckt« erreichen. Dann »Nachgeben«.

Abhocken mit »Gegen-die-Wand-Pressen« des unteren Fußes

Beim Hineinklettern in Überhänge tief antreten

Findet sich gar nichts, kann man gegebenenfalls auf einem höheren Tritt abhocken. In diesem Fall bleibt der zweite Fuß tiefer – möglichst in Falllinie des oberen. Presst man ihn dort aktiv gegen die Wand, ergibt sich eine zusätzliche Entlastung der Arme. Im Idealfall ist auf diese Art sogar ein No-hand-rest möglich.

Abhocken

Abhocken bietet sich auch an Überhang- oder Dachkanten an. Klettert man aus dem Überhang wieder ins Senkrechte, bietet hohes Antreten eine gute Möglichkeit, den Schwerpunkt »über« den Tritt zu bekommen – sehr viel besser jedenfalls, als wenn beide Füße noch unten im Überhang stehen.

In Analogie dazu gilt für konkave Wandbereiche das Gegenteil. Klettert man in Überhänge oder Dächer hinein, ist tiefes Antreten besonders wichtig. Hohes Antreten führt in diesen Fällen dazu, dass die Wand sozusagen noch steiler wird. Außerdem verursacht hohes Antreten generell eine Zunahme der erforderlichen Haltekraft, da die rückwärtige Schwerpunktverlagerung in Relation zum Hand-Fuß-Abstand zunimmt.

▷ Text Seite 72
Gegendrucktechnik

▷▷ Text Seite 143
Sturzangst

▷▷ Übungen
10, 24, 52, 82

▷▷ Text Seite 130
Wirkungen von Stress

Leise treten

Um einen Fuß »leise« zu versetzen, muss man sich in einer stabilen oder stabilisierten Position befinden. Man muss den Fuß jederzeit in der Luft anhalten und bewegungslos verharren lassen können. Hat man diese Kontrolle, kann man den nächsten Tritt statisch und mit hoher Präzision ansteuern.

Dynamisch Weitertreten

Für dynamisches Weitertreten gelten andere Prinzipien. Die gesamte Bewegungskoordination muss passen. Präzision und »leises Treten« resultieren in diesem Fall aus angemessener Hochentlastung und exaktem Treffen des neuen Tritts. Auch in weniger steilem Gelände und bei eher kleinen Schritten kann »dynamisch Weitertreten« nützlich sein. In diesen Fall erzeugt man den erforderlichen Schwung am besten mit einer seitlichen Beckenbewegung. Um beispielsweise den linken Fuß zu versetzen, startet man mit einer leichten Ausholbewegung des Beckens nach links, bewegt es dann schwungvoll nach rechts und versetzt den Fuß im seitlichen Totpunkt des Beckens. Durch die Bewegungsumkehr des Beckens (Totpunkt) bleibt trotz der Dynamik relativ viel Zeit, um den Fuß präzise zu platzieren.

Ein weiterer Aspekt leisen Tretens besteht darin, den Fuß von vornherein so aufzusetzen, wie man ihn für den folgenden Schritt oder Zug benötigt. Nachträgliches Korrigieren – nein danke. Vorausschauendes Antreten in diesem Sinn verbessert den Bewegungsfluss und somit die Ökonomie.

Weich greifen

Von »weich greifen« war schon ganz am Anfang die Rede. Die meisten Kletterer (insbesondere die Männer) halten sich mehr als nötig fest. Das Wort »zuschrauben« bezeichnet diesen Sachverhalt treffend. Es mag daran liegen, dass der Kletternde seinen Füßen misstraut, Sturzangst hat oder eine ungeeignete Technik anwendet.

Auch die Schlüsselstelle hinter sich zu haben kann ein Problem darstellen – man will auf keinen Fall mehr scheitern und klettert verkrampft. Weiches Greifen darf insofern nicht isoliert betrachtet werden; es steht immer im Zusammenhang mit Technik und Psyche.

In eklatanten Fällen ist Zuschrauben sowohl von außen als auch durch den Kletterer selbst wahrnehmbar. Die Frage, ob wirklich optimal weich gegriffen wurde, ist hingegen von außen kaum zu beantworten. Der Kletternde selbst hat da mehr Möglichkeiten. Er kann sich mit entsprechenden Übungen dahin gehend sensibilisieren, sein Spannungsniveau immer wieder zu prüfen und gegebenenfalls zu reduzieren.

PRÄZISION | **63**

Leises Antreten.
Ferse zunächst tief.
Unterer Fuß steht im Lot.

Dynamisch Weitertreten.
Angemessen Hochentlasten und Tritt genau treffen

Links: Blick zum Tritt

Mitte: Vorausschauendes Antreten

Rechts: Beispiel für leise Treten und weich Greifen. In wie weit wirklich weich gegriffen wurde, ist von außen schwer zu entscheiden.

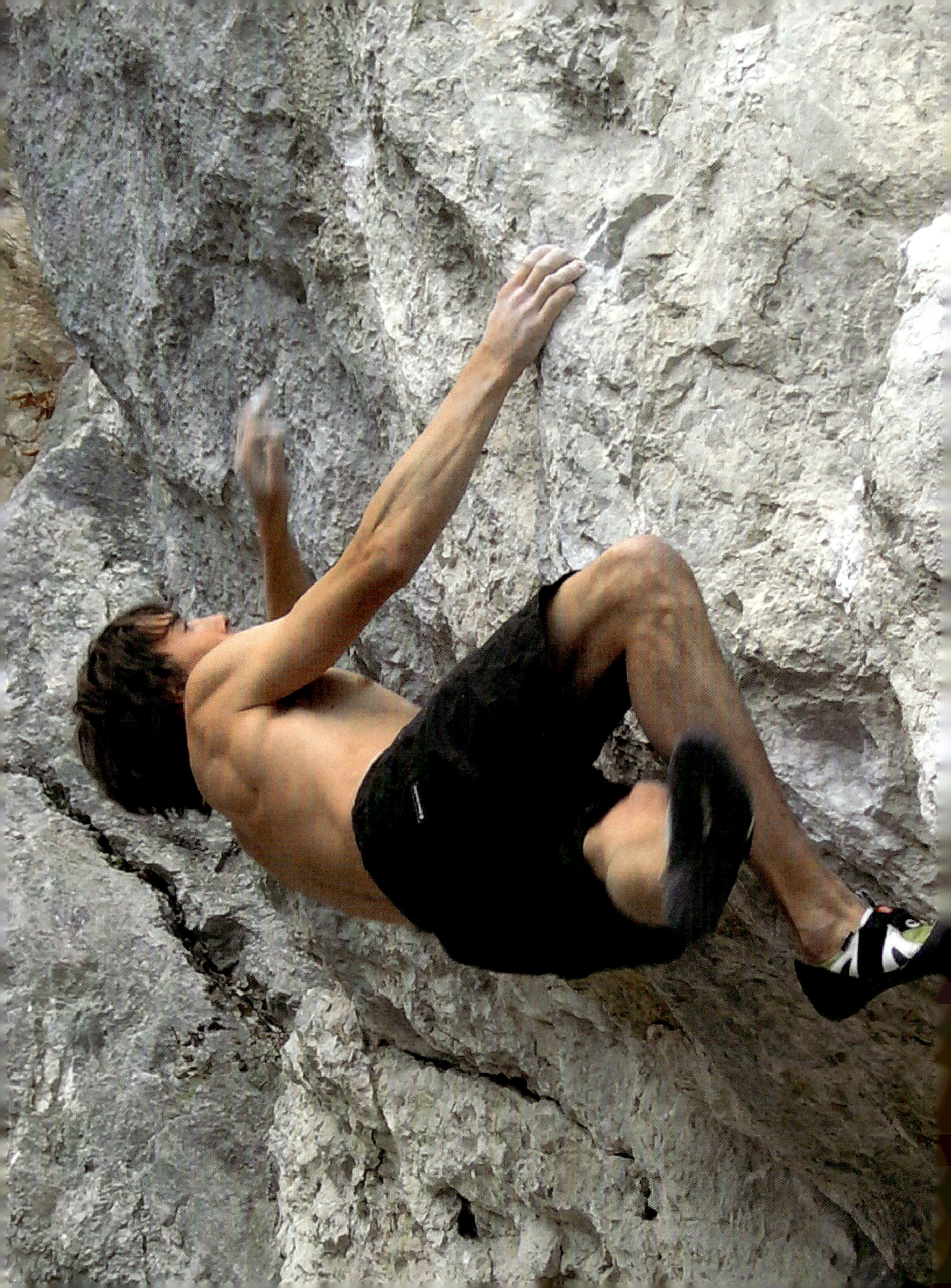

Kletter-
techniken

Klettertechniken

▷▷ **Übung 55**

▷▷ Text Seite 37
Reibung

▷▷ Text Seite 72
Gegendrucktechnik

▷▷ Text Seite 24
Schwerpunkt über Tritt

Technik auf gleichmäßiger Reibungsplatte

Auf den ersten Blick könnte man verleitet sein zu glauben, dass der schier unendlichen Anzahl von Griff- und Trittkombinationen auch eine unendliche Anzahl von Bewegungsmustern gegenüberstehe. Dem ist aber nicht so. Es gibt eine überschaubare Anzahl unterschiedlicher Bewegungsmuster. Diese werden variiert und der jeweiligen Situation angepasst. Das vorliegende Buch gliedert die Klettertechniken in »frontale«, »eingedrehte« und »sonstige« Techniken.

Frontale Techniken

Frontal bedeutet, dass Gesicht und Körpervorderseite zur Wand schauen. Einliegende, das heißt weniger als 90° steile Passagen werden fast ausschließlich frontal geklettert. Schwierige Abkletterstellen ebenso. Das Antreten erfolgt in der Regel mit dem Innenballen oder dem Großzehenbereich.

Reibungstechnik

Reibungsklettern kommt auf gleichmäßig geneigten Platten zum Einsatz. Die Füße treten mit dem Ballen an, der Körper bewegt sich fast ausschließlich in frontaler Haltung. Bei reinrassigem Reibungsklettern fehlen normale Griffe. Greift man im Gegensatz dazu Leisten und baut etwas Körperspannung auf, kann man an Stellen stehen, die ansonsten unmöglich sind. Die geschilderte Situation kommt in der Praxis immer wieder vor und stellt einen fließenden Übergang zur Gegendrucktechnik dar. Anders als bei dieser wird der Schwerpunkt aber nicht nach hinten verlagert, siehe Vektordarstellung auf Seite 37.

Bei Reibungsplatten ohne Griffmöglichkeiten wird der Schwerpunkt weitgehend über den Füßen gehalten. Um ihn leichter von einem Fuß auf den anderen zu bringen, macht man eher kleine Schritte. Aus dem gleichen Grund sind größere Spreizstellungen uneffektiv. Die Hände balancieren lediglich das Gleichgewicht. Sie üben insgesamt nur wenig Druck auf den Fels aus.

Technik bei einzelnen Trittmulden

Anders verhält es sich auf Reibungsplatten mit Verflachungen und Trittmulden. Hier bieten sich größere Schritte oder weite Spreizschritte an, um von einer Mulde in die nächste zu gelangen. Die Hände können dabei stützen. Oftmals ist es sogar hilfreich, größere Gewichtsanteile auf den stützenden Arm zu verlagern und anschließend den Fuß zur Hand zu stellen. Die zweite Hand liegt am Fels an und stabilisiert das Gleichgewicht. Bei steilerem Gelände benötigt die obere Hand einen konkreten Griff, um den beschriebenen Bewegungsablauf zu ermöglichen.

Spreizen und Stützen

Obwohl es sich bei Spreizen und Stützen um jeweils eigenständige Techniken handelt, ergeben sie nur gemeinsam ein brauchbares Fortbewegungsmuster.
Spreizen ermöglicht eine günstige Schwerpunktlage in Kaminen, Verschneidungen und konkaven Geländeformen. Der Schwerpunkt befindet sich über bzw. zwischen den Tritten. Spreizen kann deshalb bei den genannten Geländeformen oft günstige Rastpositionen erzeugen. Auch bei Platten- und Wandkletterei mit seitlich versetzten Tritten bietet sich Spreizen an. Im Hinblick auf effektives Weiterkommen macht weites Spreizen ohne gleichzeitiges Stützen allerdings nur wenig Sinn.

Höhe und Seite des Stützgriffes

Beim Stützen platziert man den Handballen seitlich an der Wand und drückt gegen den Fels. Den Stützgriff wählt man vorzugsweise auf Hüfthöhe. Dadurch ergeben sich im Schulterbereich leicht zu stabilisierende Gelenkwinkel. Wenn die Situation es erfordert, kann der Stützgriff aber auch höher oder tiefer gewählt werden.
Weitergesetzt wird grundsätzlich der gleichseitige Fuß. Man stützt also beispielsweise mit links, und der linke Fuß wird weitergesetzt. In exotischen Fällen kommt »Überkreuzstützen« infrage: Der rechte Arm stützt dann auf der linken Seite.

◁ Text Seite 94
Rasten

◁◁ Übungen
12, 66, 67

Der Bewegungsablauf bei Spreizen und Stützen

68 | KLETTERTECHNIKEN

Oben: Bei nicht allzu steiler Wandkletterei und weit seitlich versetzten Tritten kann Stützen hilfreich sein.

Unten: Beidarmiges Stützen im Kamin. Die Technik kann auch in Verschneidungen zwingend sein.

Beidarmiges Stützen

Während in Verschneidungen meist nur ein Arm stützt, ist in Kaminen beidarmiges Stützen die Regel. Dabei übernimmt der zum weitertretenden Fuß gleichseitige Arm die Hauptlast. Im Beispiel links liegt die Hauptlast also auf dem linken Arm.

Sofern Spreizschritte ausgeführt oder aufgelöst werden müssen, ist Stützen sowohl bei Reibungsklettererei als auch bei etwa 70 bis 80° steiler Plattenkletterei hilfreich. Ist die Wand steiler, rotiert man Knie und Fußspitzen nach außen. So bleibt das Becken auch während des Weitertretens nahe am Fels.

Ellbogenstützen

Stützen kann auch über den Ellenbogen erfolgen. Die Technik kann sowohl auf Platten (Bildserie unten) als auch bei Wandkletterei angewendet werden. Man wählt einen normalen Griff, legt den Unterarm am Fels an und presst ihn gegen die Wand. Besonders bei fehlenden Stützgriffen ist diese Methode empfehlenswert. Das Phänomenale daran ist, dass jeder sie schon hundert Mal angewendet hat, aber sich nur die wenigsten Kletterer des stabilisierenden Effekts wirklich bewusst sind.

Spreizwinkel

In Verbindung mit Stützen lässt sich Spreizen bis zur anatomischen Grenze sinnvoll einsetzen. Bei jedem Spreizwinkel kann der Fuß unbelastet weiter treten. Man beachte, dass das Weitertreten sowohl beim Stützen als auch beim Ellbogenstützen ohne wesentliche Schwerpunktverlagerung funktioniert.

Stützt man nicht, realisiert man das unbelastete Weitertreten oft mittels seitlicher Schwerpunktverlagerung. Letztere ist aber nur bis zu mittleren Spreizstellungen von maximal etwa 50° möglich.

Weite Spreizstellungen mit Zuggriffen aufzulösen kann in schweren Routen zwingend sein. Die Technik erfordert hohe Körperspannung – ein Seitgriff, mit dessen Hilfe Gegendruck aufgebaut werden kann, erleichtert den Ablauf. Abgesehen von zwingenden Situationen stellen weite Spreizstellungen mit nach oben gestreckten Armen allerdings einen beliebten Anfängerfehler dar.

Auf griffigen, einliegenden Platten zu stützen, ohne dass eine Spreizstellung vorliegt, bringt meist keinen wahrnehmbaren Vorteil. Ebensowenig kann man Spreizstellungen bei einliegender Kletterei durch Eindrehen verbessern.

◁ Text Seite 78
Grundform Eindrehen

Ellbogenstützen

Frosch

Die Froschtechnik ist ein ökonomischer Bewegungsablauf, der hohe Trittabstände zulässt und den Körperhub auf beide Beine verteilt. Der Frosch wird vorzugsweise an Kanten, Sinterfahnen und einliegenden Platten angewendet. Bei senkrechter Wandkletterei ist er nur für Personen mit hoher Hüftbeweglichkeit gewinnbringend einsetzbar. In Überhängen ist der Frosch meist kontraproduktiv.

Der erste Fuß tritt hoch an, wobei das Knie seitlich weggeklappt wird. Es folgen Absitzen auf der Ferse, Gewichtsverlagerung über den Fuß und unbelastetes Nachstellen des zweiten Fußes. Idealerweise findet man einen Tritt auf etwa gleicher Höhe. Gegebenenfalls weitergreifen, bevor man die Beine streckt und den Rumpf nach oben schiebt.

Die Füße treten nicht allzu weit voneinander entfernt bzw. möglichst nahe rechts und links der Kante an. Gibt es nur einen einzigen Tritt, kann man den zweiten Fuß auf der anderen Seite der Kante trittlos platzieren. Im Extremfall wird eine Kante oder ein Sinter sogar von beiden Füßen auf Reibung »gepincht« (eingeklemmt).

Diagonaltechnik

Die Diagonaltechnik stellt sozusagen die klassische frontale Klettertechnik dar. Sie ist koordinativ einfach und wird bei senkrechter Wand sowie entsprechendem Griff- und Trittangebot mehr oder weniger automatisch angewendet. Eine gesonderte Schulung ist daher in der Regel nicht erforderlich.

Spannend wird es, wenn das Trittangebot abnimmt. Muss man bei großen Trittabständen hoch antreten, hängt die Technik von den Griffen ab. Bei guten Griffen verlagert man den Schwerpunkt kurzzeitig von der Wand weg, läuft auf Reibung hoch, bis ein Fuß auf dem hohen Tritt platziert ist, und nimmt sofort anschließend wieder eine Position mit wandnahem Schwerpunkt ein.

Im Unterschied dazu muss man bei Reibungsgriffen durchgehend nahe an der Wand bleiben. Andernfalls würden die Hände abrutschen. Die Lösung für diese Situation besteht in einem »halben Frosch«. Das nachfolgende einbeinige Aufrichten ist natürlich anstrengend.

Bei hoher Beweglichkeit kann der Frosch vervollständigt werden – bekommt man das

▷ Text Seite 45
Antreten auf Reibung bei Gegendruck

Links: Diagonaltechnik
Rechts: Halber Frosch.
Hoher Fuß gegengleich zur Haltehand

FRONTALE TECHNIKEN | 71

Becken dabei aber nicht an die Wand, ist diese Methode wenig ökonomisch. Gegebenenfalls kann man sich eindrehen und den zweiten Fuß auf Höhe des ersten platzieren. Bei genügender Steilheit und wenn sich beide Tritte auf der gleichen Seite neben dem Lot der Haltehand befinden, liegt eine offene Tür vor. Ist der zur Haltehand gegengleiche Tritt positiv, kann man die Stelle im Sinne der Diagonaltechnik lösen. Der gegengleiche Fuß wird belastet, und man nutzt die Reibung, um den Körper »zur Wand hin« zu ziehen. Bei Türen mit geringem Drehmoment geschieht der entsprechende Spannungsaufbau oftmals unwillkürlich. Wird der Dreheffekt größer, sollte man den Tritt präzise ansteuern, den Fuß bewusst »in« den Tritt »graben« und aktiv »ziehen«. Dabei kann eine seitliche Schwerpunktverlagerung in Richtung des angesprochenen Trittes positiv wirken.

◁◁ Text Seite 78
Grundform Eindrehen

◁ Text Seite 26
Drehmomente

»Ziehen« an gutem Tritt als Lösung für offene Tür

Bewegungssequenz Frosch: Hoch antreten, Schwerpunktverlagerung, zweiten Fuß stellen, Körperhub

Schulterzug

▷ Übung 59
▷▷ Übung 52

▷ Text Seite 54
Tief gehaltene Schulter

▷▷ Text Seite 45
Antreten auf Reibung bei Gegendruck

▷ Text Seite 26
Drehmomente

Von Schulterzug (»Gaston«) spricht man, wenn man einen nach rechts zu belastenden Griff mit der rechten Hand hält oder eine analoge Situation für die linke Hand vorliegt. Die Technik provoziert frontale Körperhaltung und erfordert Körperspannung – insbesondere im Bereich des Schultergürtels. Die Schulter gut stabilisieren, bei hochgezogenem Schulterblatt verliert man enorm an Reichweite.

Zum Positionieren tritt der gegengleiche Fuß tendenziell seitlich des Lots der Haltehand an, bei einem Schulterzug mit links also der rechte Fuß deutlich rechts.

Der andere Fuß tritt im Lot oder wird dort auf Reibung gestellt. Nach dem Erreichen des Zielgriffs wird er ohnehin sofort weiterbewegt. Man beachte, dass der linke Fuß eine Körperdrehung um die Achse Haltehand – Standfuß verhindern muss. Wie bereits dargelegt, erhöht ein geringer Abstand von dieser Achse den erforderlichen Krafteinsatz.

Gegendrucktechnik

Die »Gegendrucktechnik« oder »Piaztechnik« bietet sich an Kanten, Schuppen und Rissen an. Allgemein formuliert wird »Piazen« angewendet, wenn zwar Griffe vorhanden sind, aber nur schlechte Tritte, und außerdem dann, wenn die Griffe nicht nach unten belastet werden können.

Durch seitliches oder rückwärtiges Verlagern des Schwerpunkts in Verbindung mit angemessener Körperspannung erreicht man eine geeignete Anpressrichtung der Füße. Auch im Rahmen normaler Wandkletterei kommen immer wieder kurzzeitige Gegendrucksituationen vor.

Bei der Gegendrucktechnik treten verstärkt horizontale Kraftkomponenten auf. Dabei sind die horizontalen Zugkräfte der Arme den horizontalen Druckkräften der Beine entgegengerichtet und gleich groß. Diese Kraftkomponenten addieren sich zur ohnehin erforderlichen vertikalen Haltearbeit. Piazen ist somit

Schulterzug.
Der linke Fuß steht auf einem Tritt oder presst lediglich gegen die Wand.

Piazen bedingt vergleichsweise große horizontale Kraftkomponenten.

eine vergleichsweise anstrengende Klettertechnik, und man wendet sie nur an, wenn keine Alternativen bestehen.

Die Größe der horizontalen Kraftkomponenten nimmt mit der seitlichen bzw. rückwärtigen Schwerpunktverlagerung zu. Außerdem hängt sie vom Abstand zwischen Händen und Füßen ab. Bei gleicher Schwerpunktlage ist sie zu Letzterem umgekehrt proportional.

Aus dem Gesagten ergibt sich auch, dass eine weite Schwerpunktverlagerung in Kombination mit hohem Antreten anstrengender ist als eine mäßige Verlagerung bei tieferen Tritten (siehe Fotos unten).

Bei gleichem Verhältnis von Schwerpunktverlagerung zu Hand-Fuß-Abstand bleibt die Haltekraft konstant.

Piazen. Je größer die rückwärtige Schwerpunktverlagerung und je kleiner der Hand-Fuß-Abstand, desto anstrengender.

Armhaltung

Situativ werden die Arme beim Piazen gestreckt oder angebeugt. Während die ältere Literatur durchwegs gestreckte Arme fordert, zeigt die Praxis, dass sich gebeugte Arme manchmal besser anfühlen. Dies hängt damit zusammen, dass die Haltekräfte gleich bleiben, sofern das Streckenverhältnis Hand – Fuß zu horizontaler Schwerpunktverlagerung konstant ist (siehe Fotos Seite 73). Die Haltekräfte der Arme können also in gestreckter wie angekauerter Haltung gleich sein.

In typischen Piazsituationen wie an Schuppen oder Kanten greift jeweils eine Hand über die andere. Dieses »Übergreifen« ermöglicht effektiven Höhengewinn. Falls das Übergreifen zu anstrengend wird, bleibt die zur Schuppe gegengleiche Hand immer oben. Dieser Bewegungsablauf wird als »Nachgreifen« bezeichnet. Nachgreifen benötigt weniger Kraft, bringt aber auch weniger Höhengewinn. Piazt man einen Riss, kann man sich während der Greifphase gegebenenfalls seitlich am Fels anlehnen. Die so erzeugte Reibung reduziert die für das Weitergreifen erforderliche Kraft.

▷▷ Text Seite 58
Greifen im Totpunkt

▷▷ Text Seite 92
Pendeldynamo

▷▷ Foto Seite 75

Reibung nutzen

Die bei schlechten Reibungstritten erforderliche Körperspannung lässt sich in einer kauernden Position leichter aufbauen als mit gestreckten Armen und Beinen. Bei Reibungstritten gleicher Qualität fühlen sich deshalb die höher liegenden Tritte oft besser an. Bestehen Unterschiede, wählt man natürlich die besseren.

Im Sinne der Ökonomie belastet man die benutzten Trittstrukturen im Grenzbereich. Je mehr man der Reibung vertraut, desto weniger Schwerpunktverlagerung ist erforderlich. Überreizt man die Reibung, droht allerdings ein Sturz. Es gilt also zwischen Ökonomie und Sicherheit abzuwägen. Manchmal hilft es, den hauptsächlich belasteten Fuß deutlich unterhalb des zweiten zu positionieren. Sollte der untere Fuß rutschen, kann man einen Sturz in der Regel noch abfangen.

▷▷ Text Seite 104
Taktische Ziele

Hangeln

Hangeln bezeichnet Klettern ohne Füße. Wie ein Affe hangelt man von einem Griff zum nächsten. Diese Technik macht nur bei steilen Überhängen und Dächern Sinn. Dort kann sie effektiv sein, da man keine Zeit mit den Füßen verliert. Andererseits erfolgt natürlich auch keine Entlastung durch die Beine. Bei senkrechter Kletterei hat Hangeln nur in Ausnahmesituationen Berechtigung. In der Regel ist selbst Antreten auf schlechter Reibung immer noch ökonomischer als eine Serie schnellkräftiger Klimmzüge mit schwunghaftem Weitergreifen zu absolvieren.

Statisches Hangeln erfordert erhebliche Blockierkraft im Oberkörper. In der Greifphase muss man das Körpergewicht einarmig blockieren können. Dynamisches Hangeln gelingt auch mit weniger Körperkraft. Man beschleunigt sich durch einen beidarmigen Klimmzug nach oben und greift im Totpunkt weiter. Für schwingendes Hangeln muss man den Körper zunächst in eine Pendelbewegung versetzen. Man nutzt den Schwung und greift im Totpunkt der Pendelbewegung weiter.

Schwungmitnahme

Dynamisches Hangeln kann darüber hinaus nach dem Prinzip der »Schwungmitnahme« erfolgen. Man greift dabei wiederholt in so schneller Abfolge weiter, dass der Körper in einer kontinuierlichen Aufwärts- oder Seitwärtsbewegung bleibt. Sowohl in dieser wie auch in den oben beschriebenen Hangelsituationen sollte man die Füße so früh wie möglich wieder auf Tritten oder gegebenenfalls einen Fuß in einer Hookposition platzieren – das spart allemal Kraft.

Statisches Hangeln kann als Trainingsform für Blockierkraft eingesetzt werden, dynamisches Hangeln zu Verbesserung der Koordination bei Dynamos. Ökonomische Technik und spezielle Trainingsformen sind oftmals zwei Paar Stiefel.

75

Piazen. »Übergreifen« ermöglicht effektiven Höhengewinn.

Statisches Hangeln

Dynamische Bewegungskombination nach dem Prinzip »Schwungmitnahme«

▷ Text Seite 48
Lot oder offene Tür

▷ Text Seite 48
Pendelbein

▷▷ Text Seite 50
Spannungsaufbau

Hinten Scheren

Die Situation der offenen Tür wurde bereits erläutert. Steht kein geeigneter positiver Tritt und auch keine seitliche Foothook-Möglichkeit zur Verfügung, behilft man sich durch »Scheren« der Beine. Dabei kann vorne oder hinten geschert werden. »Vorne Scheren« stellt eine eingedrehte Technik dar und wird später behandelt. »Hinten Scheren« sei am Beispiel eines linken Seitgriffs vom linken Tritt erläutert (Bildserie unten). Der Fuß steht auf dem Innenballen, das leicht angebeugte Knie befindet sich seitlich. Das Becken schmiegt sich so nahe wie möglich an die Wand. Der rechte Fuß wird hinter dem linken Bein gekreuzt und gegen die Wand gepresst.
Es ist möglich, den hinten gekreuzten Fuß lediglich auf Reibung anzustellen. Idealerweise steht er aber auf einem Tritt, denn in diesem Fall kann der Druck gegen die Wand spürbar verstärkt werden.
Folgt ein Kreuzzug, muss der durchgekreuzte Fuß auf einem Tritt platziert sein, andernfalls hat man Probleme den Zielgriff zu stabilisieren.
Ein lediglich gegen die Wand gestellter Fuß kann keine Last nach unten aufnehmen und es fällt schwer, sich für den nächsten Zug zu positionieren. Kreuzzüge können natürlich auch mit »normaler« Beinstellung ausgeführt werden.

Gleichseitig Einpendeln

Selten zwingend, aber häufig hilfreich: Bereits bei steiler Wandkletterei kann die logische Trittabfolge eine Situation provozieren, bei welcher der zur Haltehand gleichseitige Fuß gut im Lot steht, sich für den anderen Fuß aber kein Tritt anbietet. Zwingend wird die Technik, wenn man beim Queren einer trittarmen, überhängenden Mulde mit beiden Füßen seitwärts durchschwingt. Man schwingt beispielsweise nach rechts und angelt den angesteuerten Tritt demzufolge mit dem rechten Fuß. Anschließend greift die linke Hand weiter. Findet sich kein zusätzlicher Tritt und will man einen Fußwechsel vermeiden, muss man gleichseitig einpendeln.

Lösen der offenen Tür durch Hinten Scheren

Um die bei dieser Technik vergleichsweise hohe Körperspannung zu reduzieren, schert man das in der Luft befindliche Pendelbein hinten. Sein jetzt auf der anderen Seite hängendes Gewicht erleichtert das Weitergreifen erheblich. Es sei angemerkt, dass sich die Raumlage des Schwerpunkts dabei nicht wesentlich verschiebt – obwohl dies fälschlicherweise häufig behauptet wird.

Man kann das Pendelbein auch vorne durchkreuzen. Der entsprechende Bewegungsablauf ist aufwendig und führt zu einer gleichseitig eingependelten, eingedrehten Position. Wie auch bei den weiteren Eindrehtechniken ist die folgende Greifphase mit vergleichsweise wenig Körperspannung zu stabilisieren und ermöglicht darüber hinaus maximale Reichweite.

Oben: Dynamischer Zug mit hinten durchgeschertem Pendelbein

Links: Durchschwingen mit nachfolgendem gleichseitigem Einpendeln

Unten: Gleichseitig Einpendeln. Pendelbein schert vorne.

KLETTERTECHNIKEN

▷▷ Übung 21

Grundform Eindrehen

Eingedrehte Techniken

Das gleichseitige Einpendeln stellt eine gute Überleitung zu den eingedrehten Techniken dar. Während man beim gleichseitigen Einpendeln allerdings sowohl frontal als auch eingedreht agieren kann, erfordern die »reinrassigen« Eindrehtechniken schon hinsichtlich der Positionierung ganz bestimmte Herangehensweisen.

Grundform Eindrehen

Bei Haltehand links tritt der rechte Fuß auf Außenrist an – etwa im Lot der Haltehand oder etwas rechts davon. Der zweite Fuß wird links platziert. Der gesamte Körper rotiert ca. 90° nach links – die Schulter der Haltehand zeigt von der Wand weg. Diese 90°-Drehung ermöglicht es, den Haltearm lang zu lassen bzw. sich in steileren Überhängen

Oben: Eindrehen Seitansicht.
Vergleiche letztes Bild der Eindrehserie (links).

EINGEDREHTE TECHNIKEN | 79

»auf den Arm zu rollen«. Soll ein zweiter Eindrehzug folgen, initiiert man die notwendige 180°-Gegendrehung frühzeitig im Rahmen des Positionierens. Die letztlich für den Folgezug benutzten Tritte werden bereits in der korrekten Fußstellung angetreten.

Die Hüfte befindet sich nahe an der Wand. Man beachte, dass der Schwerpunkt bei frontalem Klettern noch näher an die Wand gebracht werden kann. Trotzdem fühlt sich Eindrehen oft ökonomischer an. Die bei frontalem Klettern erforderliche Körperspannung überlagert in diesen Fällen den grundsätzlich positiven Einfluss des Schwerpunkts im Sinne eines Störfaktors.

Eindrehen bietet sich bei Seit- und Untergriffen an und eignet sich gut, große Griffabstände zu realisieren. Während weite Züge in senkrechtem Gelände auch frontal möglich sind, werden die Vorteile des Eindrehens in Überhängen deutlich spürbar. Bei Wandneigungen unter 90° ist Eindrehen verzichtbar.

Vorne Scheren

Soll ein eingedrehter Zug realisiert werden, wobei der zur Haltehand gleichseitige Fuß bereits auf einem geeigneten Tritt steht, bietet sich Vorne Scheren an (siehe Bildserie). Die Technik löst das ursprüngliche Problem einer offenen Tür (linkes Bild). Sie ist zwar etwas aufwendig, bewirkt aber einen guten Stabilisierungseffekt und führt zu maximaler Reichweite.

Oft genügt es den durchgekreuzten Fuß einfach gegen die Wand zu pressen, idealerweise steht er aber auf einem Tritt. Analog zum hinten Scheren muss der durchgekreuzte Fuß bei Kreuzzügen auf einem Tritt stehen.

Um den optimalen Stabilisierungseffekt zu erreichen, streckt man die Beine und presst die Oberschenkel gegeneinander. Je weiter man durchkreuzt, desto kleiner werden die zum Stabilisieren des Drehmoments erforderlichen Kräfte.

◁ Übungen
43, 79

◁◁ Text Seite 44
Schwerpunkt über die Tritte

◁ Text Seite 76
Hinten Scheren

◁◁ Text Seite 27
Störfaktoren

◁ Text Seite 26
Drehmomente

Lösen der offenen Tür durch Vorne Scheren

Extremer Ägypter mit hoher Kniebelastung

Figure of Four

Mit der »Figure of Four« können weite Griffabstände in überhängenden Routen stabilisiert werden. Voraussetzung ist ein guter Griff und genügend Fingerkraft.
Der Bewegungsablauf zeigt eine gewisse Analogie zum Gleichseitig Einpendeln (Text Seite 76), ist aber nochmals aufwendiger. Der zur Haltehand gleichseitige Fuß tritt mit dem Innenballen an. Der Tritt muss vergleichsweise hoch und möglichst genau im Lot liegen. Der Körper bewegt sich von der Wand weg, und das freie Bein kreuzt oberhalb der Haltehand vorne durch. Das Knie rastet in der Ellenbogenbeuge oder unmittelbar beim Handgelenk ein. Man sitzt mehr oder weniger auf dem Haltearm. Die Position des Knies beim Handgelenk bietet zwei Vorteile: Man gewinnt mehr Höhe, und es fällt leichter, die erforderliche Körperspannung aufzubauen.
Die Figure of Four lässt sich wieder lösen, indem man die Position mit Zielgriff und ursprünglichem Tritt stabilisiert. Untere Hand kurz loslassen und den gekreuzten Fuß zurückführen.

Ägypter

Der »Ägypter« hat seinen Namen von den alten ägyptischen Wandzeichnungen. Sie zeigen häufig Menschen in vergleichbaren Körperpositionen beziehungsweise Standbildern aus Bewegungssequenzen.
Beim Ägypter werden die Beine zwischen zwei Tritten verspreizt. Er kann sowohl im Lot als auch zur Lösung der offenen Tür eingesetzt werden. Beim Ägypter im Sinne der Lösung einer offenen Tür und Haltehand links befindet sich der linke Fuß rechts des Haltegriffs (linkes Foto Seite 81). Der zweite Fuß tritt einen noch weiter rechts befindlichen Tritt auf Außenrist an. Das rechte Knie wird nach innen rotiert und mehr oder weniger abgesenkt (»Dropknee«).
Um in die Position zu kommen, gibt es zwei Alternativen. Entweder man positioniert den Fuß gleich in der letztlich korrekten Außenriststellung, oder man tritt zunächst frontal an und rotiert ihn anschließend auf dem Tritt, bis die angestrebte Stellung erreicht ist. Das Knie senkt sich dabei ab, der Körper vollzieht eine 90°-Drehung nach links.

Figure of Four, hier mit Knie in der Ellenbogenbeuge

EINGEDREHTE TECHNIKEN | **81**

Bei offenen Türen empfiehlt es sich, den Schwerpunkt zur Drehachse hin zu verlagern (im Beispiel nach links). Dadurch verringert sich das Drehmoment.

Ägypter können auch angewendet werden, um die Positionierung bei schwer haltbaren Griffen zu optimieren. Im Gegensatz zur offenen Tür befinden sich die Tritte jetzt rechts und links des Lotes der Haltehand.

Der Trick besteht darin, dass das Verspreizen der Füße bei gleichzeitigem wandnahem Absenken des Schwerpunkts zu einer mathematisch nachweisbaren Verringerung der Haltekraft führt. Mittels dieser Klettertechnik werden also Züge möglich, die man anders überhaupt nicht ausführen kann.

Der Pferdefuß: Extreme Ägypter, wie sie in steilen Kunstwandrouten oder beim Bouldern vorkommen, sind physiologisch bedenklich. Hier wird das gebeugte hintere Knie erheblich auf Torsion belastet. Meniskusverletzungen können die Folge sein.

Diagonal Einpendeln

Einpendeln bedeutet, dass in der Greifphase lediglich zwei Punkte Felskontakt haben. Beim diagonalen Einpendeln sind diese beiden Punkte die Haltehand und der gegengleiche Fuß. Diagonal Einpendeln wird in der Regel mit Eindrehen kombiniert.

Man beachte, dass es sich um zwei prinzipiell unterschiedliche Techniken handelt. Beim Eindrehen werden normalerweise beide Füße platziert, wohingegen Einpendeln auch gleichseitig ausgeführt werden kann.

Einpendeln ist ökonomisch, da keine Drehmomente um die Körperlängsachse stabilisiert werden müssen. Die Technik ist somit für gut griffige Überhänge prädestiniert und man erkennt ihre Bedeutung auch an der hohen Anzahl von Kletterfotos, bei denen lediglich ein Fuß Felskontakt hat und der andere frei in der Luft hängt. Einpendeln stellt die früher propagierte Dreipunktregel in Frage.

◁◁ Text Seite 26
Drehmomente
◁ **Übung 15**

◁ Text Seite 48
Einpendeln

◁ Text Seite 76
Gleichseitig einpendeln

◁ Text Seite 48
Dreipunktregel

Ägypter. Zunächst frontal angetreten.

Vertikale Griff-Tritt-Ebene. Beim Einpendeln befindet sich der Schwerpunkt in dieser Ebene.

▷ Text Seite 46
Position der Füße

▷ Text Seite 46
Lotgleichgewicht

Lotgleichgewicht beim Einpendeln

Einpendeln hat viel mit Gleichgewichtsempfinden zu tun. Die Technik setzt das Gespür voraus, in welcher Position man weitergreifen kann, ohne dabei ins Schwingen zu geraten. Die Kunst ist, den Schwerpunkt so zu verlagern, dass er genau unterhalb der Achse der beiden Haltepunkte liegt (also in der vertikalen Griff-Tritt-Ebene, siehe Abbildung).

Vielen auf Sicherheit bedachten Kletterern mangelt es an Gespür für das Lotgleichgewicht. Anstatt dem durch die Schwerpunktlage verursachten Drehimpuls nachzugeben, klammern sie sich mit beiden Armen krampfhaft fest.

Standfuß im Lot

Damit sich der Körper einpendeln kann, muss der Standfuß bewusst positioniert sein. Beim diagonalen Einpendeln tritt der zur Haltehand gegengleiche Fuß auf Außenrist an. In senkrechten Routen stellt man ihn exakt in Falllinie der Haltehand. Je steiler das Gelände, desto deutlicher wird die Antretposition von der Richtung des Zielgriffs und insbesondere von der möglichen Belastungsrichtung des Ausgangsgriffs bestimmt.

Man vergegenwärtige sich in diesem Zusammenhang, dass es in einem horizontalen Dach keinerlei Oben und Unten gibt und die Antretposition ausschließlich von den gerade genannten Parametern abhängt.

Hat man den richtigen Tritt gefunden, dreht man sich ein, verlagert den Schwerpunkt derart, dass die Greifhand loslassen könnte, ohne dass dieses Loslassen ein Schwingen oder Pendeln des Körpers verursachen würde. Mit der Greifhand noch am Ausgangsgriff bringt man das Becken nahe an die Wand (Hüftauslösung) und greift mit angemessener Dynamik weiter (vgl. Text Seite 32, Standardbewegungen).

Pendelbein

Das Weitergreifen kann statisch oder dynamisch erfolgen. Bei statischen Bewegungen verlagert man das frei hängende Bein gegebenenfalls seitlich. Diese Verlagerung eines Teilkörperschwerpunkts bewirkt größere Reichweite in die Gegenrichtung (statisches Pendelbein). Dynamische Züge können durch schwunghafte Bewegungen mit dem frei hängenden Bein unterstützt werden (dynamisches Pendelbein).

Diagonal Einpendeln. Ein seitlich ausgestelltes Pendelbein erhöht die Reichweite in die Gegenrichtung.

Sonstige Techniken

In diesem Kapitel werden Techniken beschrieben, die nicht in das hier gewählte Unterscheidungsschema »eingedreht« oder »frontal« passen. Zum Teil stammen sie aus dem Bereich des alpinen Kletterns.

Abklettern

Je nach Gelände und Schwierigkeit entscheidet man sich für »taloffenes Abklettern« (Rücken zur Wand), »seitliches Abklettern« oder »frontales Abklettern« (Brust zur Wand). Die Wahl der Technik richtet sich nach Gelände und Psyche. Besonders beim taloffenen Abklettern wirken Tiefe und Ausgesetztheit intensiv. Nur trittsichere und schwindelfreie Personen steigen ausgesetztes Gelände in dieser Technik ab.

Taloffen Abklettern

Taloffenes Abklettern gewährleistet gute Übersicht. Sowohl der Weiterweg als auch die Griffe und Tritte sind einsehbar. Aus dem Stand geht man in die Hocke und greift mit beiden Händen niedrig liegende Stützgriffe. Danach treten die Füße tiefer. Der Oberkörper wird angemessen weit nach vorne gebeugt – einerseits um tief greifen zu können, andererseits um einen guten Überblick über das Griff- und Trittangebot zu bekommen. In Rinnen lässt sich die Stabilität oft durch Ausspreizen verbessern.

Seitlich Abklettern

Wie taloffenes Abklettern ermöglicht auch seitliches Abklettern einen guten Überblick. Der bergseitige Arm wählt einen Griff auf Kopf- bis Hüfthöhe. Der talseitige Arm bleibt in der Luft oder greift ebenfalls. Mit den Füßen tritt man tiefer und stellt sie in seitlicher Position. Steht man stabil, greift der bergseitige Arm erneut tiefer. Die Technik ist sowohl mit Stützgriffen als auch mit Zuggriffen möglich. Da der talseitige Arm oft unbenutzt bleibt, ist gutes Gleichgewichtsempfinden gefragt.

◁◁ Übung 2

Frontal Abklettern

Frontales Abklettern erfolgt mit der Brust zur Wand und ist im Wesentlichen der umgekehrte Bewegungsablauf der Diagonaltechnik. Je nach Situation greifen die Hände und treten die Füße abwechselnd tiefer. Man kann auch zunächst beide Hände tiefer platzieren und

◁ Text Seite 70 Diagonaltechnik

Taloffen Abklettern

84 | KLETTERTECHNIKEN

▷▷ Text Seite 117
Zurück zum Rastpunkt

▷ Text Seite 44
Bogenstellung

anschließend beide Füße. Oft muss man die Tritte vorab einsehen, da man sie aus der Kletterposition nicht mehr erkennen kann. Zu diesem Zweck nimmt man die Bogenstellung ein, das heißt, man streckt die Arme und legt den Oberkörper zurück.

Frontales Abklettern kann auch in schweren Routen eine Rolle spielen. Man klettert zurück, bis man den Punkt erreicht hat, wo man gefahrlos abspringen kann. Oder man klettert aus taktischen Gründen bis zu einem Schüttelpunkt zurück. Es ist in diesem Zusammenhang hilfreich, wenn man sich die Griffe und besonders die Tritte gemerkt hat, da man sie – wie oben angesprochen – während des Abkletterns schlecht einsehen kann.

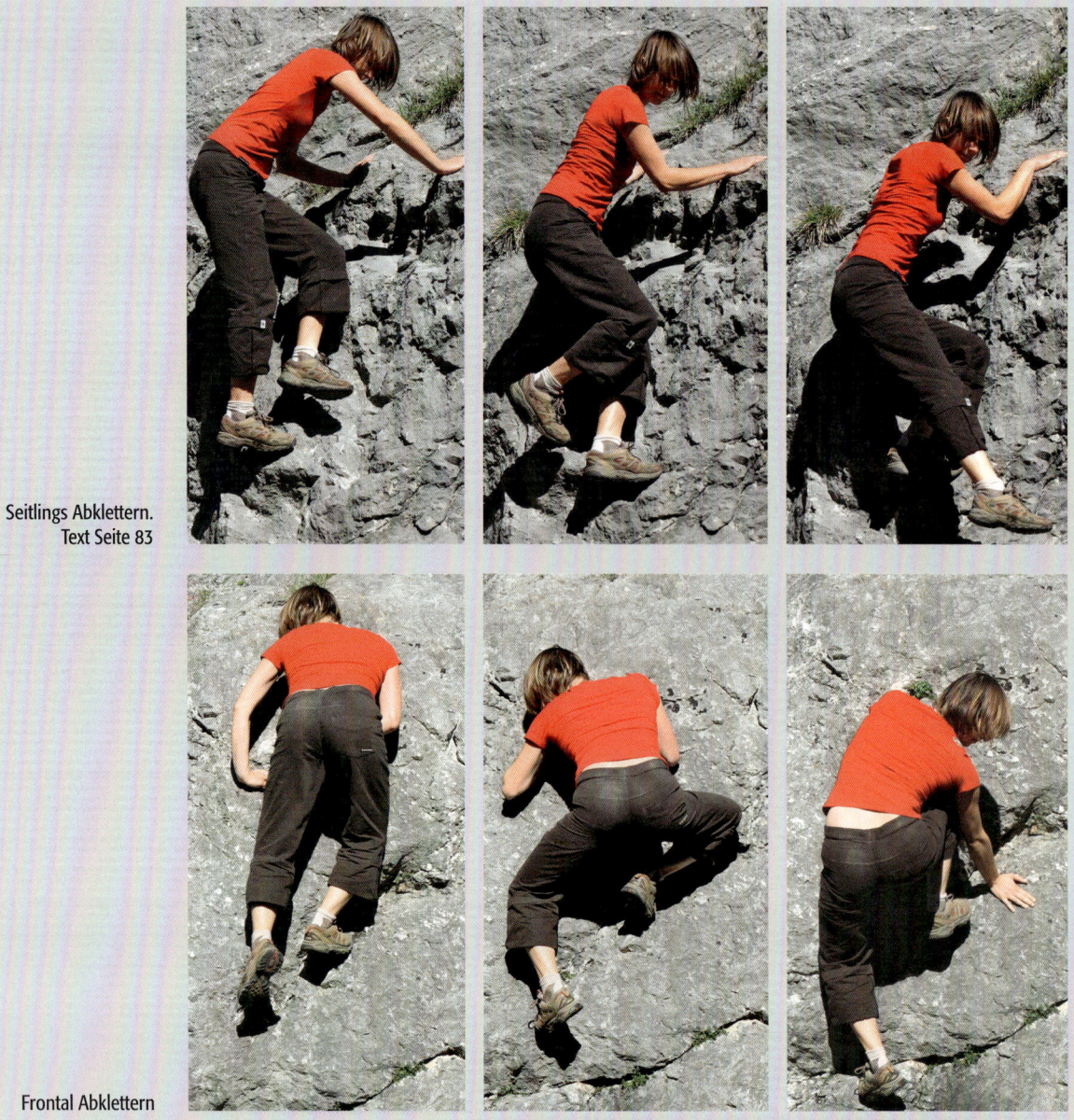

Seitlings Abklettern.
Text Seite 83

Frontal Abklettern

Stemmen

Alle Stemmtechniken beruhen auf Gegendruck zwischen dem Rücken einerseits und Füßen, Händen oder Knien andererseits. Sie werden in Kaminen unterschiedlicher Breite, Körperrissen und spitzwinkligen Verschneidungen realisiert.

In mittelbreiten Kaminen wendet man die »Parallelstemme« an. Dabei laufen die Füße an der vorderen Wand hoch. Die Hände bleiben im Wesentlichen an der rückwärtigen Wand und haben die Aufgabe, den Rumpf hochzuschieben. Die Hubbewegung fühlt sich verlässlicher an, wenn die Füße unterschiedlich hoch platziert sind.

Parallelstemme

Wechselstemme

▷▷ Text Seite 42
Klemmen

In etwas schmäleren Kaminen stellt man einen der beiden Füße an die rückwärtige Wand, um den Rumpf hochzuschieben. Dieser Fuß tritt anschließend an der vorderen Wand höher. Die Hände befinden sich entweder beide an der rückwärtigen Wand, oder eine Hand stützt vorne. Sie stabilisiert das Höhertreten bzw. das Hochschieben des Rumpfes. Diese Fortbewegungsart heißt »Wechselstemme«.

Kniestemme

In noch engeren Kaminen realisiert man den Gegendruck überwiegend mit den Knien – die Füße »stehen« rückseitig auf Reibung. Verstärkend baut man Gegendruck zwischen den vorderseitig auf Stütz gesetzten Händen und dem Schultergürtel bzw. Trizeps auf. Die Fortbewegung ist mühsam – der Körperhub erfolgt in sehr kleinen Schritten durch wechselseitiges (rechts/links) Höherschieben von Schultergürtel und Hüfte.

▷▷ Text Seite 72
Piazen

**Enger Kamin.
Kniestemme**

Risstechnik

Risse werden gemäß den anwendbaren Klemmtechniken eingeteilt. Man unterscheidet Finger-, Hand- und Faustriss sowie Schulter- und Körperriss. Sich nach außen öffnende Schulter- oder Körperrisse heißen »Offwidth«. Die einzelnen Klemmtechniken der Hände wurden bereits im Kapitel »Greifen« beschrieben. Es darf nicht unerwähnt bleiben, dass auch in typischen Wandklettereien immer wieder Klemmstellen auftreten. Wer über die entsprechenden Techniken verfügt, tut sich an solchen Stellen wesentlich leichter oder findet sogar eine Schüttelposition, wo andere sich kaum festhalten können.

Risse mit konkreten Kanten lassen sich häufig piazen. Dabei ist es aber fast unmöglich, brauchbare Sicherungen zu legen. Insofern sollte man die Klemmtechniken beherrschen, wenn man einen Riss selbst absichern muss

SONSTIGE TECHNIKEN | 87

(»clean« klettert). In Fingerrissen kommt noch eine weitere Problematik hinzu: Die besten Klemmstellen sind gerne mit den besten Platzierungen identisch. Es kann daher hilfreich sein, den Keil oder »Cam« (Klemmgerät) erst dann zu versenken, wenn man die entsprechende Stelle nicht mehr als Fingerklemmer benötigt – auf Brust- oder Hüfthöhe also.

Im Riss verklemmte Körperteile sollten nicht rutschen. In rauen Gesteinsarten verursachen bereits einige Zentimeter üble Schürfwunden. Noch kritischer sind unerwartete Stürze. Rutschen die Hände heraus, während ein Fuß im Riss bleibt, sind Sprunggelenkverletzungen vorprogrammiert. Erwartet man schmerzhafte Klemmstellen, können Finger und Handrücken mit Tape oder speziellen Risshandschuhen geschützt werden.

In vertikalen Rissen wird in der Regel mit Übergreifen gearbeitet, in diagonal verlaufenden eher mit Nachgreifen. In Fingerrissen treten die Füße in der Rissspur oder auf separaten Tritten an. Handrisse bieten meist auch für die Füße brauchbare Klemmstellen, sind also auch ohne zusätzliche Tritte gut kletterbar. Selbst bei Faustrissbreite klemmen die Füße noch – gegebenenfalls kann man die Klemmwirkung erhöhen, indem man beide Beine aktiv nach innen rotiert. Von oben betrachtet entspricht die Stellung der Füße dann einem X, wobei jeweils der Großzehenbereich gegen den äußeren Fersenbereich Druck aufbaut. In diagonal verlaufenden Hand- und Faustrissen klemmt in der Regel ein Fuß im Riss, der andere tritt im Lot an.

Mit am unangenehmsten ist die Rissbreite, bei der die Faust gerade nicht mehr klemmt, das Knie aber noch nicht reinpasst. Hier kommt der Doppelhandklemmer in Betracht. Er hält gut – die Füße lassen sich problemlos höher setzen. Beide Füße müssen in der neuen Position allerdings gut klemmen oder stehen, denn

◁ Fotos Seite 88

Links: Handklemmer können auch bei Wandkletterei hilfreich sein.

Rechts: Piazen erschwert das Legen von Keilen oder Cams

als Nächstes gilt es, den Doppelhandklemmer nach oben zu verschieben. Dies gelingt, indem eine Hand Klemmwirkung Handfläche gegen Ellenbogenaußenseite aufbaut, die zweite Hand weiter oben dasselbe tut und anschließend die untere Hand nachgeführt wird, um einen neuen Doppelhandklemmer zu vervollständigen.

Ist der Riss noch etwas breiter, kann man ein Bein komplett einführen und das Knie anwinkeln. Das Knie klemmt dabei in der Regel sehr gut, sodass oft ein No-hand-rest möglich wird. In dieser Rissbreite passt der Hand-Faust-Klemmer und ermöglicht ein Höhersetzen des Knies. Der zweite Fuß unterstützt den Bewegungsablauf, indem er möglichst weit außen am Riss antritt oder durch Verdrehen klemmt. Schulterrisse werden mit der rechten oder der linken Körperseite im Riss geklettert. Oft muss man bereits zu Beginn entscheiden, welche Schulter in den Riss kommt – späteres Wechseln kann problematisch sein. Der innere Arm ist weitgehend gestreckt und klemmt Handballen gegen Trizeps. Der Ellenbogen kann auch im rechten Winkel gebeugt sein, wobei der Unterarm nach oben zeigt. Die Klemmwirkung entsteht in diesem Fall durch eine Drehbewegung im Oberarm. Die äußere Hand greift die Risskante wie bei einem Schulterzug oder stützt auf Hüfthöhe. Die Füße klemmen durch Verdrehen oder bereits längs.

Körperriss

Den nächstbreiteren Risstypus bezeichnet man als Körperriss. Hier wird der innere Ellenbogen maximal gebeugt und der Unterarm voll nach außen rotiert. Es baut sich eine Klemmwirkung Handballen gegen Trizeps auf. Wer diese Technik beherrscht, kann oft in absurd anmutenden Positionen rasten. Das Becken steckt weitgehend im Riss – die Schwierigkeit besteht im Höherkommen. Der äußere Arm hilft stützend an der Risskante, wobei er mitunter ebenfalls Handballen gegen Trizeps klemmt. Unter Umständen können die Füße gemeinsam verklemmt werden, anderenfalls ist die mühsame, bereits beim engen Kamin beschriebene Knieklemmtechnik angesagt.

▷ Text Seite 94
Rasten

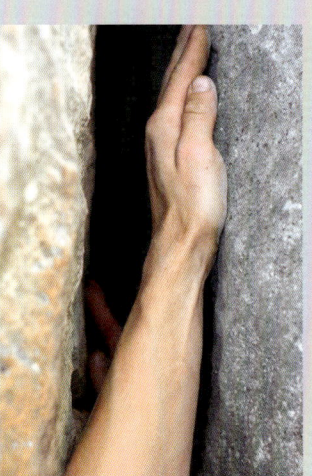

Doppelhandklemmer versetzen
Text Seite 87

SONSTIGE TECHNIKEN | 89

Links: Schulterriss.
Ellbogen 90° nach
oben abgewinkelt

Rechts: Körperriss.
Klemmwirkung Handballen gegen Trizeps

Links: Längs
verklemmter Fuß

Rechts: Äußere Hand
stützt an der Risskante

Durchstützen

Durchstützen steht in enger Verbindung zum Thema Hooken. Gerade Boulder führen oft an mehr oder weniger horizontalen, unten einen Überhang bildenden Kanten entlang. Die Foothooks stellen in solchen Situationen ein zentrales Bewegungselement dar und den Abschluss des Boulders bildet nicht selten ein Durchstützer. Generell kommt Durchstützen zum Einsatz, wenn nach einem großen Griff oder einem kleinen Band zunächst keine Griffe mehr folgen. Auch Ausstiege in flache Bereiche können diese Technik erfordern. Zu unterscheiden sind der »Mantle« und »Durchstützen mit Foothook«. Wie die folgenden Ausführungen zeigen, gibt es keinen eindeutigen Bewegungsablauf, vielmehr wird je nach Gelände und muskulären Voraussetzungen variiert.

▷ Übungen 17, 38

Ist das Gelände oberhalb des Griffs so flach, dass man freihändig darauf stehen kann, endet der Bewegungsablauf, wenn man vollständig aufgestanden ist. Bei steilerem Gelände ist eine einarmig durchgestützte Position das Höchste der Gefühle – ohne Griffe würde man bei jeder weiteren Aufwärtsbewegung unweigerlich nach hinten kippen.
Die Schwierigkeit von Durchstützstellen hängt zudem von der Steilheit unterhalb des Griffs und von den Antretmöglichkeiten ab.

Durchstützen mit Foothook
Typische Geländeformen für das Durchstützen mit Foothook sind Stufen in einer ansonsten weitgehend glatten Wand, außerdem Ausstiege von Überhängen mit guten Griffen und Tritten im Bereich der Dachkante. Von der Stufe bzw. den Griffen aus wird zunächst ein Heelhook gesetzt, anschließend zuerst der gleichseitige und dann der gegengleiche Arm in die Stützposition gebracht.
Gegebenenfalls setzt man den Heelhook vor dem Hochstützen in eine normale Antretposition um. Dies ist hilfreich, wenn man im Verlauf der Bewegungsfolge auf dem Tritt »abhocken« möchte.

▷▷ Text Seite 62 Abhocken

Befindet sich der gleichseitige Arm im Stütz, stabilisiert ein Aneinanderpressen von Trizeps und Oberschenkel die Stellung manchmal derart, dass der andere Arm spürbar leichter umgesetzt werden kann. Befinden sich beide Arme im Stütz, streckt man sie und gelangt so in die durchgestützte Haltung. Je nach Geländesteilheit presst der unten gebliebene Fuß aktiv gegen die Wand.
Will man vollends aufstehen, schiebt man das Becken so wandnah wie möglich über den hochgestellten Fuß. Die Hände helfen bei dieser Bewegung stützend und schiebend. Je nach Situation kann es erforderlich sein, einbeinig aufzustehen – eine für die Menisken nicht besonders gesunde Übung.

Mantle
Hat man statt mehreren Griffen oder einer breiten Struktur lediglich einen einzigen Griff, muss der ganze Bewegungsablauf ohne Foothook realisiert werden. Man spricht in diesem Fall von »Mantle« oder »manteln«.
Der beidarmig gehaltenen Griff wird hoch angelaufen – sind keinerlei Trittmöglichkeiten vorhanden, hilft ein möglichst dynamischer Klimmzug.
Die Schwungenergie wird genutzt, um beide Hände in Stützposition zu bringen. Gelingt es nicht, unmittelbar in eine solche Position zu kommen, muss zunächst eine Hand umgesetzt werden. Dazu rotiert man den Ellenbogen maximal nach oben und stützt mit »Daumen außen«. Hohe Schulterbeweglichkeit ist bei dieser Technik von Vorteil.
Stützend und nachdrückend arbeitet man den Körper nach oben. Gegebenenfalls setzt man auch den zweiten Arm auf Stützposition um. Ist die Wand oberhalb steil, kann es nützlich sein, eine Hand oder beide Hände um 360° nach außen zu rotieren. Die Ellenbogen befinden sich dann nicht mehr vor dem Körper, sondern seitlich, und es fällt leichter, das Abkippmoment nach hinten zu stabilisieren.

Durchstützen
mit Foothook

Heelhook in normale
Antretposition umsetzen

Mantle

Softer dynamischer Zug

▷ Übung 62

▷▷ Text Seite 56 Dynamik

▷▷ Übungen 7, 16, 19

Beim »soften dynamischen Zug« geht es darum, über kurze Distanzen weiterzugreifen – sei es, dass man ansonsten wegpendeln würde, oder sei es, dass die Griffe einarmig nicht haltbar sind. Es kommt weniger darauf an, Höhe zu gewinnen. Man beschleunigt den Körper daher in Richtung Wand und nicht wie beim normalen Dynamo nach oben. Meist genügt bereits eine weiche bzw. softe Beschleunigung. Mindestens ein Fuß muss auf seinem Tritt verbleiben. Die weiteren Bewegungsmerkmale sind unter »Dynamik« beschrieben.
Geht es um seitliches Wegkippen, bietet sich eine Variante des dynamischen Pendelbeins an: Das Bein wird hin und her geschwungen, und zwar derart, dass der restliche Körper während der Greifphase in Ruhe verharrt. Physikalisch sorgen die Beschleunigungen des Beins für diesen Effekt – praktisch muss man eine ganze Weile experimentieren, bis das Timing sitzt.
Manchmal sind offene Türen ausschließlich durch einen soften dynamischen Zug lösbar. Man kann die Füße nicht versetzen oder würde sich beim Scheren vom Tritt »herunterhebeln«. Man hat an vertikal verlaufenden, leicht überhängenden Kanten keinerlei Möglichkeit zu Scheren und auch keine Tritte zum Ziehen oder Hooken. Alles Fälle, in denen die statischen Ansätze versagen. Es sei angemerkt, dass sich softe dynamische Züge ausgezeichnet eignen, um die grundsätzlichen Schwerpunkte dynamischen Kletterns zu trainieren.

Sprung, Pendel- und Doppeldynos

Pendeldynos sind durch einen kreisförmigen Beschleunigungsweg charakterisiert. Sie werden vorzugsweise bei Untergriffen und weiten Zügen in steilen Überhängen oder Dächern angewendet. Im Gegensatz zu normalen Dynamos sind sie oft reversibel, da der Untergriff im Umkehrpunkt der Bewegung gut gehalten werden kann.
Sprünge unterscheiden sich von allen anderen Dynamos dadurch, dass beide Füße die Tritte verlassen. Während man bei normalen Dynamos versucht, mindestens einen Fuß auf seinem Tritt zu belassen, ist dies beim Sprung definitionsgemäß ausgeschlossen.
Sprünge können vom Boden aus erfolgen. Kennt man den anvisierten Griff nicht, kann man ihn zunächst mit einem »Testsprung« erfühlen. Danach fällt es leichter, den Griff formschlüssig zu fixieren. Je nach Situation springt man Griffe mit beiden Armen gleichzeitig an oder startet mit einer Hand an einem tiefer liegenden Griff und springt einarmig zum Zielgriff.
Springt man aus der Kletterstellung, erübrigt sich das vorherige Erfühlen des Zielgriffs – man hat schließlich nur einen Versuch. Die Bewegungsausführung entspricht einem normalen Dynamo. Das Stabilisieren ist allerdings schwieriger – je steiler das Gelände, desto mehr Pendelschwung muss man abfangen. Die Devise dafür lautet: sich klein machen und möglichst beim ersten Rückschwinger sofort neu antreten.

Softer dynamischer Zug, um eine offene Tür zu vermeiden. Es geht nicht um Höhengewinn.

| 93

Das dynamische Pendelbein stabilisiert den Rumpf während der Greifphase.

Zwingender softer dynamischer Zug. Hier mit dosierter Beschleunigung nach oben.

Pendeldynamo. Man beachte die kreisförmige Beschleunigungsbahn.

Beim Doppeldyno greifen beide Hände gleichzeitig oder mit sehr kurzer zeitlicher Verzögerung. Das Stabilisieren erfolgt ausschließlich am Zielgriff – auf die Führungsfunktion der unteren Hand wird verzichtet. Bei vertikaler Wand kann die Sprungrichtung lotrecht nach oben erfolgen – ansonsten erfolgt sie in der Regel Richtung Zielgriff. Die Füße schwingen nach hinten und der Pendelschwung muss abgefangen werden. Doppeldynos stellen ein ausgezeichnetes Koordinationstraining dar und machen in der Praxis bei weiten Sprüngen an gute Griffe Sinn.

▷ Text Seite 57 Beschleunigen

▷ Text Seite 51 Pendelschwung abfangen

Rasten

Rastpositionen sind Stellen, an denen sich die Muskulatur der Unterarme erholen kann. Hohe Muskelspannung führt zum Verschluss der Blutgefäße. Der Muskel kann nur noch ohne frischen Sauerstoff mittels seiner Energiespeicher kontrahieren. Diese Arbeitsweise verursacht früher oder später dicke Arme. Die Frage, bei welcher Belastung man noch rasten kann, ist von der Maximalkraft und der lokalen Ausdauer abhängig.

▷ Text Seite 149 Laktazide Kraftausdauer

▷ Übung 81 Während man bei geringer Belastung gut rasten und sich weitgehend erholen kann, ist es bei entsprechend hoher Belastung außerordentlich schwierig, die richtige Verweildauer zu finden. Zu langes Rasten bewirkt anstelle von Erholung zunehmende Ermüdung (»totschütteln«). Bei zu kurzem Verweilen fehlt unter Umständen die Maximalkraft für den nächsten schweren Zug.

Am Rastpunkt entspannt man die Unterarme so weit wie möglich. Man lässt immer einen Arm hängen und schüttelt ihn. In angemessenen Abständen wechseln! Gegebenenfalls hält man auch mal einen Arm entspannt nach oben, damit das angesammelte Blut besser zurückströmen kann.

Manchmal lohnt es sich, höhere oder auch hohe Körperspannung in Kauf zu nehmen, um die Unterarme zu entlasten. Im Idealfall entsteht dadurch sogar ein No-hand-rest. Es gibt eine ganze Reihe mehr oder weniger anstrengender Positionen, die zu einem No-hand-rest führen können.

No-hand-rest-Möglichkeiten
- Spreizen (Text Seite 67)
- Stemmen (Text Seite 85)
- Anlehnen des Rücken (z. B. an Sintern)
- Anlehnen von Kopf, Schulter oder Becken
- Sitzen (zum Beispiel in großen Löchern)
- Heelhook hinter vertikaler Kante
- Abhocken (Text Seite 61)
- Fußklemmer (Text Seite 38)
- Knieklemmer
- Knie in Riss (Text Seite 88)

Besonders zu erwähnen ist der Knieklemmer. Viele Kletterer erkennen mögliche Knieklemmer nicht oder können die Technik nicht effektiv anwenden. Man benötigt einen Tritt und in entsprechendem Abstand eine größere, untergriffartige Aushöhlung. Tritt und Aushöhlung können zur selben Formation, etwa einem großen Loch, gehören oder unabhängig voneinander sein. Sie können sowohl lotrecht übereinander als auch diagonal nebeneinander liegen.

Sofern nicht lotrecht, ist das Klemmbein festgelegt. Es muss während des Rastens nach innen rotiert sein – bei Tritt rechts und Aushöhlung links verklemmt man also das rechte Bein, wie in der Fotoserie dargestellt.

Um die Klemmposition einzunehmen, tritt man an, beugt das Sprunggelenk maximal und bringt das Knie oder den knienahen Oberschenkelbereich in eine möglichst ergonomische Gegendruckposition. Dann streckt man das Sprunggelenk und baut Spannung auf. Für den anderen Fuß benötigt man einen Tritt, der sich möglichst genau im Lot des Knieklemmers befindet. Seine Höhe sollte Stehen mit gestrecktem Bein zulassen.

Knie- und Fußklemmer eignen sich nicht nur zum Rasten, sondern können unter Umständen auch das Weitergreifen enorm erleichtern.

SONSTIGE TECHNIKEN | 95

Doppeldyno.
Die Beschleunigung
geht in Richtung Zielgriff.
Fortsetzung Seite 59 oben

Links: Fußklemmer
zwischen zwei Griffen
Mitte: Heelhook hinter
vertikaler Kante
Rechts: Heelhook

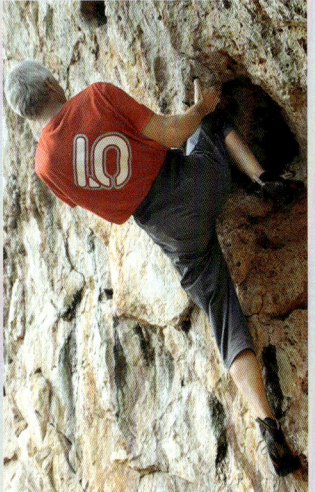

Knieklemmer, der untere
Fuß befindet sich im Lot.

Sturz.
Je weiter man von
der Wand weg springt,
desto härter prallt man
unten an.

Stürzen

Beim klassischen Felsklettern bedeutet Stürzen ein kaum zu kalkulierendes Risiko. Dort gilt der Grundsatz, reversibel und mit Sicherheitsreserve zu klettern. Im Gegensatz dazu lotet der Sportkletterer seine Leistungsgrenze aus. Dies hat zwangsläufig Stürze zur Folge. Der Sportkletterer versteht Stürze also nicht als Unfall, sondern als Technik. Als eine Technik, die man wie alle anderen üben kann und soll. Beherrscht man sie nicht, besteht im Sturzfall ein erhebliches Verletzungsrisiko.

Stürzen und sichern üben

Stürzen ist in hohem Maß Vertrauenssache. Hält mich der Partner überhaupt? Dieses Vertrauen kann nur im Rahmen praktischer Übungen oder im Zuge häufigen realen Stürzens wachsen. Übungen sollen den Fähigkeiten des Trainierenden entsprechen und in kleinen Schritten aufgebaut sein. Im DAV wurde in den letzten Jahren ein durchgängiges Konzept für diese Thematik entwickelt. Es beginnt mit Übungen für Anfänger und beinhaltet die folgenden Stufen.

Definition Falltest

»Falltest« bedeutet dabei generell, dass sich der Kletternde unterhalb oder auf Höhe der umlenkenden Sicherung befindet. Aufgrund des Übungsaufbaus ist der Anprall beim Falltest gegenüber »realen« Stürzen reduziert. Fehler werden also nicht so schnell mit Verletzungen bestraft. Man beachte, dass derartige Übungen trotzdem immer ein gewisses Risikopotenzial bergen. Ungewohnte Übungen werden durch eine dritte Person hintersichert. Das heißt, die dritte Person hält das Bremsseil zusätzlich zum Sichernden in der Hand.

Übungen für unterschiedliche Niveaus

- Falltest 1, 2. Die Stufen 1 und 2 werden beim DAV-Kletterschein Toprope durchgeführt. Die Ziele dieser Übungen sind Vertraut-Werden mit schnellen Abwärtsbewegungen und dem Erleben erhöhter Haltekräfte beim Sichern.
- Falltest 3, 4 mit Sicherungstraining. Die Stufen 3 und 4 machen ab dem UIAA-Grad 4–5 Sinn. Ziele sind eine korrekte Sturzhaltung und angemessen weiches Sichern. Diese Übungen werden im Rahmen des Kletterschein-Updates durchgeführt.
- Sicherung- und Sturztraining. Absprung oberhalb der letzten Zwischensicherung. Ab dem UIAA-Grad 6–7.

Wie man weich sichert und welche Sicherungsgeräte geeignet sind, ist im Alpin-Lehrplan 5 beschrieben (Semmel 2013). Überlegungen zur Frage des Gewichtsverhältnisses beider Partner und zu den Techniken weichen Sicherns finden sich auch in den Büchern »Outdoor-Klettern« (DAV 2013) und »Sicher Sichern« (Hoffmann 2013). Alle diese Techniken sind elementarer Bestandteil der Übungen, aber nicht Thema dieses Lehrplans. Sturzübungen einmalig durchzuführen ist besser als nichts, aber nicht wirklich effektiv.

Falltest 1 und 2

Diese beiden Übungsformen benötigen keinerlei organisatorischen Aufwand. Ausgangssituation ist ein im Toprope hängender Kletterer. Die Sicherung erfolgt mit Tube. Halbautomaten lassen diese Übungsformen nicht zu. Die Wand ist etwa senkrecht und ohne größere Vorsprünge. Der Moment des Durchsackens muss abgesprochen werden.

Durchführung Stufe 1

- Die Führungshand greift das Bremsseil zusätzlich oberhalb der Bremshand.
- Die Bremshand greift das Seil maximal weit seitlich hinten.
- Die Führungshand lässt los, die Bremshand hält weiterhin.

◁◁ Text Seite 126
Taktik während der Kletterei

◁ Text Seite 143
Sturzangst

- Die Bremshand bewegt sich schnell in Richtung Sicherungsgerät.
- Achtung, die Hautfalte zwischen Daumen und Zeigefinger nicht am Tube einzwicken lassen.

Durchführung Stufe 2
- Die Führungshand greift das Bremsseil zusätzlich oberhalb der Bremshand und hält fest.
- Die Bremshand bereitet akzeptabel viel Schlappseil vor und nimmt die übliche Position ein.
- Die Schlappseilmenge darf die Angstschwelle des im Seil Hängenden nicht überschreiten.
- Die Führungshand lässt schlagartig los. Der Partner »fällt« ein Stück durch.
- Der Sichernde bleibt aufrecht stehen (nicht »dagegen« kippen lassen).

Falltest 3 und 4 mit Sicherungstraining
Die folgenden Übungen werden am besten an einer verlässlichen Zwischensicherung in 8 bis 10 m Höhe durchgeführt. Höhere Umlenkungen erschweren die Kommunikation und es dauert jedes Mal länger den Absprungpunkt anzuklettern. Niedrigere Umlenkungen bergen ein erhöhtes Kollisionsrisiko.
Es empfiehlt sich, die umlenkende Zwischensicherung zu doppeln. Am besten hängt man eine etwas längere Exe parallel über die lasttragende Exe. Die Exen unterhalb der umlenkenden Sicherung müssen eingehängt sein. Gegebenenfalls kann die unterste Sicherung ausgehängt sein, um mehr Bewegungsspielraum für den Sichernden zu erhalten. Helme sind für beide Akteure empfohlen. Schwere Sicherer üben mit Tube, leichte Sicherer bevorzugt mit Halbautomat.

Durchführung Stufe 3
- Der Kletternde hängt eine gewisse Höhe unterhalb der Umlenkung im Seil.
- Er klettert hoch, der Sichernde nimmt kein Seil mehr ein.
- Der Kletternde »stürzt« auf Höhe der Umlenkung (oder unterhalb) und fällt somit eine für ihn gut kalkulierbare Strecke.
- Größere, sich oben bildende Schlappseilschlaufen werden vor dem Sturz nach unten gezogen (ggf. durch den Hintersicherer).

Durchführung Stufe 4
- Der Kletterer hält sich auf Höhe der umlenkenden Zwischensicherung oder knapp unterhalb an der Wand fest.
- Der Sicherer gibt Schlappseil und sagt Bescheid, sobald er fertig ist.
- Die Schlappseilmenge kommunizieren. Der Kletternde muss damit einverstanden sein.
- Der Kletterer lässt los und »stürzt«.

Sturztraining
Mit Sturztraining bezeichnet man realitätsnahe Übungen mit Absprung oberhalb der umlenkenden Zwischensicherung. In dieser Situation fällt der Anprall deutlich härter aus als bei Absprung auf Hakenhöhe – gleiche Flugbahn und Sturzweite vorausgesetzt. Wird hart gesichert oder stimmt das Absprungverhalten nicht, kann man sich sowohl bei Übungen als auch bei realen Stürzen durchaus verletzen. Unmittelbar vor einem Sturztraining sollten daher immer einige Falltest-Sprünge durchgeführt werden. Auf diese Weise lässt sich ersehen, ob die Trainingsinhalte korrekt umgesetzt werden.

Trainingsinhalte
Im Rahmen der unterschiedlichen Falltest-stufen lassen sich eine ganze Reihe relevanter Aspekte gut und ohne allzu großes Risiko trainieren. Die Position des Sichernden darf nicht weit von der Falllinie des ersten Hakens entfernt sein. Insbesondere für den bodennahen Bereich gilt die Empfehlung: einen Meter von der Wand entfernt und einen Meter seitlich versetzt.

Der Sichernde erwartet den Sturz in leichter Schrittstellung und mit sanft gebeugten Knien.

In dieser Position ist er jederzeit aktionsbereit. Er kann sich einerseits dagegen wehren, nach vorne an die Wand gerissen zu werden und ist andererseits der in der Lage, angemessen weich zu sichern. Das heißt, er kann sich mitziehen lassen bzw. dem Seilzug aktiv nachgeben. Je näher man an der Wand steht, desto besser funktioniert diese Art weichen Sicherns.

Um die Motorik zu trainieren, gibt es eine hilfreiche Vorübung ohne Seil. Der Übende steht in Schrittstellung und sein Partner simuliert den Sturzzug, indem er den Sicherungsring des Übenden ruckartig nach oben belastet. Dieser gibt dem Ruck nach.

Die Trainingsinhalte für den Stürzenden ergeben sich aus dem nächsten Kapitel.

Stürzen in der Praxis

Generell muss zwischen dem kontrollierten und dem unkontrollierten Sturz unterschieden werden. Durch Griffausbruch bedingte Stürze verlaufen meist unkontrolliert. Bricht beispielsweise ein Griff beim Piazen, katapultiert man sich infolge der bestehenden Körperspannung von der Wand weg und prallt unten entsprechend hart an (Grafik Absprungweite). Man kann darüber hinaus einen Drehimpuls erhalten. Dieser bewirkt, dass man sich während der gesamten Flugphase weiterdreht und eventuell kopfüber »landet«. Neben dem bereits erwähnten Griffausbruch verlaufen auch Stürze infolge Abrutschens von Griffen oder Tritten oft unkontrolliert.

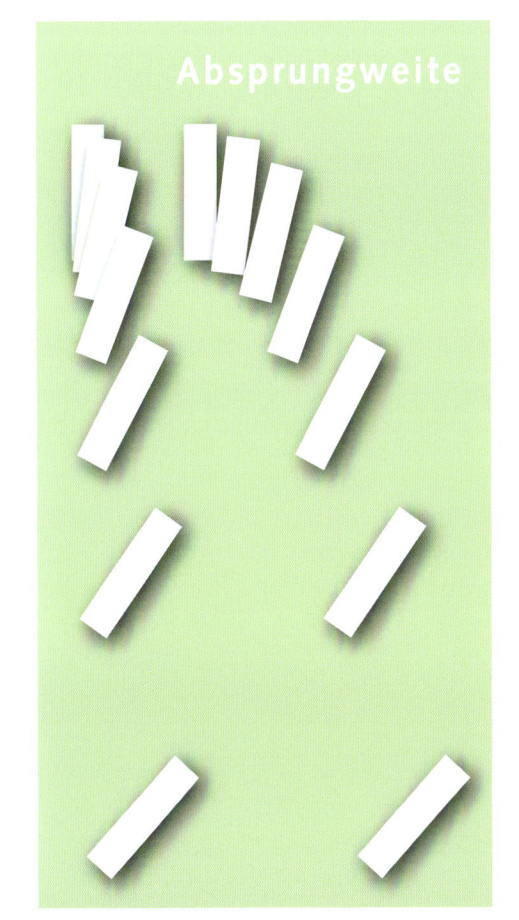

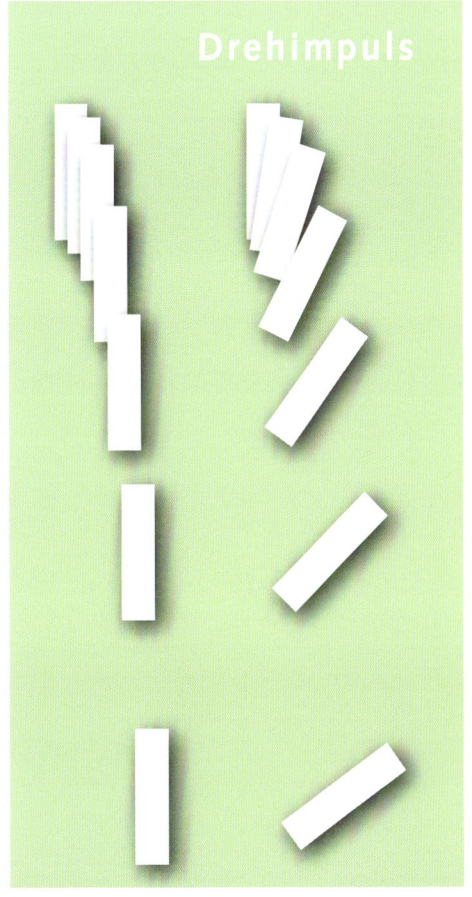

Links: Absprungweite nach hinten. Gleicher Drehimpuls bei unterschiedlicher Absprungweite.

Rechts: Unterschiedlicher Drehimpuls bei gleicher Absprungweite

▷ Text Seite 115
Taktik Onsight

▷▷ Fotos Seite 96

Nur kontrollierte Stürze sollten absichtlich in Kauf genommen werden. Neben der Frage der Sturztechnik existieren weitere Voraussetzungen. Die geländespezifischen gehören jeweils im Vorfeld der Begehung mit Partner kommuniziert (»Routencheck«).

Voraussetzungen für Stürze
- Die Route ist gut gesichert.
- Das Gelände ist sturzfreundlich (einigermaßen ebene Wand, freie Flugbahn, ausreichend Fallhöhe).
- Der Sicherungspartner ist aufmerksam und beherrscht die Sicherungstechnik.
- Der Kletternde beherrscht die Sturztechnik.

Gefährlichster Moment beim Stürzen ist der Anprall am Fels. Um Verletzungen zu vermeiden, muss seine Wucht so gering wie möglich gehalten werden. Die Wucht des Anpralls wird umso geringer, je näher man an der Wand »entlang« springt. Gleichzeitig soll der Sturz so verlaufen, dass man den Anprall mit den Füßen abfangen kann. Summa summarum springt man also nicht unnötig weit nach hinten, sondern nur so weit, dass man während des Sturzes nicht an der Wand streift (Sicherheitsabstand einplanen).

Sturzhaltung

▷ Fotos Seite 96

Man beugt den Rumpf nach vorne (Katzenbuckel), spreizt die Beine etwas und winkelt Knie und Hüfte leicht an. Die gesamte Muskulatur, insbesondere die Bauchmuskeln und Hüftbeuger, sind angespannt. Außerdem kann man die Arme während des Sturzes nach oben halten (Foto rechts) und sie im Moment der Bremskrafteinwirkung fallen lassen. Dies bewirkt eine Reduzierung des Fangstoßes (Maximalwert der Bremskraft).

Absprung
Entscheidend für den Verlauf eines Sturzes ist der bewusst vollzogene und kontrollierte Absprung. Einmal in der Luft, hat man keinen Einfluss mehr auf den Verlauf (Flugbahn, Drehimpuls). Beginnt der Sturz kontrolliert, kann im Allgemeinen auch der Anprall kontrolliert werden. Bei kurzen Stürzen lässt man sich dosiert nach hinten abkippen. Dies führt dazu, dass man gegen Ende des Sturzes etwas Rücklage hat und den Anprall gut mit den Füßen abfangen kann. Bei längeren Stürzen kein oder nur minimales Abkippen wegen des bereits erwähnten Drehimpulses!

Die Hände können das Kletterseil im Bereich des Knotens fassen. Da dies aber für den Verlauf des Sturzes kaum von Bedeutung ist und theoretisch auch die Gefahr einer Seilumschlingung um die Hand besteht, sollte man es sich nicht angewöhnen.

Im Gegensatz zum Griff ins eigene Seil ist es definitiv gefährlich, das gegenläufige, abwärts zum Partner führende Seil zu greifen. Handverbrennungen oder Zerrungen können die Folge sein.

Sturz in Querung
Besonders zu erwähnen sind Stürze in Querungen. Die Situation vermittelt häufig nicht den Eindruck von Gefährlichkeit, da man sich ja nicht über, sondern »nur« ein Stück neben dem Haken befindet. Pendelstürze sind aber immer kritisch. Entweder man scheuert die

Rechts: Sturzhaltung. Knie und Hüfte anwinkeln. Rupfmuskulatur anspannen.

Wand entlang, oder man verhindert dies durch einen weiten Absprung nach hinten. Letzterer verursacht dann allerdings einen harten Anprall. Das kontrollierte Abfangen eines Pendelsturzes ist also nicht einfach. Am besten springt man in Richtung zur letzten Zwischensicherung ab; dies reduziert den Pendelschwung.

Sturz auf Reibungsplatte

Ganz anders verlaufen Stürze auf glatten Reibungsplatten. Verliert man hier den Halt, versucht man, so lange wie möglich in der Kletterstellung zu bleiben und auf Händen und Füßen abzurutschen. Ist dies nicht mehr kontrolliert möglich, dreht man sich um und bewältigt den hoffentlich kurzen Rest der »Sturzstrecke«, indem man abwärtsrennt. Achtung – bereits nach wenigen Metern wird das Tempo so hoch, dass diese Technik scheitert!

Taktisches Sicherheitskonzept

Nach diesen technischen Ausführungen zum Thema Stürzen und bereits als Überleitung zum Kapitel »Taktik« noch ein paar Worte zum sogenannten taktischen Sicherungskonzept. Es geht um eine möglichst realistische Einschätzung der Frage, wo man stürzen darf und wo nicht.

Basis

Wolfgang Güllich (1986) beschreibt diesen Sachverhalt, indem er den Begriff »Basis« einführt: »Als Basis bezeichnen wir den Bereich, in dem ein Sturz ungefährlich verläuft. Vor allem in Routen mit nur wenigen Sicherungspunkten ist es lebenswichtig, sich mit diesem Prinzip ein taktisch-strategisches Sicherungskonzept zu zimmern, das die gesamte Route abdeckt. Beispiel: Unter der Schlüsselstelle befindet sich eine verlässliche Sicherung. Sie ist auf eine Kletterstrecke von fünf Metern wirksam. Somit befindet sich der Basispunkt fünf Meter über der Sicherung. Nach weiteren zwei Metern verspricht ein Handriss einen neuen Ruhepunkt und eine neue Sicherung. Somit müssen diese zwei Meter kontrolliert geklettert werden. In dieser Passage muss ich also jederzeit in der Lage sein, mich zu meinem Basispunkt zurückziehen zu können, denn dort kann ich abspringen, gefahrlos stürzen.«

Man beachte die im Text von Güllich enorm weit oben angesetzte Basis. Er verweist allerdings an anderer Stelle darauf, dass sie keine absolute, sondern eine individuelle Grenze darstellt. Sind Stürze wahrscheinlich, sollte das Risiko bereits vorab im Rahmen der Taktikplanung abgeschätzt werden.

◁◁ Text Seite 104
Taktik

Rechts: Wolfgang Güllich († 1992),
eine zeitlose Legende des Klettersports (Hepp 2006)

Unten: Taktisches Sicherungskonzept

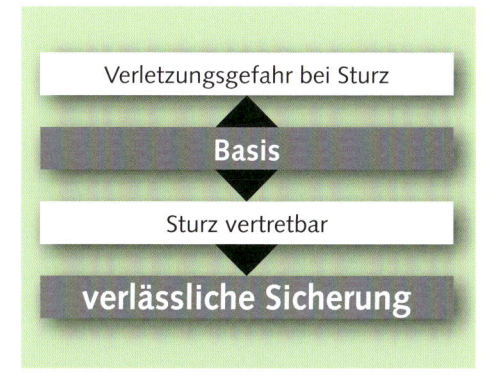

Taktik

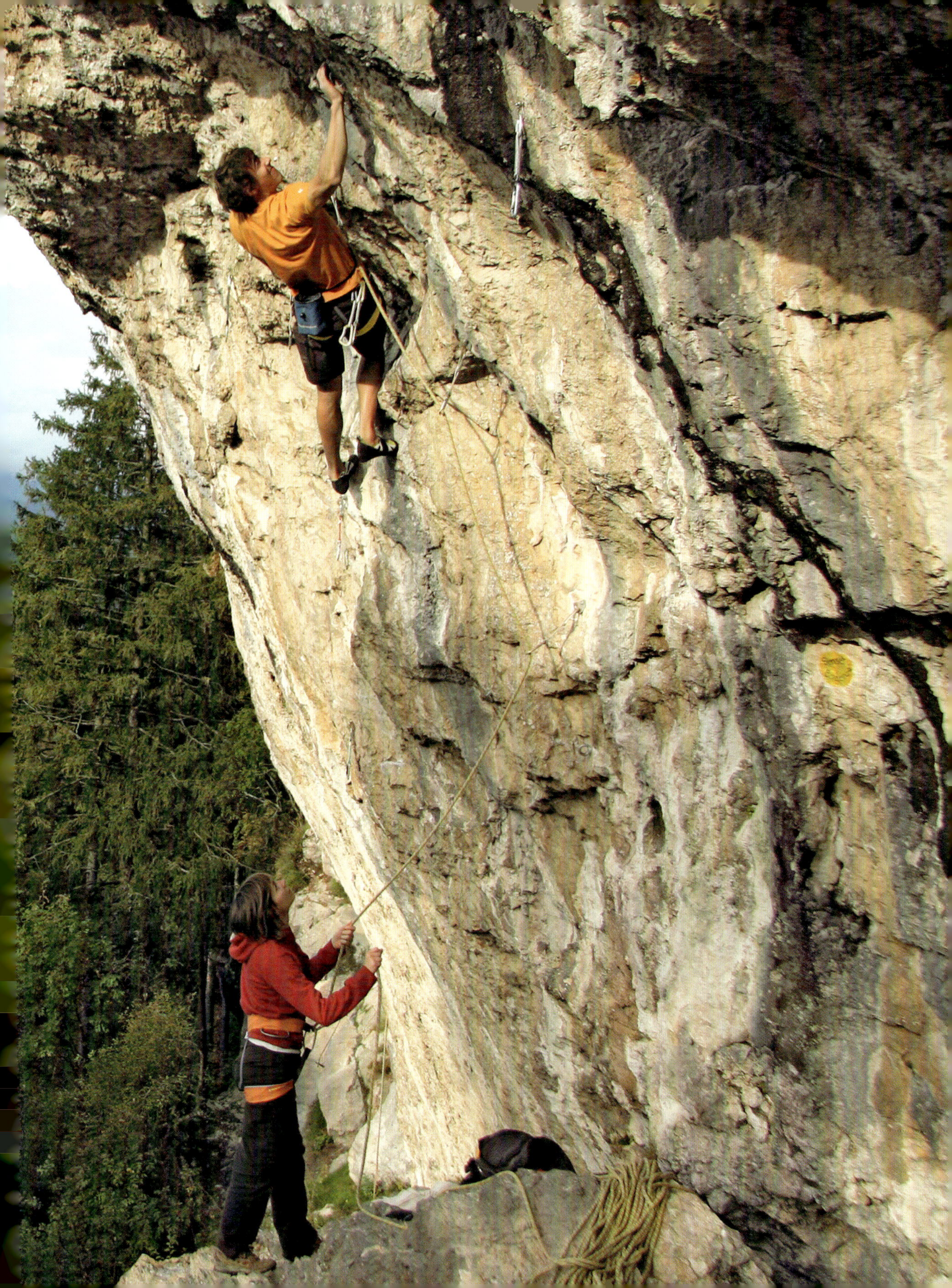

Taktik

Unter Taktik versteht man planmäßiges Handeln. Beim klassischen Felsklettern dient sie primär der Sicherheit, beim Sportklettern der Leistungsoptimierung. Wer taktisch vorgehen will, muss seine Ziele kennen oder sie sich bewusst machen. Erst nachdem das Ziel feststeht, können die einzelnen Maßnahmen überlegt und später umgesetzt werden. Der Regelkreis der Leistungssteuerung gilt also auch in Bezug auf die Taktik.

▷ Text Seite 15
Leistungssteuerung
▷▷ Übungen
1, 47, 71

Mögliche taktische Ziele
- Begehen einer (alpinen) Route mit minimiertem Risiko
- Klettern einer maximal schwierigen Route oder eines schweren Boulders
- Klettern einer Route im bestmöglichen Stil (Onsight)
- Begehen einer Route nach möglichst wenig Ausbouldern
- Trainieren in einer Route oder an Bouldern
- Begehen einer Route in minimaler Zeit (Speedbegehung)
- Gewinnen eines Wettkampfs bzw. optimale Platzierung im Rahmen der Möglichkeiten

Für weniger erfahrene Kletterer ist der Begriff Taktik oftmals nicht wirklich greifbar. Mag auch die Definition »planmäßiges Handeln im Sinne optimierter Leistung« bekannt sein, so ist dieser Leitgedanke doch zunächst wenig konkret. Erst wenn man mit den Stilformen vertraut ist und Begriffe wie »motorisches Gedächtnis« oder »Bewegungsvorplanung« zu verfügbaren Ressourcen geworden sind, gewinnt die Taktik jene hohe Bedeutung, die sie bei leistungsorientierten Kletterern oder Wettkämpfern innehat. Unabhängig von der Zielsetzung schließt effektive Taktik immer auch ein angemessenes Aufwärmprogramm mit ein.

▷ Text Seite 111
Taktik Ausbouldern
▷ Text Seite 115
Taktik Onsight

Aufwärmen und Abwärmen

Aufwärmen wirkt leistungssteigernd und reduziert das Risiko überlastungsbedingter Verletzungen. Es erlangt somit eine besondere Bedeutung, wenn man die Sportart Klettern nicht nur einige Jahre, sondern über längere Zeiträume ausüben möchte. Das Aufwärmen beinhaltet die der Grafik links unten dargestellten Phasen.

Allgemeines Aufwärmen erreicht man oft schon durch den Zustieg. Bei kürzeren Zustiegen schneller gehen! Es kommt darauf an, ein inneres Gefühl von Wärme zu erzeugen. Ist der Zustieg sehr kurz, eignen sich alle Aktivitäten, die Körperwärme produzieren.

Sowohl das Gefühl innerer Wärme als auch die Effekte der folgenden Schritte des Aufwärmens klingen im Lauf von 30 bis 60 Minuten ab. Es macht daher Sinn, sich während des Sicherns warm anzuziehen. Spätestens wenn man zu frieren beginnt, ist neuerliche Kreislauferwärmung angesagt.

Beim Mobilisieren bewegt man den Körper locker durch, wobei aktivierende Spannungsübungen mit einfließen sollen. Der Fokus liegt auf Hüfte, Schultern und Fingern. Die Finger lassen sich auch bereits während des Zustiegs mobilisieren. Man knetet Softgummibälle oder Knetmasse. Alternativ kann man die Hände einige Hundert Mal zu Fäusten schließen und wieder öffnen.

»Andehnen« benutzt Übungen des passiven und aktiven Beweglichkeitstrainings, wobei man die Dehnphasen auf rund 5 Sekunden reduziert. Das Ziel ist, sich zu aktivieren. Lange Dehnphasen senken den Muskeltonus und sind im Zusammenhang mit Aufwärmen wenig förderlich. Ob man mobilisiert, andehnt oder

---

Phasen beim Aufwärmen
Allgemeines Aufwärmen
Mobilisieren und Andehnen
Spezifisches Aufwärmen
Pump und IK-Belastung

Aufwärmen

beides tut, ist eine Frage persönlicher Vorliebe für die jeweiligen Methoden.

Das spezifische Aufwärmen realisiert man am besten durch leichtes Einklettern oder leichtes Bouldern. Die Muskulatur soll im Lauf des Einkletterns zunehmend beansprucht werden. Sind keine leichten Routen oder Boulder vorhanden, kann man sich auch in einer schweren Route aufwärmen. Man klettert dabei zunächst nur die leichten Züge und bewältigt schwierige Stellen mit Hakenhilfe. Das klappt natürlich nur, wenn die Route keine zwingenden (obligatorischen) Passagen aufweist.

Um für maximalkräftige Züge vorbereitet zu sein, klettert man gegen Ende des Aufwärmens Stellen, die eine vergleichbare intramuskuläre Koordination erfordern. Dadurch verbessert sich die Rekrutierung. Viele Kletterer wenden die gleiche Logik auch im Kraftausdauerbereich an und schließen einen mehr oder weniger ausgeprägten »Pump« in ihr Aufwärmprogramm mit ein.

Durch die letzten Schritte des Aufwärmprogramms erreicht man ein angemessenes körperliches Aktivierungsniveau. Man beachte, dass »angemessen« Unterschiedliches bedeuten kann. Ein Maximalkraftboulder benötigt vorab Spannungsübungen im IK-Bereich, kleingriffige Wandkletterei hingegen hohe Präzision beim Treten. Bleibt zu ergänzen, dass die maximale Leistungsbereitschaft immer auch mentaler Vorbereitung bedarf. Wer bestens aufgewärmt ist, aber »null Bock« hat, bleibt unter seinen Möglichkeiten.

Abwärmen

Nach harten Klettertagen oder Trainingseinheiten ist auch Abwärmen eine Frage der Taktik. Es steht unter dem Motto Lockern, Dehnen, Entspannen und dient der schnellen Regeneration. Während das Abwärmen bei Sportarten mit intensiver aerober Belastung für eine Rückkehr von Pulsfrequenz, Blutdruck und Atmung in die Normallage sorgt, steht beim Klettern das Lockern ermüdeter und verspannter Muskulatur im Vordergrund.

Um den Laktatabbau zu beschleunigen, kann es vor dem Entspannen hilfreich sein, den Kreislauf für einige Minuten an oder unterhalb der aeroben Schwelle zu belasten, beispielsweise durch zügiges Klettern von ein bis zwei leichten Routen oder durch gemütliches Auslaufen. Klettern leichter Routen hat auch den Effekt, dass man sich nach einem harten Trainingstag oder zähen Rotpunktversuchen mit lockerem, souveränen Bewegungsfluss »belohnt«.

Im Gegensatz zum Aufwärmen kann beim Abwärmen durchaus ein Dehnprogramm integriert sein. Man sollte dabei allerdings die im Rahmen des Trainings stark beanspruchte Muskulatur ausschließen.

Softgummiball zum Mobilisieren der Finger

◁◁ Text Seite 148
Maximalkraft

◁◁ Text Seite 149
Laktazide Kraftausdauer

◁◁ Text Seite 131
Aktivierungsniveau

◁◁ Text Seite 132
Selbstregulation

Aufwärmen in einer schweren Route. Anspruchsvolle Züge zunächst weglassen

Stilformen

In den Siebzigerjahren wurde damit begonnen, das freie Klettern klar vom sogenannten technischen Klettern abzugrenzen. Kurt Albert formulierte den Gedanken, eine Route ohne Belastung der Sicherungskette zu klettern. Man darf also weder stürzen noch sich im Seil oder an Haken hängend ausruhen. Routen, die er so gemeistert hatte, markierte Albert mit einem roten Punkt und wurde auf diese Weise zum »Vater« der Rotpunktbewegung.

Die wichtigen Stilformen Rotpunkt, Flash und Onsight füllen eigene Kapitel und sind in diesen erläutert – die weniger bedeutenden im Folgenden zusammengefasst.

»Rotkreis« ist eine Abwandlung von Rotpunkt. Dabei belässt man das Seil nach einem Sturz in den geclippten Haken und startet den Rotkreisversuch vom Boden oder vom letzten No-hand-rest aus. Der Rotkreisstil ist hinsichtlich seiner sportlichen Wertigkeit umstritten, da man bei der Begehung einen Teil der Route toprope klettert. Eine ähnliche Abwandlung von Rotpunkt sind »Preclipps« (Seil vorhängen). Diese Technik kann höchst sinnvoll sein, wenn Bodensturzgefahr besteht oder wenn bereits unten schwere Stellen zu bewältigen sind und brauchbare Clippgriffe fehlen. Wie Rotkreis verwandeln auch Preclipps einen gewissen Teil der Route in ein Toprope.

»Toprope« bedeutet Durchstieg mit Seil von oben. Während diese Art zu klettern im Allgemeinen kaum als Begehungsform anerkannt wird, gibt es in manchen Gebieten Routen, die sicherungsbedingt überhaupt nur toprope oder »free solo« möglich sind. Free Solo ist eine ungesicherte Begehung mit entsprechend hohem Risiko. Schwere Begehungen dieser Art werden häufig im Vorfeld geübt.

Im Gegensatz zum Free Solo beinhaltet der Begriff »Solo« Sicherungstechniken, die man ohne Partner bewerkstelligen kann. Weitere Stilformen wie AF (all free, alles frei), Rotkreuz oder Pinkpoint haben heute keine praktische Bedeutung mehr.

Egal welche Stilform – aufgrund der bestehenden Unschärfen der einzelnen Definitionen erscheint es sinnvoll, bei Erstbegehungen oder bedeutenden Wiederholungen die Details mit anzugeben: Wurden Keile/Cams belassen oder während der Begehung gelegt? Existierte ein Preclipp? Wie viel Zeit wurde für das Einstudieren der Route investiert?

Links: Kurt Albert († 2010), der Vater des Rotpunkts in jugendlichen Jahren. Supernase, Frankenjura

Rechts: Rotkreis oder Preclipp Start

Wettkämpfe

Kletterwettkämpfe sind sowohl auf internationaler Ebene (Worldcup, Masters) als auch national (Deutsche Meisterschaft, Deutscher Sportklettercup, Landesmeisterschaften) ein fester Bestandteil des Klettergeschehens. Daneben finden zunehmend regionale Wettkämpfe und »Fun-Contests« statt.

Die Taktik beim Wettkampfklettern hängt stark vom Reglement ab. Das jeweils aktuelle nationale Regelwerk steht auf der Website des Deutschen Alpenvereins zum Download zur Verfügung (www.alpenverein.de). Wegen der regelmäßigen Regeländerungen wird hier im Gegensatz zur ersten und zweiten Auflage lediglich ein kurzer Überblick über einige der wichtigsten Wettkampfaspekte gegeben.

Lead

Viele Wettkämpfe werden im OnSight-Modus ausgetragen. Da die Athleten weder die Route ausgiebig studieren noch sich gegenseitig zuschauen dürfen, befinden sie sich bis zu ihrem Start in einer Isolationszone. Diese verlassen sie vor Beginn der Runde für eine kurze gemeinsame Routenbesichtigung.

Während seines Versuchs an einer Route muss der Athlet alle Expressschlingen in der richtigen Reihenfolge einhängen. Außerdem muss er sich jeweils in einer »legitimen Position« befinden, das heißt, er darf die Exe nicht zu weit überklettern. Befindet sich ein Teilnehmer nicht mehr in einer solchen Position, muss der Schiedsrichter den Durchstiegsversuch abbrechen.

Deutsche Meisterschaft

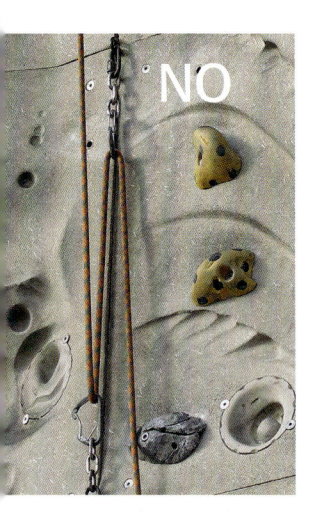

Z-Clipp. Entsteht, wenn man das Seil unterhalb der letzten Exe greift und oben clippt.

Tritt ein »Z-Clipp« auf, darf der Teilnehmer den vorherigen Karabiner aushängen und wieder richtig einhängen. Am Ende müssen jedenfalls alle Sicherungspunkte geclippt sein.

Tritt ein Fehler auf, für den der Athlet nicht verantwortlich ist und der zu einem Nachteil oder zu einem unfairen Vorteil führt, spricht man von technischem Zwischenfall.

Beispiele für technischen Zwischenfall
- Ein (ab-)gebrochener oder loser Griff oder Tritt.
- Eine (zusätzliche) falsch positionierte Expressschlinge.
- Kurzzeitige Spannung am Sicherungsseil, die den Teilnehmer entweder behindert oder begünstigt.

Der Schiedsrichter nummeriert im Vorfeld alle Griffe. Dies geschieht einerseits von unten nach oben und andererseits gemäß der logischen Abfolge beim Klettern. Große Griffe bzw. Strukturen können mehrere Nummern bekommen. Die sich ergebende Wertungszahl ist also keine Höhenangabe, sondern beschreibt den soundsovielten Griff.

Bouldern

Boulderwettbewerbe bestehen aus Serien von vier bis sechs Bouldern mit durchschnittlich vier bis acht Griffen. Jeder Boulder hat eine vordefinierte Startposition, von der aus die Versuche gestartet werden.

Für das Halten eines speziellen, deutlich markierten Griffs wird ein Bonuspunkt vergeben. Der Bonuspunkt wird auch dann gewertet, wenn der Teilnehmer den Boulder erfolgreich durchstiegen hat. Erfolgreich heißt, dass der Top-Griff kontrolliert mit beiden Händen gehalten wird.

Sechs Minuten Routenbesichtigung. Ferngläser sind erlaubt.

Nicht zugelassene Wandbereiche werden mit durchgehendem schwarzen Tape abgegrenzt.

Alle Begehungen und auch die Begehungsversuche werden vom Schiedsrichter vermerkt. Nach jedem Durchgang eines Wettbewerbes werden die Teilnehmer nach vier Kriterien gewertet.

Wertungskriterien beim Bouldern
a) Anzahl der erfolgreich durchstiegenen Boulder.
b) Anzahl der Versuche, um diese Boulder zu durchsteigen.
c) Anzahl der Bonuspunkte.
d) Anzahl der Versuche, um diese Bonuspunkte zu erreichen.

Speed

Speedwettkämpfe werden überwiegend auf einer normierten Kletterwand ausgetragen, die den »IFSC-Richtlinien« entspricht. Da auch alle Griffe normiert sind, können auf dieser Wand Zeitrekorde aufgestellt werden, wie es auch in anderen Sportarten üblich ist.

Die Finalrunde findet in Form einer Serie von Knock-Out-Duellen statt. Das Gesamtergebnis der Verlierer im Achtelfinale (9.–16. Platz) und im Viertelfinale (5.–8. Platz) wird nach der erreichten Kletterzeit bestimmt. Die Duelle zur Ermittlung des dritten und vierten Platzes (kleines Finale) sowie das Finale stellen den Höhepunkt zum Abschluss des Wettbewerbs dar.

Platz	TN	Anzahl Top	Versuche Top	Zahl Bonus	Vers. Bonus
1	17	4	7	4	4
2	14	4	10	4	4
3	13	3	4	4	4
4	18	3	7	4	7
5	15	3	8	4	5
6	12	3	9	4	5
7	11	1	3	3	10
8	16	0		2	4

Boulderwettbewerb. Platzierungen nach einem Durchgang aufgrund der vielen Wertungskriterien.

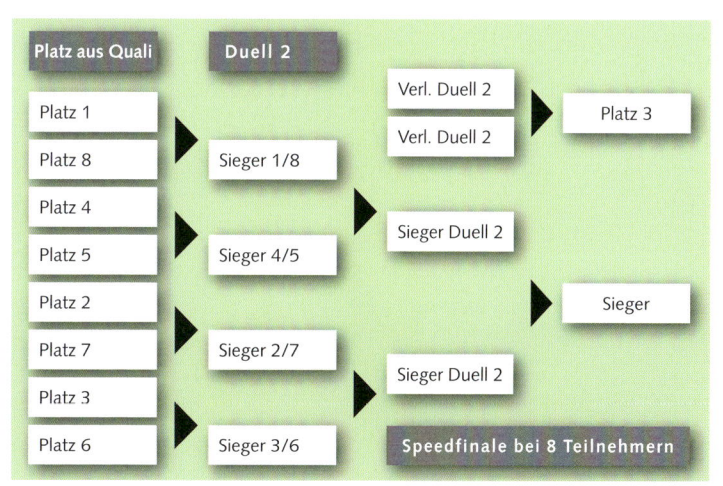

Technischer Zwischenfall. Es ist unklar, welche Exe zur Route gehört.

Startplan für die Duelle der Speed Finalrunde mit 8 Athleten

Rotpunkt

▷▷ Text Seite 106
Stilformen

»Rotpunkt« bedeutet den Durchstieg einer Seillänge ohne Belasten der Sicherungskette. Diese Begehung in einem Zug schließt naturgemäß mit ein, dass vorab in der Route geübt werden kann (»after work«). Man bouldert im Extremfall so lange, bis jede einzelne Bewegung vollständig automatisiert abläuft – der Kür eines Eiskunstläufers vergleichbar. In dieser Stilform ist der individuell maximale Schwierigkeitsgrad möglich.

Früher beinhaltete Rotpunkt auch das Einhängen der Exen (Expressschlingen) in die Haken – heute wird die Bezeichnung Rotpunkt gleichermaßen für Klettern mit belassenen Exen verwendet. An vielen Kunstwandrouten und bei Wettkämpfen sind die letzteren ja ohnehin fest angebracht. Am Fels finden sich in der Regel keine fixierten Exen. Da es aber aufwendig ist, sie nach jedem Versuch aus der Wand zu entfernen, hat es sich auch dort eingebürgert, mit belassenen Exen zu klettern.

Hakenabstand

Ein anderes Thema ist die Frage der Hakenabstände. An Kunstwänden sind sie normiert – am Fels nicht. Die Problematik großer Hakenabstände kann man gegebenenfalls mit langen oder verlängerten Exen verbessern. Clippt man den verlängerten Haken nur einmal, wächst der Abstand oberhalb. Die Gesamtbilanz der Runouts bleibt gleich. Umlenker dürfen nach dieser Logik allerdings nicht verlängert werden.

Clippt man jedoch sowohl verlängert als auch kurz, verändert sich der Sicherungscharakter der Route. Mit deutlichem Verlängern der Ringe und mehrfachem Clippen könnte man anspruchsvolle Wege, wie sie etwa im Elbsandstein üblich sind, vollkommen entschärfen. Clippt man mehrfach, ist man sozusagen eine andere Tour geklettert.

Bleibt zu ergänzen, dass mehrfaches Clippen gut geeignet ist, Anfänger mit dem Thema Vorstieg vertraut zu machen. Ethik hin oder her!

Rechts: Die Hakenstände am Fels sind nicht normiert (Zeitreise, Fleischbank).
Links: Rotpunktbegehungen erfolgen heute überwiegend mit belassenen Exen. (Der lange Weg nach Sakramento, unterer Schüsselkarturm).

Generell schließt Rotpunkt das Clippen der Umlenkung mit ein. Manche Umlenker sind aber so unsinnig angebracht, dass man sie regelrecht anspringen muss. Schade! Das Clippen der Umlenkung sollte der krönende Abschluss einer Route und nicht ihre Schlüsselstelle sein.

Begehungen vergleichen

Prinzipiell spielt es bei einer Rotpunktbegehung keine Rolle, wie lange man vorab in der Route übt. Will man jedoch zwei Begehungen vergleichen, steht weniger Ausbouldern eindeutig für die bessere Leistung. Diesbezüglich ist anzumerken, dass die Dokumentation unterschiedlich gehandhabt wird. Manche Kletterer zählen nur die Durchstiegsversuche und erwähnen das Bouldern nicht. Sie können eine Route somit zum Beispiel nach fünf Bouldertagen »im ersten Versuch rotpunkt« klettern. Andere zählen jede Bouldereinheit als Versuch und würden im genannten Beispiel und bei drei Sessions pro Tag die gleiche Begehung als »im 15. Versuch Rotpunkt« angeben.

Taktik Ausbouldern

Oberste Priorität beim Ausbouldern hat der Aspekt, die Beanspruchung so gering wie möglich zu halten. Je ökonomischer das Einstudieren der Bewegungssequenzen erfolgt, desto früher kann ein ernster Versuch gestartet werden. Ökonomie beim Ausbouldern bedeutet, möglichst schnell die individuell optimale Lösung zu finden. Es bedeutet auch, sich diese Lösung zu merken, sodass man sie beim späteren Durchstieg fehlerfrei umsetzen kann. Dafür benötigt man das »motorische Gedächtnis« – die Fähigkeit, eingeübte oder einmal vollzogene Bewegungsabläufe fehlerfrei und flüssig zu reproduzieren.

Beim Ausbouldern sollte man dicke Arme vermeiden. Sie benötigen viel Erholungszeit und sind auch unter Trainingsgesichtspunkten nicht immer wünschenswert. Es macht daher Sinn, in schweren Passagen nur kurze Teilabschnitte mit Belastungszeiten von 20 bis 40 Sekunden zu klettern. In leichteren Abschnitten können

◁ **Übungen**
10, 11, 14, 82

◁ Text Seite 20
Energiebereitstellung

◁ Text Seite 149
Laktazide
Kraftausdauer

Mehrfaches Clippen verändert den Sicherungscharakter einer Route – verlängertes Einhängen nicht.

▷ Text Seite 152
Hypertrophiemethode

die Sequenzen länger sein – ein Übersäuern der Muskulatur sollte aber in jedem Fall vermieden werden. Zwischen den einzelnen Versuchen hält man Pausen von mindestens zwei bis drei Minuten ein.

Vorstieg, Toprope, Überblick

Vielfach ist es weniger anstrengend, Routen im Toprope auszubouldern. Bei größeren Runouts (Hakenabständen) und besonders bei schweren Stellen oberhalb der Haken kann es im Vorstieg mühsam sein, überhaupt oben anzukommen. Andererseits bouldert man gut gesicherte Überhänge und Dächer besser im Vorstieg aus. Toprope hängt man in solchen Situationen deutlich weiter von der Wand weg und kommt schlechter wieder in die Kletterposition.

Es macht Sinn, frühzeitig einen Überblick über die schweren Passagen zu bekommen. Ansonsten stellt man möglicherweise nach einer halben Stunde intensiver Bemühungen fest, dass ein bestimmter Zug überhaupt nicht realisierbar ist. Unabhängig von dem genannten Überblick muss man nicht zwingend chronologisch von unten nach oben bouldern. Noch nicht optimal aufgewärmt, kann man schwere Stellen zunächst mit Hakenhilfe (»A0«) klettern und erst später austüfteln. Stimmt die Betriebstemperatur, sollte man sich allerdings bald den Schlüsselstellen widmen. Die leichteren Passagen werden auch mit Vorermüdung noch gelingen.

Boulderfallen, Vorermüdung

Das Rasten an Haken kann dazu führen, dass man die neue Bouldersequenz nicht in der Stellung beginnt, in welcher die vorhergehende beendet wurde. Möglicherweise merkt man erst im Durchstieg, dass dazwischen ein Zug fehlt. Dieses Problem lässt sich vermeiden, indem man die einzelnen Sequenzen überlappend gestaltet.

Ein Klassiker beim Ausbouldern ist der Effekt, dass eine Passage beim ersten Versuch gut gelingt und deshalb als leicht und nicht merkwürdig erachtet wird. Im Durchstieg ist diese Sequenz dann nicht abrufbar und kann – be-

Überhänge lassen sich oft besser im Vorstieg ausbouldern.
Im Toprope hängt man weiter von der Wand weg.

sonders im Zusammenhang mit der mentalen Einstellung »Peanuts« – massive Probleme verursachen.

Der Könner kalkuliert die Vorermüdung beim späteren Durchstieg korrekt. Während man in senkrechten Routen mit schweren Einzelstellen auch beim Begehungsversuch die volle Leistung bringen kann, sind weite maximalkräftige Einzelzüge in überhängenden Kraftausdauerrouten unter Umständen nicht mehr möglich. Frühzeitig zu erkennen, wie gravierend die Vorermüdung an einer bestimmten Stelle sein wird und welche Bewegungsmuster man unter dieser Voraussetzung noch realisieren kann, spielt eine zentrale Rolle.

Pause, Routentopo

Zwischen Ausbouldern und Durchstiegsversuch soll eine Pause von mindestens 20 Minuten liegen. Bei individuell sehr schweren Routen wird der Begehungsversuch möglicherweise erst am darauffolgenden oder am übernächsten Tag gelingen. Bei noch schwereren Touren, sogenannten Langzeitprojekten, gelingt die Begehung nach Wochen, Monaten oder Jahren. Hier kann es Sinn machen, Durchstiege zunehmend längerer Teilstrecken als Etappenziele anzuvisieren.

Konnte man eine projektierte Route nicht abhaken und steht eine längere Zeitspanne bis zum nächsten Besuch des Gebiets bevor, kann sich ein Routentopo lohnen, das die Bewegungssequenz dokumentiert. Bewährt hat sich dafür die folgende Vorgehensweise: Man zeichnet auffällige Wandstrukturen und die Exen auf ein Blatt Papier. Danach die Griffe – am besten so, dass man zumindest einzelne auch aus der Ferne identifizieren kann. Um die Bewegungssequenz festzulegen, nummeriert man die einzelnen Züge fortlaufend. Auch die Clipps und wichtige Tritte können in die Nummerierung einbezogen sein. Die Griffe werden mit »L« für linke Hand und »R« für rechte Hand markiert. Außerdem können Pfeile für die Belastungsrichtung eingezeichnet und Technikanweisungen vermerkt werden. Das Routentopo umfasst eine ganze Seillänge oder nur die Schlüsselpassage(n).

◁◁ Text Seite 20 Energiebereitstellung

Links: Bouldersequenz überlappen. Hängt man sich ins Seil, sollte man die Sequenz beim nächsten Anlauf einen Zug tiefer beginnen.

Unten: Routentopo. Durchgehende Nummerierung der Züge inklusive Clipps (lange 8 für Exe). Vergleiche Text.

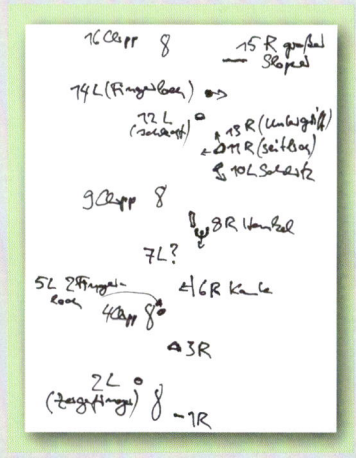

Griff putzen

Flash

Flash bedeutet Rotpunkt im ersten Versuch. Man hat dabei praktisch alle Freiheiten, vorab Informationen über die Route zu erhalten. Es ist erlaubt, anderen Kletterern zuschauen, sich die Bewegungen erklären zu lassen oder über die Route abzuseilen. Ebenso ist Griffe putzen (Magnesia wegbürsten) erlaubt – Griffe in die Hand nehmen allerdings nicht. Es muss schließlich eine klare Abgrenzung zum Ausbouldern geben.

Im Breitensportbereich werden die Möglichkeiten des Flash nur selten ausgeschöpft. Man hat zwar als Sichernder zugeschaut, wie der Partner die Route klettert, steigt dann aber ein, ohne diese Informationen gewinnbringend zu nutzen. Im Gegensatz dazu sehen viele gute Kletterer den Flash näher beim Rotpunkt als beim Onsight – will sagen, dass man bei einem gut vorbereiteten Flash deutlich schwerer klettern kann als onsight.

Taktik Flash

▷ Übungen
23, 41, 80

Die zentrale motorische Aufgabe besteht darin, Gesehenes oder Gehörtes beim ersten Versuch fehlerfrei umzusetzen. Während man sich beim Beobachten fremder Kletterer in der Regel lediglich Bewegungssequenzen abschauen kann, gehen die Möglichkeiten eingespielter Partner weit über diesen Grundbaustein hinaus. Bouldert mein Partner eine Route aus, die ich flashen möchte, bekomme ich die schweren Stellen mit und merke mir die Kombinationen. Natürlich stellen die Züge seine persönliche Ideallösung dar. Nur bei ähnlicher Körpergröße und ähnlichem Kletterstil kann ich die Bewegungsmuster direkt übernehmen. Sind Proportionen oder Stil unterschiedlich, kann man gemeinsam versuchen, geeignete Alternativen zu entwickeln. An besten tut man dies noch während des Ablassens. In jedem Fall wird man den Partner bitten, die Route während des Ablassens zu putzen.

Flash nach Onsight des Partners

Klettert mein Partner die Route onsight, liegen die Dinge anders. Erstens findet er nicht zwingend die beste Lösung. Zweitens habe ich kaum Informationen darüber, welche Züge wirklich schwer sind – zumindest sofern er den Grundsatz »je schwerer, desto schneller« technisch sauber umsetzen konnte. Und drittens gibt es nur eine einzige Demonstration der Route. Ich kann in diesem Fall negieren, meinen Partner gesehen zu haben und nach dem Motto »was der kann, kann ich auch« einen Pseudo-Onsight starten. Ethisch korrekter und taktisch klüger ist es aber, die taktischen Möglichkeiten des Flash auch in diesem Fall zu nützen.

In diesem Sinne bittet man den Partner, während des Ablassens die schweren Stellen nochmals zu demonstrieren bzw. zu prüfen, ob es einfachere Lösungen gibt. Man lässt sich erklären, welche Griffe vollen Einsatz verlangen und wie sie zu greifen sind. Man lässt sich die Route putzen und gegebenenfalls entscheidende Griffe oder Tritte »ticken« (mit Magnesia markieren). Und man fasst – wie im Fall des vorausgehenden Ausbouldens – alternative Lösungen ins Auge, sofern Größe oder Kletterstil nicht übertragbar sind.

Flashfalle

Trifft man diese Vorbereitungen und verinnerlicht den zu absolvierenden Bewegungsablauf, sollte das folgende Flashkiller-Szenario vermeidbar sein. Aufgrund meiner Beobachtung – der Partner zog eine Passage zügig und technisch sauber durch – bin ich zu dem Schluss gelangt, diese Passage sei leicht. Während des Kletterns fühlen sich die Züge dann aber wesentlich schwerer an als in meiner Vorstellung. Diese Diskrepanz lässt Zweifel aufkommen, ob ich überhaupt die richtigen Griffe benutze, lässt mich zögern und kann durchaus zum Scheitern des Versuchs führen – ein Scheitern, das mit entsprechender Kommunikation und der richtigen Einstellung vermeidbar gewesen wäre.

Onsight

Die Königsdisziplin. Man darf die Route lediglich vom Boden aus einsehen. Man beobachtet niemanden beim Klettern und erhält auch keine Informationen. Der erste Versuch gelingt. Bei Wettkämpfen ist sowohl die Besichtigungszeit limitiert als auch das Zurückklettern zum Boden ausgeschlossen. Beim Felsklettern gibt es diesbezüglich keine Regeln. Das »Zurück zum Boden« ermöglicht allerdings etliche skurrile Variationen (Hoffmann 2013). Beispielsweise kann man in eine Route einsteigen, das Seil clippen und wieder abklettern. Im zweiten Anlauf wird das Seil höher geclippt und wieder abgestiegen. Und so weiter. Nach dem fünften derartigen »Go« lässt man das Seil hängen und kommt am nächsten Tag wieder. Oder man zieht das Seil ab und hängt es eine Woche später wieder im höchsten erreichten Haken ein.

Taktik Onsight

Vor der Begehung sammelt man Informationen über die Route. Das Ziel besteht darin, einen möglichst vollständigen Handlungsplan für die Begehung zu erstellen. Dabei ist das oben angesprochene »Einsehen vom Boden aus« ein weicher Begriff.

In Hallen existieren meist Treppen oder Balkone, die ein genaueres Inspizieren der Route ermöglichen. Kunstwandrouten können auf diese Weise mehr oder weniger vollständig »gelesen« werden.

Am Fels eröffnen seitliche Vorsprünge oder Bäume bisweilen bessere Perspektiven. Trotzdem bleiben aber praktisch immer Fragen offen, sodass der Plan im Allgemeinen unvollständig ist. Oft muss er während der Begehung ergänzt oder geändert werden.

Fragestellungen Onsight
- Wo sind Rastpunkte, und in welche Teilabschnitte gliedern sie die Route?
- Wo sind Schlüsselstellen, und wie sind die Schwierigkeiten verteilt? Tempogebung!
- Aus welcher Position sind bestimmte Sicherungen einzuhängen?
- Wo darf gestürzt werden und wo nicht?
- Welcher Kletterschuh ist der richtige?
- Wie gestalten sich die Bewegungssequenzen in den schweren Passagen (bei Felsrouten nur bedingt möglich)?

◁◁ Text Seite 107
Lead

Zusätzliche Fragen bei Felsrouten
- Wie viele Exen sind erforderlich?
- Müssen mobile Sicherungen (Keile/Cams) angebracht werden? Wenn ja, welche?
- Wie geradlinig ist der Seilverlauf? Wo könnte verlängertes Einhängen sinnvoll sein?

Viele der genannten Fragestellungen sind ohne große Mühe zu klären, andere nur unter Vorbehalt oder überhaupt nicht. Es ist hilfreich, sich bewusst zu merken, in welchen Punkten der Plan verbindlich ist und in welchen Punkten er Unsicherheiten birgt.

Es folgen die Vorbereitungen für den Durchstieg. Man wärmt sich angemessen auf und richtet die Ausrüstung her. Die Wahl der Schuhe kann von entscheidender Bedeutung sein. Man checkt das Risiko und entscheidet, ob man mit oder

◁◁ Übungen
4, 8, 34, 45, 46, 68, 73

Onsight. Alles bereit für einen Erfolg versprechenden Versuch

▷ Text Seite 137
Visualisieren

ohne Helm klettert. Die notwendigen Sicherungsmittel werden so am Gurt eingehängt, dass sie leicht greifbar sind (wie viele Exen rechts, wie viele links?). Mit dem Partner klärt man die Frage seines Sicherungsstandorts und ob bis zum ersten Haken gespottet wird oder nicht. Partnercheck! Es kann helfen, den Plan unmittelbar vor dem Losklettern nochmals im Geiste ablaufen zu lassen.

Wie bereits erwähnt, lassen sich Bewegungsabläufe für Kunstwandrouten gut vorplanen. Insbesondere wenn man die Griffe kennt, kann man eine sehr klare Vorstellung entwickeln, in welcher Sequenz und mit welcher Technik man einzelne Passagen klettern wird. Am Fels ist dies in der Regel nur in Bodennähe möglich. Weiter oben gelingt es lediglich in Ausnahmefällen, beispielsweise wenn viele »Tickmarks« (Magnesiamarkierungen) vorhanden sind. Spätestens wenn die Route überhaupt nicht »gechalkt« ist (keine Magnesiaspuren aufweist), kann man bei mehreren Griffen unmöglich vorhersagen, welcher der in diesem Fall beste ist. Auch kommt es vor, dass man Teile der Route vom Boden aus überhaupt nicht einsehen kann. Man ist also oft gezwungen, den genauen Bewegungsplan während des Kletterns zu erstellen. Häufig vollzieht man diese Planung bzw. die entsprechende Bewegungskoordination unbewusst – vergleichbar mit Handlungen des alltäglichen Lebens, bei denen wir auch nicht darüber nachdenken, wie die Bewegungsausführung zu gestalten sei. Schwierige Kletterstellen bringen uns aber gern ins Stocken. Der genannte Automatismus funktioniert nicht. Dann hilft eine klare Vorstellung, welche Züge man abspulen möchte.

Klettertempo

In diesem Zusammenhang ein paar Worte zum Klettertempo. Die leichten Passagen gehen meist locker von der Hand. Mögliche Rastpositionen werden ignoriert, der Kletterer bewegt sich zügig und optimistisch nach oben. Sobald die Schwierigkeiten anziehen, fallen seine Bewegungen zögernder und langsamer aus. Kommt eine wirklich schwere Stelle, stagniert der Kletterfluss.

Das Zögern tritt häufig auch dann auf, wenn die Lösung klar ist und die Positionierung stimmt. Man will nicht glauben, dass der Zug doch so schwer ist. Man beginnt zu zweifeln, ob Lösung und Positionierung stimmen. Man fängt an, nach alternativen Lösungen zu suchen.

Onsight. Welcher Griff ist der Richtige?

Insgesamt ergibt sich ein Bild, das der Formel »je schwerer, desto langsamer« entspricht. Dabei sollte es genau umgekehrt sein! In schweren Passagen läuft die Uhr. Die Muskelspannung ist hoch, die Unterarme können nicht mit frischem Blut versorgt werden. Das Endprodukt dieses Prozesses kennt ohnehin jeder. Die Devise muss also »je schwerer, desto schneller« lauten.

Im Idealfall heckt man den für zügiges Klettern der nächsten Meter gültigen Bewegungsplan an einem Rastpunkt aus, ohne Anstrengung und Zeitdruck. Vom Rastpunkt aus kann man in die folgende schwere Passage hineinklettern, clippen, alle infrage kommenden Griffe befingern und wieder zum Rastpunkt zurückkehren. Diese Taktik ist vor allem bei Bäuchen oder Wülsten hilfreich, wenn man die Route darüber vorher nicht einsehen konnte.

Planung während des Kletterns

Gibt es keine Rastpunkte, muss der Bewegungsplan während des Kletterns entwickelt oder angepasst werden – je kraftraubender die Kletterei, desto schneller. Wichtig ist in diesem Zusammenhang, dass man an einem fehlerhaften Plan nicht stur festhält. Der Könner ist flexibel. Er erkennt alternative, Erfolg versprechende Kombinationen schnell und setzt sie unmittelbar um.

Dieser letzte Gedanke könnte dazu verleiten, überhaupt keinen Plan zu erstellen und stattdessen einfach draufloszuklettern. Neben dem bereits Genannten wächst dadurch allerdings das Risiko, in Sackgassen zu geraten. Selbst wenn ein Sturz durch Abklettern oder Handwechsel noch vermieden werden kann, geht Kraft verloren. Lässt sich die Route nicht vorab einsehen und gibt es keine Rastpunkte, muss man den Plan also unmittelbar während der Bewegung entwickeln – quasi aus dem Bauch heraus. Dies setzt voraus, dass man für die auftretenden Kletterstellen Bewegungsmuster verfügbar hat und situativ anwenden kann. Die Fähigkeit, Lösungen schnell zu erkennen, lässt sich durch häufiges Klettern unbekannter Routen verbessern. Auch das oben diskutierte »planlose« Klettern trainiert diese Ressource.

Clippen und zurück zum Rastpunkt

▷▷ Übungen
35, 37, 40, 50, 60, 72

Bouldern

Bouldern hat seit den Neunzigerjahren enorm an Popularität gewonnen. Neben dem klassischen Bouldergebiet Fontainebleau sind unzählige neue Gebiete erschlossen worden. Auch in fast jeder Kletteranlage findet sich ein Boulderbereich, und es existieren sogar reine Boulderhallen. Die Absprungbereiche künstlicher Kletteranlagen sind in der Regel mit Weichbodenmatten gesichert. In der Natur ist bei Weitem weniger für Sicherheit gesorgt. In vielen Bouldergebieten (zum Beispiel in Fontainebleau) werden mehrere Boulder ähnlicher Schwierigkeit zu sogenannten Parcours zusammengefasst. Die einzelnen Boulder sind in einer bestimmten Farbe nummeriert. Der Weg zum jeweils nächsten Block ist mit kleinen Pfeilen gekennzeichnet oder aus der Führerliteratur ersichtlich.

Boulderdefinitionen

Boulder sind häufig definiert. Das bedeutet, man darf nicht alle zur Verfügung stehenden Strukturen benutzen. Indoor erfolgt die Definition mit Griffen oder Tape-Markierungen einer bestimmten Farbe. Am Fels werden manchmal kleine Farbpunkte an zulässigen Griffen angebracht. Niedrige Startgriffe oder vorgegebene Starttritte erzwingen den »Sitzstart«. Dabei verlässt das Gesäß als letzter Körperteil den Boden. Eine weitere, häufig benutzte Definition ist »Tracking«. Dabei sind zum Antreten ausschließlich die erlaubten Griffe zugelassen. Meist werden zusätzliche Starttritte angeboten. Das Ziel eines Boulders befindet sich entweder oben auf dem Block, am Ende der Schwierigkeiten oder an einem definierten Zielgriff.

Bouldermatten, Spotten, DWS

Sicherheit spielt beim Bouldern eine wichtige Rolle. Die Nähe zum Boden ist in diesem Zusammenhang ein Problem. Sie lässt Bouldern zwar harmlos erscheinen und kann zu gewagten Zügen verleiten. De facto ist ein 10-Meter-Sturz ins Seil aber oft weniger gefährlich als ein unkontrollierter »Grounder« aus zwei Metern Höhe. Der Aufprallbereich sollte daher mit Crashpads (Bouldermatten) ausgelegt werden. Darüber hinaus sollte man sich bei jedem Boulder überlegen, bis zu welcher Höhe man einen Absprung riskiert – sogenannte »Highballs« (hohe Boulder) bergen trotz Matten ein deutliches Risiko.
Unabhängig von den Crashpads erfolgt die Sicherung mittels »Spotten« (Hilfestellung im Sturzfall). Dabei beeinflusst man den Absprung bzw. Sturz des Kletternden derart, dass er auf

Bouldermatte und Spotten. Ziel ist, dass der Kletternde im Sturzfall auf den Füßen landet.

Bouldermatte und Sitzstart

den Füßen landet (Hofmann 2007). Spotten stellt einen wichtigen Beitrag zur Sicherheit dar. Besonders bei schweren Bouldern können unvermittelte Stürze auftreten. Dabei hat der Kletternde meist keine Chance, selbstständig auf die Füße zu kommen.

Beim »Deep Water Solo« (DWS) springt bzw. stürzt man ins Wasser. Manchmal ist der Sprung am Ende des Boulders zwingend, in anderen Fällen kann man oben aussteigen. Es werden Boulder mit mehr als 15 Meter Höhe begangen. Es muss sichergestellt werden, dass das Wasser keine Untiefen aufweist; das Abspringen sollte zunächst aus niedrigeren Höhen trainiert werden. Aus 15 Metern kann ein unkontrollierter Aufprall sogar auf der »weichen« Wasseroberfläche zu schwerwiegenden Verletzungen führen.

Taktik Bouldern

Generell hängt die Taktik beim Bouldern stark von der Situation ab. Bei Onsight und Flash wirkt erleichternd, dass sich die Griffe und Tritte in unmittelbarer Nähe befinden. Man hat daher gegenüber Seilkletterern den Vorteil, ihre Qualität sowie die eigene Reichweite korrekter einschätzen zu können. Erschwerend wirkt, dass Boulder oft nur wenige Tritte aufweisen und hohe Körperspannung fordern.

Grundsätzlich sind die taktischen Herangehensweisen des Seilkletterns auch auf Bouldern übertragbar. In einzelnen Punkten müssen sie natürlich modifiziert werden. So benötigt man zum Putzen oft langstielige Bürsten, und zum Auschecken höherer Boulder kommen bisweilen Leitern zum Einsatz.

Gemeinsames Bouldern macht Spaß und kann ungemein motivieren. Geeignete Belastungs- und Pausenzeiten sind leicht zu realisieren, und die oftmals zwingend erforderliche Präzision bedeutet optimales Techniktraining.

Boulderwettkampf

Bei Wettkämpfen sind mehrere Boulder in einem gegebenen Zeitrahmen zu klettern. Im offenen Flash-Modus stellt sich die Frage der Reihenfolge. Ideal ist, zunächst leichtere Boulder mit Aufwärmcharakter anzugehen, dann die schwersten und gegen Ende die mittleren. Es kommt aber auch darauf an, wann man wo zuschauen kann und wie lange man an welchem Boulder warten muss. Im Fall eines Fehlversuchs geht es dann noch um die Frage, ob es sich lohnt, den gleichen Boulder nochmals zu versuchen oder lieber bei anderen Bouldern zu punkten.

◁◁ Text Seite 114
Taktik Flash
◁◁ Text Seite 115
Taktik Onsight

Deep Water Solo.
Psicobloc, Mallorca.

Speed

▷▷ Übungen
47, 49, 64

Während Speedklettern in Russland eine lange Tradition besitzt, wurde es hierzulande eher stiefmütterlich behandelt. Erst die gut vermarkteten Mehrseillängen-Speedbegehungen der »Huberbuam« Thomas und Alexander Huber am El Capitan haben diese Spielform mehr ins öffentliche Interesse gerückt. Auch im hiesigen Wettkampfgeschehen hat Speed mittlerweile einen festen Platz. Die Wettkämpfe sind spannend anzuschauen – selbst ein Laie versteht unmittelbar, dass der schnellere der beiden gegeneinander antretenden Kandidaten das jeweilige Duell gewinnt.

Techniktipps

Es gibt einige Techniktipps, um effektiv Tempo zu machen. Man läuft in kleinen Schritten die Wand hoch, wobei man kaum auf die Füße schaut. Sie treten unter dem Körper an, im Idealfall auf einem Tritt und ansonsten auf Reibung. Man vermeidet Überstreckung oder weite Züge – besser sind kurze, schnelle Greifbewegungen. Griffe werden selten gedoppelt, und es finden kaum seitliche Schwerpunktsverlagerungen statt. Bezüglich der Vertikalbewegung des Rumpfes gibt es zwei Möglichkeiten. Entweder man bleibt in einer möglichst kontinuierlichen Aufwärtsbewegung, oder man unterbricht die Aufwärtsbewegung in regelmäßigen Abständen, um von einem guten Tritt aus aufwärts zu springen. Die zweite Variante fordert weniger Kraftausdauer im Oberkörper, ist aber langsamer. Bei Wettkämpfen ist Speed Selbstzweck – am Fels könnte man seine Bedeutung infrage stellen. Es wurde aber bereits gesagt, dass zügiges Klettern in schweren Passagen hilfreich ist. Die Frage, wie schnell jemand eine bekannte Bewegungssequenz abspult, hängt schlichtweg davon ab, wie schnell er die einzelnen Bewegungen ausführt bzw. ausführen kann. Wer nie trainiert, sich schnell zu bewegen, wird diesen Punkt nicht nur nicht verbessern, sondern er wird sogar im Laufe der Zeit immer langsamer werden.

Links: Speedwettkämpfe finden an einer Wand mit normierten Griffen statt, siehe Text Seite 109.

Rechts: Der Sprung zum Zeitschalter

Mehrseillängenrouten

Die Taktik für Mehrseillängenrouten umfasst die Tourenplanung sowie die Durchführung der Tour. Das primäre Ziel ist in der Regel, sicher hinauf- und wieder herunterzukommen. Diese Absicht kann ein strenges Zeitmanagement bedingen. Beim alpinen Sportklettern stellt darüber hinaus die freie Begehung einzelner Seillängen oder die freie Begehung der gesamten Route ein wichtiges Ziel dar.

Team

Neben den eigenen Voraussetzungen geht es um Können, Kondition und psychische Belastbarkeit des Partners bzw. der Partner. Die gesamte Seilschaft muss der Route gewachsen sein. Selbst wenn nur ein einziger Beteiligter zu schwach ist, können Sicherheitsrisiken resultieren – ganz abgesehen davon, dass überforderte Personen auch die schönste Kletterei wahrscheinlich eher als Schinderei oder Tortur erleben. Ist das Ziel umrissen und stimmen die Voraussetzungen, geht es an die Planung. Ihr kommt beim alpinen Klettern eine Schlüsselrolle zu, und es ist sinnvoll, sie in mehrere Schritte zu gliedern.

Informationen sammeln

Nach der Wahl des Tourenziels sammelt man möglichst viele Informationen über die Route. Von Bedeutung sind die Länge, die Verteilung der Schwierigkeiten, der Zeitbedarf, der Routenverlauf, die Absicherung sowie Zu- und Abstieg. Auch die aktuellen Verhältnisse sollen in Erfahrung gebracht werden. Ist die Route trocken oder nass? Liegt noch Schnee auf dem Zu- oder Abstieg?

Links: Alpines Sportklettern.
Primäres Taktikziel ist die sichere Durchführung.

Unten: Gliederung der Tourenplanung in mehrere Schritte

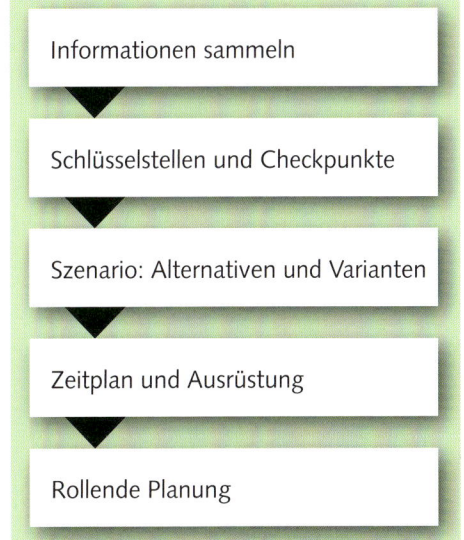

- Informationen sammeln
- Schlüsselstellen und Checkpunkte
- Szenario: Alternativen und Varianten
- Zeitplan und Ausrüstung
- Rollende Planung

Informationsquellen für die Tourenplanung
- Karte 1:25 000 für die Detailplanung
- Routentopo, Kletterführer oder Auswahlführer
- Internet-Infos, Bilder, Postkarten
- Hüttenwirte, Bergführer und andere Gebietskenner

Zu den Verhältnissen zählt auch das Wetter bzw. die Vorhersage. Insbesondere längere Routen geht man nur bei stabiler Wetterlage an. Kürzere Routen mit unproblematischem Rückzug können auch im Warmluftsektor eines Tiefs (Föhnlage am Alpennordrand, siehe Alpin-Lehrplan 6, »Wetter und Orientierung«) ins Auge gefasst werden. Man sollte dann natürlich bis zum Eintreffen der Kaltfront zurück sein.

Fragen zum Wetterbericht
- Wie lautet die Prognose?
- Wie sind Großwetterlage und Tendenz?
- Wie hoch ist die Wolkenbasis (Nebel, Sicht)?
- Konkrete Wind- und Temperaturvorhersage?

Schlüsselstellen und Entscheidungspunkte

Schlüsselstellen sind hier im doppelten Wortsinn gemeint: Zum einen geht es um schwere Kletterpassagen, die spezielle Herangehensweisen erfordern können, zum anderen um Stellen, an denen Entscheidungen getroffen werden müssen. Steigt man beispielsweise tatsächlich in eine bekanntermaßen brüchige Route ein, wenn da schon drei Seilschaften

Kaltfront

klettern? Oder: Wo ist der Punkt, ab dem ein Rückzug über die Route problematisch werden könnte? Wo gibt es Fluchtmöglichkeiten wie zum Beispiel Bänder, die auf direktem Weg zum Abstieg führen?

Fragen zur geplanten Route
- Wie anspruchsvoll ist der Zustieg?
- Wie viele Höhenmeter sind beim Zustieg zu bewältigen?
- Wo befindet sich der Einstieg?
- Wie ist der Routenverlauf?
- Wo befinden sich die schwierigsten Kletterstellen?
- Ab wo ist ein Rückzug (Abseilen) problematisch?
- Wie viele Höhenmeter bzw. Klettermeter hat die Route?
- Wie ist der Abstieg geplant?
- Kann es Orientierungsschwierigkeiten bei Nebel geben?

Vor allen diesen »Schlüsselstellen« sollte man Entscheidungspunkte (Checkpunkte) einplanen. Welche Variante ist die beste? Mit welcher Taktik soll die folgende Passage bewältigt werden? Ist Umkehren angesagt?
Es bewährt sich, die maßgeblichen Kriterien für diese Entscheidungen bereits vorab am grünen Tisch zu umreißen (Szenario). So eine Vorgabe könnte beispielsweise lauten: »Wenn wir das zweite Band der Carlesso-Führe am Torre Trieste erst nach 13 Uhr erreichen, dann queren wir dort hinaus.«

Alternativen und Varianten

Sind die Schlüsselstellen erkannt und entsprechende Entscheidungspunkte bestimmt, geht es darum, Alternativen in Betracht zu ziehen. Das können Varianten, ein Alternativziel auf halbem Weg oder ein gänzlich anderes Tourenziel sein.
Alternativen sind wichtig, weil man im Vorhinein nie sicher sagen kann, ob alle Einschätzungen zutreffen. Plant man engstirnig und ohne Varianten – nach dem Motto »alles oder nichts« –, neigt man dazu, Gefahren zu unterschätzen oder nicht wahrzunehmen (selektive Wahrnehmung).

Zeitplan und Ausrüstung

Bei zügigem Seilschaftsklettern kann man mit etwa 100 Höhenmetern pro Stunde rechnen. Neben diesem groben Richtwert finden sich in der Führerliteratur Zeitangaben für die einzelnen Routen. Die Angaben gelten für Zweierseilschaften. Abhängig von den Verhältnissen und vom Können werden die Zeiten bisweilen unter-, meist aber überschritten. Nur erfahrene und eingespielte Seilschaften dürfen damit rechnen, die Führerzeiten einzuhalten oder zu unterbieten. Dreier- und Viererseilschaften brauchen ohnehin länger. In jedem Fall kalkuliert man eine angemessene Reserve für unvorhergesehene Probleme ein.

Aspekte der Zeitplanung
- Muss man zu einer bestimmten Zeit zurück im Tal sein (Dämmerung, letzte Bahn)?
- Reservezeit abschätzen, eventuell Umkehrzeit festlegen.
- Achtung vor Zeitfressern wie technischer oder konditioneller Überforderung, nicht eingeplanten Sicherungsmanövern oder unklarem Weiterweg (Nebel)!
- Gehzeitberechnung siehe Alpin-Lehrplan 6, »Wetter und Orientierung«.

Auf der Basis aller Vorüberlegungen wird die Ausrüstung zusammengestellt. Um sicherzugehen, dass alle wichtigen Gegenstände im Rucksack landen, kommt eine Ausrüstungsliste in Betracht. Die Kunst liegt darin, das Wesentliche dabeizuhaben und sich trotzdem auf das Notwendige zu beschränken. Ein Zuviel an Ausrüstung kann – ganz abgesehen vom verminderten Klettergenuss – ebenso ein Sicherheitsrisiko darstellen wie fehlende Ausrüstung.

Die größere Anstrengung durch einen schweren Rucksack führt zu schnellerer Ermüdung und zu früherem Konzentrationsverlust. Durch das langsame Klettertempo erhöht sich die Gefahr, in einen Wettersturz zu geraten oder biwakieren zu müssen.

Um ein Biwak infolge Verspätung zu vermeiden, empfiehlt sich die Mitnahme einer Stirnlampe. Daneben sollten Biwaksack, Helm und Erste-Hilfe-Set standardmäßig mit dabei sein. Auf die weitere im konkreten Fall erforderliche Ausrüstung wird hier nicht eingegangen. Oft finden sich Empfehlungen im Begleittext der Routentopos; außerdem sei auf den Alpin-Lehrplan 2a, »Sicherung und Ausrüstung« verwiesen.

▷▷ Text Seite 123
Szenario

Tourenplanung vor der Hütte

Rollende Planung

Die Tourenplanung geht fließend in eine sogenannte »rollende« Planung über. Unmittelbar vor dem Start prüft man die aktuelle Wetterentwicklung und das persönliche Befinden. Unterwegs bedeutet rollende Planung, aufgrund der angetroffenen Verhältnisse und gemäß der entworfenen Szenarien zu entscheiden. Man wählt die jeweils beste der vorgesehenen Alternativen und nicht etwa spontan irgendeine andere Variante, die nie geplant wurde.

Beim Zustieg empfiehlt sich langsames Herantasten an die gewünschte Kreislaufbelastung. Indikator für ein angemessenes Anfangstempo ist, dass man während des Gehens miteinander reden kann. Das weitere Tempo sollte gleichmäßig und rhythmisch sein. Dabei geht es in erster Linie um Konstanz. Unterbrechungen stören den Rhythmus und kosten Kraft. Intervalltraining im Rahmen des Zustiegs macht wenig Sinn.

Sobald man »warm gelaufen« ist, sollte man eine Ausziehpause einlegen. Es ist taktisch ausgesprochen unklug, den in der Regel schweißtreibenden Marsch mit warmer Kleidung zu absolvieren. Schwitzen bedeutet Flüssigkeitsverlust und darüber hinaus schwere, feuchte und insofern schlecht wärmende Bekleidung – Effekte, die sich später negativ auswirken können.

Taktisches Verhalten beim Zustieg

Generell sollte man sich ab und zu umsehen und sich das Gelände aus dieser »rückwärtigen« Perspektive einprägen. Selbst wenn der Abstieg auf einem anderen Weg geplant ist, kann es vorkommen, dass man die gleiche Strecke wieder hinunter muss. Sich in einem solchen Fall nicht zu erinnern, wie der Weg verläuft, ist ein vermeidbarer Fehler.

Nächtigt man auf einer Hütte oder liegt eine

Vorbereitung am Einstieg

Der Anseilplatz muss sicher und einigermaßen eben sein. Ist ein solcher Platz am Einstieg nicht zu erwarten, legt man die Gurte bereits früher an. Dasselbe gilt, wenn man beabsichtigt, einen Wandvorbau seilfrei zu ersteigen. Seil und Sicherungsmaterial sind in diesem Fall griffbereit zu transportieren.
Bezüglich der Vorbereitung des Sicherungsmaterials sind »Trad-Routen« und »Plaisir-Routen« zu unterscheiden. Während Letztere über eingerichtete Stände und gebohrte Zwischenhaken verfügen, versteht man unter traditionellen Routen klassische Wege, bei denen der Begeher die vorhandenen Normalhaken durch Keile und Cams ergänzt.
Bei Trad-Routen empfiehlt es sich, Klemmkeile etwa zu fünft und Cams einzeln oder zu zweit in je einen Karabiner zu hängen und der Größe nach am Gurt anzuordnen. Dies ermöglicht auch in kritischen Situationen raschen Zugriff. In Plaisir-Routen wird man die eventuell zusätzlich benötigten Drahtkabelkeile in einem einzigen Karabiner bündeln und diesen eher hinten am Gurt einklinken. Dasselbe gilt gegebenenfalls für Cams.

Hütte auf dem Weg, hängen dort häufig großformatige Wandfotos. Unter Umständen ist sogar die betreffende Route eingezeichnet. Bisweilen hat auch der Hüttenwirt hilfreiche Tipps auf Lager.
Bereits während des Zustiegs sollten Einstieg, Routenverlauf und wenn möglich der Abstieg im Gelände erkannt und im Kopf gespeichert werden. Beim Vergleich der Wand mit Foto, Routenskizze oder Beschreibung kann ein handliches Fernglas nützlich sein. Für diesen Vergleich ist die Entfernung zur Wand von Bedeutung. Aufgrund der perspektivischen Verzerrung kann man den Routenverlauf immer schlechter einsehen, je näher man dem Einstieg kommt. Auch der Einstieg selbst ist aus einer gewissen Entfernung oft leichter auszumachen als aus unmittelbarer Nähe.
Im Steinschlagbereich der Wand wird der Helm aufgesetzt. Gegebenenfalls sollte der Helm auch schon während des Zustiegs getragen werden. Entscheidungskriterium hierfür darf nicht sein, was die anderen tun, sondern wie man selbst die jeweilige Situation einschätzt. Es gibt Touren, bei denen die Steinschlaggefahr während des Zustiegs größer ist als während der Kletterei.

◁◁ Text Seite 143
Alpine Gefahren

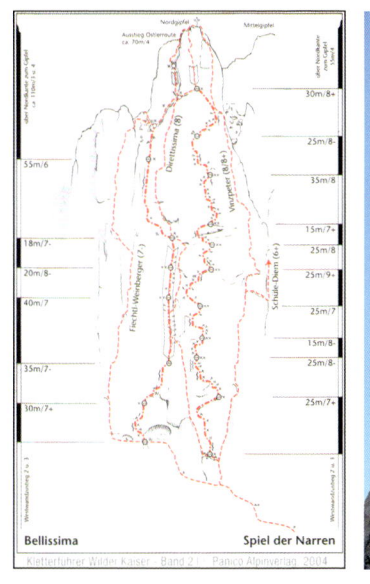

Ein Platz mit guter Draufsicht erleichtert den Abgleich von Topo und Wand. Beispiel Predigtstuhl, Wilder Kaiser

Über die Schulter gelegte Bandschlingen sollten alle auf derselben Schulter (also nicht kreuzweise) hängen und sich über den Rucksackriemen befinden. Alternativ können Schlingen mit Ankerstich am Gurt oder an den Rucksackriemen befestigt werden.

Am Einstieg vergegenwärtigt man sich nochmals den Routenverlauf der ersten Seillängen. Das spart Zeit gegenüber Leuten, die bereits nach 10 Metern einen Blick in die Beschreibung werfen. Das Topo ist natürlich trotzdem griffbereit verstaut, damit man es im Bedarfsfall ohne umständliches Rucksackkramen einsehen kann.

Bei Seilschaften ungleicher Leistungsstärke oder unterschiedlicher Vorliebe für bestimmte Techniken kann aus taktischen Gründen festgelegt werden, wer welche Seillänge führt. Diese Strategie trägt wesentlich zu einem flotten Tempo und auch zur Sicherheit bei.

Taktisches Verhalten während der Kletterei

Auch hier ist zwischen Trad-Routen und Plaisir-Routen zu unterscheiden. In klassischen Routen kann die Orientierung ein Problem sein; oft steckt der nächste Haken so weit weg, dass man ihn nicht sieht. Ein brauchbarer Leitgedanke für diese Situation lautet: »Wo würde ich klettern, wenn ich der Erstbegeher wäre und eingeschränkte Sicherungsmöglichkeiten hätte?« Man beachte allerdings, dass dieser Grundsatz nur innerhalb der insgesamt durch den Routenverlauf vorgegebenen Linie gilt.

Griffe testen, Normalhaken

Griffe und Tritte sollen nicht durch Rütteln oder Wackeln geprüft werden, sondern durch einen kurzen Schlag mit dem Handballen oder dem Fuß. Der Klang gibt dann die nötige Information: Ein heller Klang ist in Ordnung, ein dumpfer Klang kritisch. Zweifelhafte Griffe – sofern überhaupt – nur nach unten belasten: Bei Belastung nach außen (Zug von der Wand weg) besteht ein größeres Bruchrisiko. Sicherheit hat Vorrang vor Ökonmie.

Achtung vor Blöcken: Nicht nur feste, sondern auch lockere Blöcke liefern aufgrund ihrer Masse oft einen verlässlichen Klang. Einziges Beurteilungskriterium ist in diesem Fall die Statik – wie stabil oder labil ist der Block gelagert? Die Verlässlichkeit bereits steckender Normalhaken lässt sich selbst vom Fachmann kaum beurteilen. Hinzu kommt, dass der Fels vor allem in leichteren Routen oft gestuft ist (Verletzungsgefahr bei Sturz). Auch bedenke man die Folgen bei Verletzung in einer abgelegenen Wand (Rückzug, Biwak). Aus all diesen Gründen soll mit Sicherheitsreserve geklettert und nicht gestürzt werden.

Plaisir-Route

In Plaisir-Routen oder sanierten Klassikern ist das Gefahrenpotenzial geringer. Standplätze sind eingerichtet, Bohrhaken stecken in regelmäßigen Abständen. Trotzdem wäre es ein Fehler, das Risiko zu unterschätzen. Hallengemäße Bohrhakenabstände gibt es im Gebirge nicht. Mag auch Stürzen in unmittelbarer Nähe eines Bohrhakens vertretbar sein – die Abstände sind selbst im Plaisir-Bereich fast immer so gewählt, dass solides Klettern für den größten Teil der Route unverzichtbar ist.

▷▷ Text Seite 25
Belastungsrichtung

Test der Felsqualität mit prellendem Handballenschlag

Immerhin sieht man beim Clippen eines Bohrhakens oft schon den nächsten. Die Kletterlinie ist dadurch überwiegend vorgegeben. Es kann aber auch das Gegenteil der Fall sein – sei es, dass man den nächsten Bolt wirklich nicht sehen kann oder dass man ihn in der falschen Gegend vermutet.

Ein praxistauglicher Leitgedanke bezüglich der Linienführung von Plaisir-Routen lautet im Gegensatz zur klassischen Linie: »Wo bietet der Fels den besten Klettergenuss?« In dieser Richtung besteht die größte Wahrscheinlichkeit, den nächsten Haken zu finden.

Obwohl es ihrem Namen widerspricht, gibt es genügend »Plaisir-Routen« mit recht fragwürdiger Gesteinsqualität. Das hat mit der Resterschließung der letzten Dekaden zu tun. Es wurden Linien eingebohrt, welche »die Alten« wohlweislich ignoriert hatten. Die Empfehlungen zu unsicherem Gestein, vorauskletternden Seilschaften und Helm gelten somit explizit auch für den Plaisir-Bereich.

Die Möglichkeit, über die Route abzuseilen, bietet ein Plus hinsichtlich Sicherheit und Komfort. Zieht unerwartet Schlechtwetter auf, kann man sofort reagieren und muss nicht erst noch über den Gipfel. Auch die Tatsache, dass während der Kletterei nicht benötigtes Material am Einstieg bleiben kann, stellt eine erhebliche Erleichterung gegenüber vielen klassischen Wegen dar.

Rastpunkte nutzen

Klettereien der unteren und mittleren Schwierigkeitsgrade weisen in mehr oder weniger großen Abständen Rastpunkte auf. Das können Bänder, Absätze, große Tritte oder Verflachungen sein. Sie gestatten es, ohne Anstrengung zu verweilen. Von diesen Rastpunkten aus plant man die weiteren Aktionen und führt sie anschließend durch. Zwischen den Rastpunkten klettert man möglichst zügig und kraftsparend. In kraftraubenden Positionen sollten Zwischensicherungen nur dann angebracht werden, wenn sie aus Sicherheitsgründen unverzichtbar sind.

Dieses Handlungsschema gilt im Prinzip auch für schwierigere Klettereien. Das Erkennen und geschickte Ausnutzen von Rastpositionen ist hier häufig der Schlüssel zum Erfolg. Allerdings werden die Rastpositionen beim schweren Klettern seltener, und es müssen häufiger Zwischensicherungen aus anstrengenden Positionen gelegt oder eingehängt werden. Andererseits wird der Fels mit zunehmender Schwierigkeit steiler und damit sturzfreundlicher. Häufig steigt auch die Qualität der Fixpunkte. Insofern ist es beim schweren Klettern (UIAA-Skala VII und aufwärts) auch in Mehrseillängenrouten mitunter möglich, bis an die Leistungsgrenze zu gehen. In schweren, gut gesicherten Routen wohlgemerkt! Es sei davor gewarnt, die eigenen klettertechnischen Grenzen in niedrigen Schwierigkeitsgraden oder alpinen Klassikern auszuloten. Wer daran interessiert ist, sollte erwägen, dies in Begleitung eines souveränen, staatlich geprüften Bergführers zu tun.

Internationales Bergführerabzeichen. Bürgt für solide ausgebildete Partner beim Klettern.

Abseilen über die Route

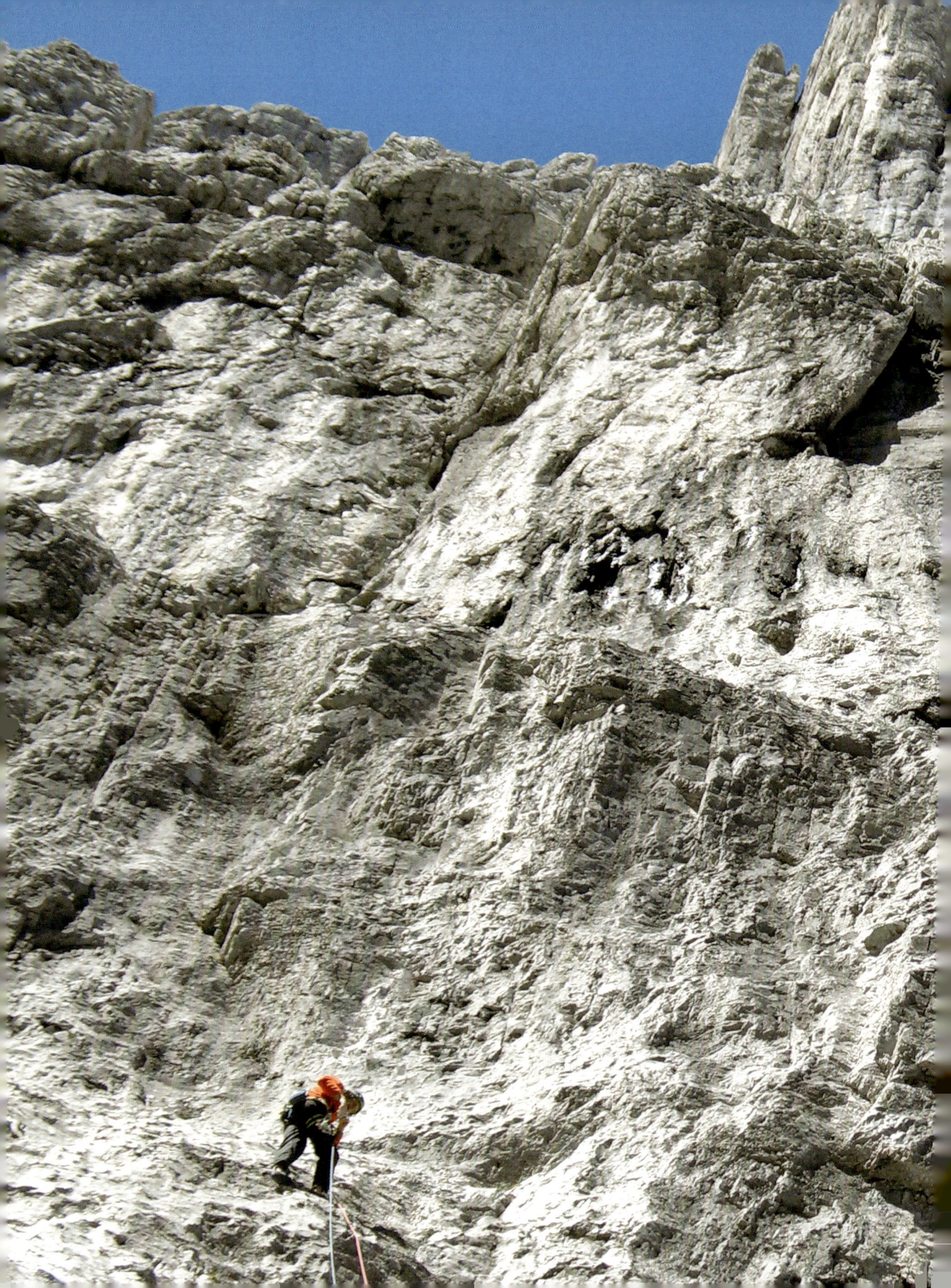

Psyche

Psyche

Wer an seiner Leistungsgrenze klettert, weiß, wie großartig es sich anfühlt, eine optimale Begehung hingelegt zu haben, kennt aber genauso das Gefühl, unter den eigenen Möglichkeiten geblieben zu sein – sei es, dass die eigene Erwartungshaltung zu hoch angesiedelt war, oder dass man dem äußeren Druck, etwa in einem Wettkampf, nicht standgehalten hat. In diesem Kapitel geht es um die komplexe Thematik, wie wir auf Stress reagieren und wie man die eigene Leistung zielgenau auf den Punkt bringt. Außerdem um das Flow-Gefühl, um die Freude und die positive Energie, die wir aus unserer Sportart Klettern schöpfen können.

Freude und positive Energie sind aber nicht automatisch mit Klettern verbunden. Wie wir unser Tun erleben, hängt von der Art unseres Denkens und unseres Empfindens ab. Unsere Wesenszüge haben also Auswirkungen auf unser Klettern – und auf unsere Leistung. Jeder hat Stärken und Schwächen. Dass es hinsichtlich der Trainingseffektivität sinnvoll ist, »an« den Schwächen zu arbeiten, wurde bereits dargelegt. In mentaler Hinsicht kommt ein gewichtiger Aspekt hinzu: Wir sollen und können »mit« unseren Stärken arbeiten. Sie bilden die Quellen für den individuellen positiven »Energieraum«.

▷ Text Seite 16 Trainingsplanung

▷ Text Seite 141 Selbstgespräch

Stress

Jeder kennt das Gefühl, gestresst zu sein. Man würde am liebsten aus der Haut fahren, wild um sich schlagen oder davonlaufen. Zumindest die beiden letztgenannten Reaktionen haben durchaus einen entwicklungsgeschichtlichen Hintergrund.

Die meisten Tiere reagieren auf Gefahr bzw. auf alles, was sie als Gefahr wahrnehmen, mit genau diesen beiden Verhaltensmustern: Flucht oder Kampf. Bei Mensch wie Tier laufen im Körper binnen Sekundenbruchteilen Prozesse ab, die das gesamte System zu Höchstleistungen aktivieren. Bei Wahrnehmung von Gefahr reagiert das vegetative Nervensystem. Es unterliegt nicht unserem Willen und steuert unter anderem Herzschlag, Stoffwechsel, Wärme- und Wasserhaushalt. Zum vegetativen Nervensystem gehören Sympathikus und Parasympathikus. Die Steuerzentren liegen im Rückenmark und im Stammhirn. Bei Gefahr wird im sympathischen Nervensystem und in der Nebenniere das Hormon Adrenalin freigesetzt und ins Blut ausgeschüttet. Dort bewirkt es schnelleren Herzschlag, erhöhten Blutzuckergehalt und Blutdrucksteigerung – eben genau die Effekte, die wir für unsere Leistungsbereitschaft benötigen.

Während diese körperlichen Reaktionen für Tiere oftmals überlebenswichtig sind, führen sie im zivilisierten menschlichen Dasein nicht immer zum Erfolg. Eine kritische Situation am Lenkrad kann man gegebenenfalls mit rechtzeitigem Betätigen des Bremspedals lösen. Dass der Puls danach minutenlang rast, tut nichts weiter zur Sache.

Problematisch ist, dass die genannten Reaktionen nicht nur durch physische Bedrohungen ausgelöst werden, sondern auch durch psychische Ereignisse wie Ungewohntes, Zeitdruck, persönliche Herabsetzung, negative Gedanken oder Befürchtungen. In den meisten dieser Fälle wäre ein kühler Kopf besser als ein für Kampf oder Flucht aktiviertes System – insbesondere auch deshalb, weil die Aktivierung durchaus negative Folgen für unser normales »Funktionieren« hat.

Wirkungen von Stress

Wie dargelegt, wird der Körper in Sekundenschnelle für Kampf oder Flucht aktiviert. Diese »Fixierung auf den Feind« hat auch Auswirkungen auf Wahrnehmung, Denken und Bewegen. Der »Tunnelblick« beschreibt das Wahrnehmungsphänomen sehr anschaulich. Man ist hundertprozentig auf den »Angreifer« fixiert – es gibt kein Rechts oder Links davon. Ob diese Wahrnehmungsstruktur in Kampfsituationen wirkungsvoll ist, sei dahingestellt. Sie wird sich jedenfalls dann ungünstig auswirken, wenn man vorhat, eine von dem imaginären »Feind« unabhängige Leistung zu erbringen. Das Stammhirn hat sozusagen die Regie übernommen und unser gesamtes System auf reflektorisches Reagieren geschaltet. Die Synapsen sind blockiert – vermeintlich unwichtige Sinneseindrücke und Informationen werden im Gehirn nicht weitergeleitet.

Die Vorherrschaft des Stammhirns hat zudem den Effekt, dass unsere üblichen Denkstrukturen nicht mehr die gewohnte Leistung bringen. Kognitive Zusammenhänge und »kopfgesteuerte« Vorgehensweisen, die im normalen Leben oder bei Übungen perfekt funktionieren, können unter Stress vollkommen aus dem Ruder laufen. Die Ortung eines Lawinenverschütteten mit LVS-Gerät und Sonde mag als Beispiel dienen.

Last not least wirkt Stress auch auf die Bewegungskoordination. Der Atem geht schnell oder stockt. Die für Höchstleitung aktivierte Muskulatur zeigt einen stark erhöhten Tonus. Bewegungen werden mit zu viel Energie respektive insgesamt zu hoher Muskelspannung ausgeführt. Es ist nachvollziehbar, dass man unter solchen Voraussetzungen nur bedingt gut klettert, insbesondere wenn es um diffizile, Präzision fordernde Passagen geht.

Aktivierungsniveau

Die Ausführungen zeigen, wie wichtig es ist, das richtige Aktivierungsniveau zu finden. Dies kann natürlich nur gelingen, wenn man Stress bereits frühzeitig erkennt und über Methoden verfügt, mit ihm umzugehen. Manche Methoden arbeiten mit physiologischen Reflexen, das heißt, sie wirken ähnlich wie Stress direkt auf das vegetative Nervensystem.
Andere Methoden funktionieren mental über Bewusstsein und Denken, daher auch der Begriff »mentales Training«. Obwohl er im engeren Sinn das Visualisieren von Bewegungsabläufen meint, hat sich die Bezeichnung »mentales Training« gleichwohl auch als Überbegriff für die mannigfaltigen Trainingsformen im psychologischen Bereich etabliert. Einige von ihnen werden im Folgenden dargelegt. Es sei angemerkt, dass viele Gedanken sich an Konzepte der Mentaltrainerin Petra Müssig (2010) anlehnen.

Stress erkennen

Ganz im Sinne des Regelkreises der Leistungssteuerung beginnt man am besten mit einer Eingangsdiagnose. Im Fall von Stress geht es um die beiden Fragen, wie stressresistent man ist und wie frühzeitig man Stress erkennt. Nehme ich bereits wenig belastende Einflüsse wahr, kann ich frühzeitig und effektiv darauf reagieren. Wird mir die Situation erst spät bewusst – zu einem Zeitpunkt, an dem mein ganzer Körper angespannt und kampf- oder

◁ Text Seite 15
Leistungssteuerung

Unmittelbar vor dem Start. Wie gut meistert der Athlet diese stressige Situation?

fluchtbereit ist –, wird es mir schwerfallen, Steuerungstechniken noch erfolgreich anzuwenden.

Die Selbstwahrnehmung gestaltet sich individuell unterschiedlich. Manche Menschen erkennen Stress früh, andere später. Gefühlsmäßig glaubt man, dass jede andere Person Stress genauso früh oder spät erkennen müsse wie man selbst. Dies ist aber nicht der Fall. Außerdem ist auch das Stressempfinden an sich unterschiedlich. Was für X bereits bedrohlichen Charakter hat, mag Y lediglich ein müdes Lächeln abringen. Man darf also bezüglich der Stressfrage nicht von sich auf andere schließen.

Um die eigenen Stresssymptome besser kennenzulernen, vergegenwärtige man sich eine Situation, die man als besonders stressig in Erinnerung hat. Man lässt sich emotional nochmals bewusst auf das Erlebte ein und beobachtet dabei seinen Körper. Alternativ kann man versuchen, sich in stressigen Situationen unmittelbar selbst wahrzunehmen. Die folgende Liste (Suinn 1989) kann dabei helfen, eigene Stresssymptome zu erkennen.

Stresssymptome
- Faust ballen
- trockene Kehle
- hochgezogene Schultern
- zusammengebissene Zähne
- feuchte Handflächen
- erhöhte Herzfrequenz
- angespannter Nacken
- Klumpen im Magen
- negative Gedanken
- Selbstzweifel
- Reizbarkeit
- mangelnde Konzentration
- abschweifende Gedanken
- Isoliertheit vom Körper
- Zweifel über den Trainingszustand
- rasende Gedanken
- Gefühle der Nervosität
- häufiges Grübeln
- Erschöpfung

Rechts: Der Ideale Leistungszustand gliedert sich in vier Felder

Selbstregulation

Wer regulieren will, benötigt eine Zielvorstellung bezüglich des angestrebten Zustands. Ich muss wissen, unter welchen Voraussetzungen ich maximal leistungsbereit bin – physisch wie psychisch. In diesem Zusammenhang existiert der Begriff »idealer Leistungszustand«. James A. Loehr (1988) gliedert ihn nach dem Grad der vorhandenen Energie und nach angenehm versus unangenehm. Loehr erhält gemäß dieser Gliederung vier Felder, denen er emotionale Zustände zuordnet. Diese Einteilung er-möglicht es, denjenigen Quadranten zu bestimmen, in dem man selbst oder ein zu betreuender Athlet sich gerade befindet.

Es leuchtet unmittelbar ein, dass Feld A die beste Voraussetzung für gute Leistung und Feld D die schlechteste darstellt. Ebenso erkennt man spontan, dass Feld B ein Gefühl von Bedrohung auslöst. Die dortige Situation ist von Leistungsdruck und Selbstzweifeln bestimmt. Feld B gilt trotzdem als die zweitbeste Voraussetzung, und es wurde festgestellt, dass rund 60 Prozent aller sportlichen Leistungen in diesem Quadranten erbracht werden.

Die Einteilung von Loehr legt somit die Option einer Leistungsverbesserung oder zumindest die Option erhöhter Lebensqualität nahe, wenn es gelingt, von der stressbesetzten Seite auf die angenehme Seite zu wechseln. Dort können die

sportlichen Fähigkeiten angstfrei entwickelt werden, und an die Stelle bedrohlichen Empfindens tritt das sogenannte »Flow-Erlebnis«.

Der ideale Leistungszustand hat natürlich auch rein körperliche Aspekte. Sie lassen sich im Wesentlichen durch ein angemessenes Aufwärmprogramm steuern. Suinn (1989) unterscheidet hinsichtlich Leistungsbereitschaft das »körperliche Erregungsniveau« (Aktivierungsniveau) und das »Vorhandensein von Energie«. Es geht also um verschiedene Einflussfaktoren. Will man diese Faktoren oder ein gegebenenfalls vorhandenes Bedrohungsgefühl regulieren, kann man sich diverser Methoden bedienen, die ähnlich wie Stress reflektorisch auf unser System wirken.

Atmen

Bewusstes Atmen schafft eine Verbindung zur Gegenwart. Man kann weder für die Zukunft »vorausatmen« noch in der Vergangenheit »nachatmen«. Dieser Bezug zur Gegenwart lässt uns in meditativem Sinn in Kontakt zu uns selbst treten. Darüber hinaus verändert bewusstes Atmen die Stimmungslage. Langsame, tiefe Atemzüge beruhigen, kräftige Atemzüge aktivieren. Zum Aktivieren richtet man die Konzentration auf das Einatmen und zum Beruhigen auf das Ausatmen.

A	B
aufmerksam begeistert konzentriert lebhaft wach zuversichtlich	angespannt ängstlich ärgerlich frustriert gehemmt nervös

C	D
ausgepumpt erschöpft friedlich leicht ablenkbar gelassen müde	desinteressiert gelangweilt genervt gereizt irritiert launisch

Tiefes Atmen verbessert zudem die Sauerstoffversorgung von Gehirn und Muskulatur. Gerade in Ausdauerrouten ist die Atmung neben der psychologischen Wirkung auch rein physiologisch von großer Bedeutung. Pressatmung ist hinsichtlich der Sauerstoffversorgung ungünstig und sollte auf Situationen beschränkt bleiben, in denen man sie wirklich benötigt, beispielsweise um maximale Körperspannung aufzubauen.

Entspannen

Stress führt zu angespannter Muskulatur. Umgekehrt wirken Entspannungsübungen sozusagen automatisch stressmindernd. Man sollte die Körperwahrnehmung daher hinsichtlich des muskulären Spannungszustands sensibilisieren und Entspannungstechniken kennen. Gut geeignet ist die progressive Muskelrelaxation nach Jacobson. Richard Suinn (1989) beschreibt eine leicht veränderte Variante: »Der Trick bei dieser Übung ist, Entspannung zu lernen, indem zuerst gelernt wird, wie sich angespannte Muskeln anfühlen. Folglich betrifft diese Stufe das Anspannen einzelner Muskelgruppen, wobei du dich darauf konzentrierst, wie es sich anfühlt. Dann entspannst du die Muskeln und nimmst die gegensätzlichen Empfindungen wahr. Diese Übung sollte etwa 20 bis 30 Minuten in Anspruch nehmen. Wähle ein stetiges, ruhiges Tempo, ohne dich zu beeilen. Einmal am Tag wählst du einen ruhigen Ort aus, wo du nicht gestört wirst. Es kann auch am Abend sein, bevor du dich schlafen legst. Lege dich auf den Rücken und schließe die Augen. Spanne jede Muskelgruppe nur so lange an, wie du benötigst, um die verursachte Spannung wahrzunehmen. Dies dauert normalerweise etwa 5 bis 8 Sekunden. Es ist nicht so wichtig, die Zeit einzuhalten, also verschwende nicht zu viel Aufmerksamkeit darauf, zu zählen oder auf die Zeit zu achten. Spanne die Muskeln an, nimm die Spannung wahr, dann entspanne dich.«

◁◁ Übungen
5, 70

Links: Mit den Feldern assoziierte Gefühlszustände

▷▷ Übung 74

Übungsfolge progressive Muskelrelaxation
(nach Suinn 1989, jede Übung zweimal ausführen)

- Beginne mit der dominanten Hand – balle sie zur Faust, beachte die Spannung (bis 8 Sekunden), löse die Faust und nimm die Entspannung als Kontrast dazu wahr.
- Balle deine andere Hand zur Faust, dann entspanne dich.
- Beuge den rechten Arm, um den Bizeps anzuspannen, dann entspanne dich.
- Beuge den anderen Arm, entspanne.
- Runzle die Stirn und spanne sie dabei an, entspanne.
- Beiße die Zähne aufeinander, entspanne.
- Ziehe die Schultern hoch, erhöhe die Spannung, entspanne.
- Atme tief ein und halte die Luft an. Atme langsam aus und nimm die Entspannung wahr.
- Spanne die Bauchmuskeln an, entspanne.
- Presse deine Zehen stark nach unten, spanne an, entspanne.
- Nimm einen langsamen, tiefen Atemzug. Ziehe die Luft ein, indem du deinen Bauch nach außen drückst. Atme langsam aus, indem du deinen Bauch einfallen lässt.
- Wiederhole dieses tiefe Atmen dreimal. Richte deine Aufmerksamkeit darauf.
- Kehre zur normalen Atmung zurück.

Das bewusste Atmen im Zusammenhang mit der Entspannung wird als »Zentrieren« bezeichnet. Kennt man das Gefühl, wie sich entspannte Muskulatur anfühlt, kann man das Anspannen weglassen, bewusst tief atmen und dabei verspannte Stellen im Körper ausfindig machen und entspannen. Darüber hinaus besteht noch die Möglichkeit, das Zentrieren mit einem »Schlüsselreiz« zu koppeln. Man sucht eine Farbe, ein Wort oder einen kurzen Satz, der gut zu der Entspannungsübung passt, zum Beispiel: »Ganz locker!« Verknüpft man diese Vorstellung jedes Mal mit der Übung, wird sie zum Schlüsselreiz. Im Idealfall stellt man sich dann nur noch den Schlüsselreiz vor, um die Entspannung einzuleiten.

Körperhaltung

Sowohl bei höheren Tieren als auch beim Menschen sind Gefühlszustände mit bestimmten Körperhaltungen gekoppelt. Ausdrücke wie »erhobenen Hauptes« oder »mit geschwellter Brust« verdeutlichen dies in sprachlicher Hinsicht. Wer schauspielerische Fähigkeiten besitzt, kann sich verstellen und beispielsweise »gute Miene zum bösen Spiel« machen. Professionelle Schauspieler »schlüpfen« in ihre Rolle, um sich mehr oder weniger mit ihr zu identifizieren.

Kurz gesagt: Gefühle beeinflussen unsere Haltung, und umgekehrt können wir über eine bewusst eingenommene Körperhaltung auch unser Befinden beeinflussen. Man stellt sich einen bestimmten Gefühlszustand vor, nimmt die assoziativ zugehörige Körperhaltung ein und agiert in dieser Haltung – sei es während der Wettkampfisolation oder beim Versuch, eine schwere Route zu punkten.

Natürlich gelingt diese Manipulation nur bis zu einem gewissen Grad. Selbst die optimistischste Körperhaltung kann dicke Arme gegen Ende einer zu schweren Ausdauerroute nicht verhindern. Auch darf man das Thema Sicherheit nicht aus den Augen verlieren. Attribute wie »aggressiv« oder »mutig« können in schlecht gesicherten Routen fehl am Platz sein. Stimmen die Rahmenbedingungen, hat das Experimentieren mit verschiedenen Körperhaltungen aber durchaus positive Wirkungen.

Mögliche Körperhaltungen

aggressiv	mutig
entspannt	optimistisch
konzentriert	selbstsicher
leicht	unbekümmert

Körperhaltung und Befinden beeinflussen sich gegenseitig.

Zielformulierung

Jeder hat Ziele – sei es im Hinblick auf das materielle oder spirituelle Leben, oder sei es in sportlicher Hinsicht. Manche Ziele erreicht man, andere nicht. Ob man ein Ziel erreicht, hängt neben der Beharrlichkeit, mit der man es verfolgt, auch stark von dem Ziel selbst ab. Das Ziel, Lottomillionär zu werden, ist nicht selbst initiierbar und geht zweifelsfrei nur für wenige Menschen in Erfüllung.

Setzt man sich regelmäßig unrealistische oder utopische Ziele, wirkt dies auf Dauer frustrierend. Es macht beispielsweise wenig Sinn, wenn jemand nach 15 intensiven Kletterjahren und mit einem Niveau von Grad VIII beschließt, die legendäre Güllich-Route »Action Directe« (XI) zu wiederholen. Er kann den Rest seines Lebens verbissen trainieren und wird dieses Ziel trotzdem nicht erreichen. Nach 15 Jahren Sportpraxis sind keine astronomischen Leistungssteigerungen mehr zu erwarten.

Nimmt sich dieselbe Person immer nur Routen im Grad VIII– vor, wird sie ihre Ziele mit großer Regelmäßigkeit realisieren. Dies mag der inneren Zufriedenheit förderlich sein, kann aber auch einer gewissen Behäbigkeit Vorschub leisten. Ganz sicher jedenfalls bleibt die Person in sportlicher Hinsicht unter ihren Möglichkeiten. Wer nicht im Hochleistungsbereich trainiert hat, kann sich auch nach 15 Jahren noch verbessern und den Grad VIII+ oder IX– erreichen.

Aus dem Gesagten folgt, dass man seine (sportlichen) Ziele im oberen Bereich des realistisch Möglichen formulieren sollte. Zu niedrige Ziele fordern nicht, zu hohe Ziele strapazieren die Frustrationstoleranz. Daneben sollen Ziele generell messbar und zeitlich terminiert sein. Außerdem müssen sie selbst zu beeinflussen (initiierbar) sein. Sich eine bestimmte Route vorzunehmen, ist ein messbares Ziel. Es macht allerdings wenig Sinn, dieses Ziel auf »irgendwann« zu terminieren. Nur wenn ein Zeitpunkt geplant ist, können die Trainingsmaßnahmen darauf abgestimmt werden.

Ergebnisziel und Handlungsziel

Die oben genannten mittel- oder langfristigen Ziele sind Ergebnisziele. Man nimmt sich vor, eine bestimmte Route zu realisieren oder einen Wettkampf zu gewinnen. Kurzfristig bzw. unmittelbar vor oder während des Kletterns können solche Ziele eine starke Drucksituation aufbauen. Es geht ausschließlich um den Durchstieg. Das Ziel lässt sich nicht situativ anpassen und liefert auch keine konkrete Handlungsvorgabe.

Für unmittelbar bevorstehende Situationen macht es daher Sinn, Handlungsziele anstelle von Ergebniszielen zu formulieren. Sie beinhalten direkt umsetzbare Anweisungen. Handlungsziele erinnern daran, bestimmte Ressourcen zu nützen oder an bestimmten Stellen genau dies oder jenes zu tun: »immer ruhig atmen« zum Beispiel, »präzise treten, auch wenn's eng wird« oder »beim Dynamo am Sloper vollen Schub aus den Beinen«. Handlungsziele fokussieren auf das »Hier und Jetzt«. Sie können flexibel angepasst werden. Sie bauen weniger Druck auf als Ergebnisziele und ermöglichen es, sich konkret auf ganz bestimmte Punkte zu konzentrieren. Auch das im vorhergehenden Kapitel beschriebene Klettern mit bestimmten Körperhaltungen fällt in den Bereich der Handlungsziele.

◁◁ Text Seite 22
Trainingsumfang

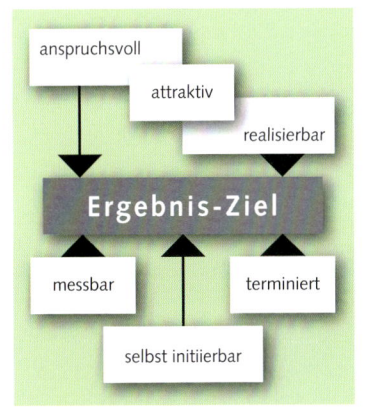

Im Zusammenhang mit der Zielformulierung wichtige Attribute

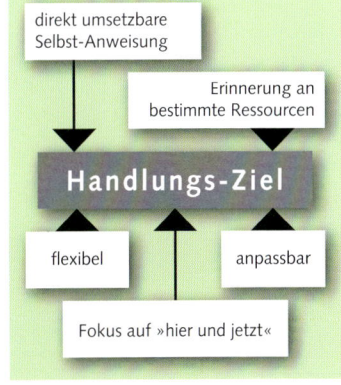

Effekte von Handlungszielen

Konzentration

▷ Text Seite 18
konsumtive Ressourcen

Konzentration bedeutet, aufmerksam und fokussiert zu sein. Wie bereits erwähnt, gehört Konzentration zu den konsumtiven Ressourcen. Sie steht also nicht unbegrenzt zur Verfügung und verbessert sich auch nicht kurzfristig während des Trainings, vielmehr nimmt sie im Verlauf des Trainings oder sonstiger mental anstrengender Tätigkeiten ab.

Die meisten Menschen werden diese Situation kennen: Man will ein Buch lesen und kommt an einem bestimmten Punkt nicht mehr weiter. Müde liest man den betreffenden Satz, muss sich aber eingestehen, ihn gar nicht verstanden zu haben. Beim zweiten Mal passiert dasselbe. Effektiver ist es, das Buch zur Seite zu legen. Noch effektiver ist, von vornherein Pausen einzuplanen, etwa im folgenden Rhythmus: 15 Minuten Konzentration, dann 3 Minuten Pause. Auf diese Art erzeugt man einen »wellenförmigen« Konzentrationsverlauf und kommt weiter als mit dem vergeblichen Versuch, über lange Zeiträume hochgradig aufmerksam zu sein.

▷▷ Text Seite 134
Zentrieren

Die Konzentrationsfähigkeit ist auch vom Blutzuckerspiegel abhängig. Müssen Konzentrationsleistungen (inklusive angemessener Pausen) über mehrere Stunden erbracht werden, sollte man in regelmäßigen Abständen Kohlenhydrate zu sich nehmen und ausreichend trinken.

▷▷ Text Seite 139
Positives Denken

Manche Menschen sind auch trotz passender Voraussetzungen und grundsätzlicher Bereitschaft leicht ablenkbar. Diese können profitieren, wenn sie lernen, ihre Konzentration zu steuern. Aufmerksamkeit kann nur im »Hier und Jetzt« stattfinden, abschweifende Gedanken machen sie unmöglich. Eine bewährte Strategie besteht darin, »den Gedankensinn zu besetzen« (Müssig 2010). Sei es durch Atemübungen, Handlungsziele, die Körperhaltung oder durch den bewussten Einsatz der Sinne. Was sehe, höre, empfinde ich?

▷ Text Seite 135
Handlungsziel

Richard Suinn (1989) empfiehlt für den Fall leichter Ablenkbarkeit, den Blick ohne Eile in die Ferne schweifen zu lassen und dort die vier Farben Rot, Blau, Gelb und Grün zu suchen. Anschließend sucht man die Farben in der näheren und schließlich in der unmittelbaren Umgebung. Danach folgen einige tiefe Atemzüge und anschließend die beschriebene Technik des Zentrierens.

Viele andere Varianten sind vorstellbar. Generell läuft der Weg darüber, dem unermüdlichen Gedankenfluss eine Richtung zu geben. Im Sinne von Entspannungsphasen können dabei auch faktisch unwichtige Eindrücke bewusst aufgegriffen werden.

Konzentrationsverlust und Lösungsvorschläge
(nach Suinn 1989)

- Du bist zerstreut. Wenn es so ist, begib dich an einen ruhigen Platz, beruhige dich und benutze das Zentrieren.
- Du merkst, dass jemand dich psychisch fertigmachen will. Wenn das so ist, erinnere dich daran, dass jemand, der zu so etwas Zuflucht nimmt, meist keine Hoffnung mehr darauf hat, zu gewinnen. Also betrachte ihn gutmütig und denke an das, was du dir vorgenommen hast.
- Du hängst zu sehr an negativen Gedanken. Wenn das so ist, benutze die Übungen zum positiven Denken.
- Du bemerkst erste Anzeichen von Müdigkeit. Wenn das so ist, benutze deinen Geist, um dich wieder zu erfrischen, oder steigere deine Energie mithilfe deiner Vorstellungskraft (zum Beispiel indem du dir vorstellst, dass du eine kräftige Diesellok mit frisch aufgefüllten Tanks bist).
- Du lässt deine Aufmerksamkeit umherschweifen. Wenn das so ist, wähle einen Punkt aus deiner Umgebung aus, auf den du dich dann konzentrierst. Betreibe die Einengung der Aufmerksamkeit auf diesen Punkt hin ganz aktiv. Es sind zwei verschiedene Dinge, ob man nur hinschaut oder ob man aktiv versucht, etwas zu entdecken. Wenn du feststellst, dass du nur schaust,

statt aktiv »entdeckend« hinzusehen, dann stell dir Fragen, um deine Aufmerksamkeit bewusst zu lenken.

Visualisieren

Petra Müssig (2007) beschreibt diese für das Klettern ungemein wichtige Fähigkeit folgendermaßen: »Beim Visualisieren – dem eigentlichen ›mentalen Training‹ – werden Handlungen oder Verhaltensweisen mental vorweggenommen oder eingeübt. Dabei kommt es in Gehirn- und Muskelzellen tatsächlich zu messbaren Impulsen und Reaktionen, so als würde die Bewegung bzw. Handlung tatsächlich durchgeführt (Carpenter-Effekt). Zum einen können Bewegungen und Handlungen auf diese Art und Weise tatsächlich besser vorbereitet werden, zum anderen wird beim Visualisieren der Denksinn besetzt.«

Unabhängig davon, ob man eine Route kennt oder Onsight klettern möchte, hilft es, sich die Bewegungen so plastisch wie möglich vorzustellen. Dabei gibt es zwei Varianten. Bei der ersten sieht man sich im Idealfall selbst in der Route klettern. Bei der zweiten versucht man, die einzelnen Griffe, Züge und Körperhaltungen zu erspüren. Wie anstrengend sind die jeweiligen Aktionen und in welcher Zeit laufen sie ab?

Unabhängig von der Art des Visualisierens ist es hilfreich, den inneren Film noch mit positiven Assoziationen wie »ich fühle mich leicht« oder »ich halte den Zielgriff« zu verknüpfen. Auch die Erinnerung an eine sehr erfolgreiche Begehung kommt als assoziative Verknüpfung in Frage.

Visualisieren ist nicht ausschließlich für Durchstiegsversuche geeignet. Auch beim Techniktraining kann man es benutzen. Es hilft, die eigene Bewegungsausführung in dem Sinne zu verbessern, wie man sie vom Trainer gezeigt bekommen oder bei anderen Athleten gesehen hat.

Zuschauen

Zuschauen stellt einen wichtigen Baustein des motorischen Lernens dar. Doch nicht nur beim Technikerwerb oder beim Techniktraining, sondern auch bezüglich der Taktik ist diese Ressource von Bedeutung. Klettert jemand eine Route, die man selbst ins Auge gefasst hat, kann man ihm zuschauen. Eine souveräne Begehung kann das Gefühl erwecken, dass man die Route ebenso souverän meistern kann; unsauberes Klettern, Zittern oder Scheitern des Beobachteten führt hingegen leicht zu der Vorstellung, die Route müsse immens schwer sein. Gerade in Wettkampfsituationen nach dem Flash-Modus stellt sich daher die Frage, wem bzw. wie oft man zuschaut. Es erscheint unsinnig, öfter zuzuschauen, als man für das eigene Bewegungsprogramm benötigt. Mehr Beobachtungen fordern mehr Konzentration und erlauben weniger Pausen. Die Frage, inwieweit man unmittelbare Konkurrenten beobachten soll, muss jeder für sich selbst herausfinden. Für den einen entsteht dadurch eine schwierig zu meisternde Drucksituation, den anderen motiviert das Wissen um die Höhe der Messlatte – es hilft ihm, über sich selbst hinauszuwachsen.

◁◁ Text Seite 114
Flash
◁◁ Übungen
48, 60, 80

◁ Text Seite 142
Stimmungsübertragung

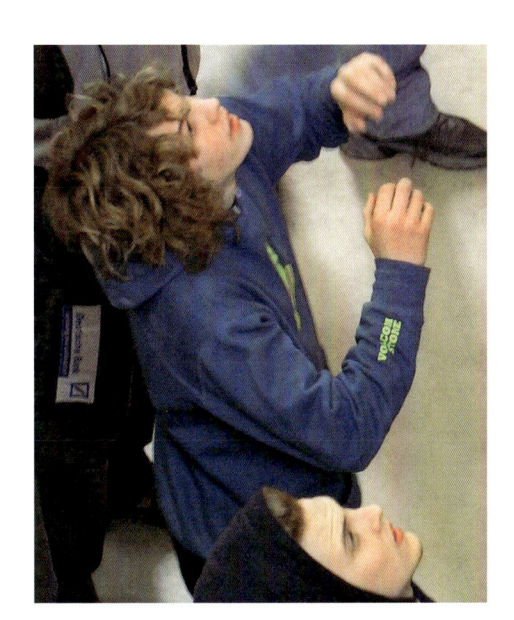

◁◁ Text Seite 14
Techniktraining

Visualisieren

Rituale

Jeder hat seine Rituale: die Reihenfolge, in der Gurt und Kletterschuhe angelegt werden, das Chalken, das Abblasen der Finger nach dem Griff in den Beutel, das »Berg Heil« am Gipfel, die Art und Weise, wie man seinen Rucksack packt …

Nüchtern betrachtet, könnte man die Bedeutung solcher Rituale in Frage stellen – ist es nicht egal, ob man den rechten oder den linken Schuh zuerst anzieht? Ganz und gar nicht! Rituale geben Orientierung, Sicherheit und Vertrauen. Es ist wichtig, die Dinge wie gewohnt handhaben zu können. Gelingt dies aus irgendwelchen Gründen nicht, kommt man leicht aus dem Konzept. Gerade in stressigen Situationen sind Rituale und deren Einhaltung wichtig. Der Denksinn ist besetzt, die Dinge gehen ihren gewohnten Lauf.

Rituale kultivieren

Man sollte daher bewusst darauf achten, welche Rituale man vollzieht. Kennt man seine Rituale, fällt es in wichtigen Situationen leichter, geeignete Rahmenbedingungen zu schaffen. Nur dann können die lieb gewonnenen Gewohnheiten auch wirklich eingehalten werden. Natürlich macht es durchaus Sinn, zu prüfen, ob einzelne Rituale in taktischer Hinsicht förderlich, neutral oder eher hinderlich sind. Beispielsweise können Begehungen an zu exzessivem Nachchalken scheitern. Eher hinderliche Rituale wird man insofern mittelfristig durch eher förderliche ersetzen. Rituale ohne direkten Einfluss auf die Kletterleistung sollten erhalten bleiben und wie die förderlichen sogar kultiviert werden – jeder darf seinen Spleen haben. Im Stressfall ist man froh darüber, sich an den eigenen Mustern entlanghangeln zu können. Es gehört zum Job eines Trainers, die Rituale seiner Athleten zu kennen und gegebenenfalls auch neue einzuführen.

Beispiele für Rituale
(nach Müssig, 2010)
- längeres Aufwärmen/Abwärmen
- bewusst Ziele setzen
- stets gleiche oder ähnliche Zeiteinteilung der Phasen vor und während der Wettkämpfe (zum Beispiel 30 Minuten vor dem Start …, 10 Minuten vor dem Start …, 5 Minuten vor dem Start …)
- Atem-, Entspannungs- und Visualisierungsübungen
- Rituale zum Aktivieren, Abschalten, Abreagieren
- Rituale, die den Teamzusammenhalt betonen
- gemeinsame Nachbesprechung oder individuelle Nachbearbeitung des Tages
- gemeinsamer Abschluss (zum Beispiel Essen) oder Ausklingenlassen des Tages in gemütlicher Runde

Abreagieren

Es kommt vor, dass eine Begehung nicht klappt oder man bei einem Wettkampfdurchgang unter den eigenen Erwartungen bleibt. Solche oder auch andere negative Erlebnisse können nachwirken und die folgenden Versuche beeinträchtigen.

Ritual Chalken

Negative Erlebnisse einfach in sich »hineinzufressen« verursacht auf die Dauer Magenprobleme. Es ist gesünder, sich zunächst abzureagieren. Anstatt dem Missgeschick zu erlauben, den Sportler und seine Handlungen oder Verhaltensweisen über längere Zeit zu beeinflussen, wird bewusst damit abgeschlossen und sozusagen »neu« begonnen. Diese Technik muss regelmäßig trainiert werden, um in Stresssituationen automatisiert einsetzbar zu sein.

Abreagieren – Sammeln – Konzentrieren
(nach Müssig, 2010)
Man unterteilt einen selbst gewählten Zeitrahmen in drei gleiche Einheiten (zum Beispiel 3 x 5 Sekunden).
- 1. Abreagieren: Bei Freude oder Ärger wird überschüssige Energie frei, die abgebaut werden muss. Geeignet sind heftige Bewegungen mit Armen oder Beinen, sich räuspern, Atemluft ein- oder ausstoßen. Gut bewährt sich das – häufig bereits autonom stattfindende – explosionsartige Ausatmen oder ein mehr oder weniger lauter Schrei.
- 2. Sammeln/Zentrieren: beispielsweise mithilfe der Atmung: tiefe, stärkende Atmung. Ausruhen, zu sich kommen.
- 3. Konzentrieren: den Blick (innerlich oder real betrachtend) auf die nächsten Schritte lenken.

Positive Energie

Unsere Einstellungen, unsere Stimmungen und Gedanken haben einen riesigen Einfluss auf alles, was wir tun. Richard Suinn (1989) schreibt in diesem Zusammenhang: »Deine Gedanken beeinflussen deine Handlungen mehr als du denkst. Denke an eine Situation, die dich wirklich ärgert, und du wirst feststellen, dass du tatsächlich ärgerlich wirst. Was du mit deinen Gedanken tust, kann dein Leben verändern – und deine Leistung.«

Positives und negatives Denken

Die Thematik des positiven Denkens und des Umgangs mit negativen Gedanken stellt Richard Suinn (1989) so brillant dar, das sein längeres, an einigen Stellen gekürztes und stilistisch verändertes Zitat folgt:
»Erfolgreiche und erfolglose Wettkämpfer weisen beide negative Gedanken auf. Was den Gewinner vom Verlierer unterscheidet, ist die Frage, wie er mit seinen Gedanken umgeht. Die erfolgreiche Person überlegt, was schiefgehen könnte; die erfolglose Person hat Angst davor, darauf zu achten, weil diese Gedanken negative Emotionen verursachen.

Mache negative Gedanken nutzbar
Das wirkliche Geheimnis ist, sich negative Gedanken nutzbar zu machen. Sie stellen häufig ein Problem dar, weil sie sich selbst nähren. Du denkst: ›Ich werde müde! Was ist, wenn ich jetzt schlapp mache?‹ Dieser Gedanke führt zu Angst oder Verspannung, und tatsächlich erreichst du eine schwache Leistung. Oder du denkst: ›Ich fühle mich nicht bereit, ich fühle mich heute nicht ganz wohl, ich werde heute keinen guten Tag haben‹ – und tatsächlich tritt all das ein. Anstatt zuzulassen, dass deine negativen Gedanken sich selbst nähren, setze sie ein, um eine Lösung auszuarbeiten. Was könntest du tun, wenn du anfängst, dich zu müde zu fühlen? Was solltest du tun, wenn du während einer Übung Fehler machst?

Setze negative Gedanken ein
Meide negative Gedanken nicht, sondern bereite dich darauf vor, sie einzusetzen, um eine positive, regulierende Handlung auszulösen. Wenn du denkst: ›Ich werde müde und beginne mich zu verkrampfen‹, wirst du sofort handeln und deine regulierende Maßnahme umsetzen. Wenn du in einer Übungsfolge einen Fehler machst, wirst du dich sofort erinnern: ›Bleibe gelöst, jetzt kommt die nächste Bewegung – ganz locker!‹

◁ Übungen
3, 30, 44

◁ Text Seite 135
Handlungsziel

Oben: Sieger gehen erfolgreich mit negativen Gedanken um.

▷ Text Seite 145 Strategien gegen Angst

In einigen Fällen scheinen negative Gedanken ein Eigenleben zu haben. Sie unterbrechen deine Leistung und sprechen nicht auf die vorgestellten Lösungen an. Solche Gedanken können auch Aussagen zur Folge haben wie: ›Ich kann nicht mehr länger durchhalten‹ oder: ›Ich habe eine so schlechte Saison gehabt, warum soll ich es überhaupt versuchen?‹ Es gibt verschiedene Möglichkeiten, mit dieser Art von Gedanken umzugehen.

Analysiere negative Gedanken

Analysiere die Quelle dieser negativen Gedanken und unternimm etwas, um ihre Ursprünge aus dem Weg zu räumen. Könnten die negativen Gedanken zum Beispiel damit zusammenhängen, dass du angespannt oder ängstlich bist? Wenn ja, lerne Methoden, um die Angst zu kontrollieren.
Können die Gedanken mit einem tatsächlichen Ereignis zusammenhängen, das sorgfältig hinterfragt werden muss? Zum Beispiel einem Trainingsabbruch? Mache eine realistische Beurteilung, ob du ein Problem hast oder nicht – eine Unterbrechung intensiven Trainings kann hilfreich sein. Wenn du hart und regelmäßig trainiert hast, dann wird ein Tag Pause sicherlich keine Folgen für deine Fertigkeiten oder deine Kondition haben.

Schritt für Schritt

Unterbrichst du das Training wegen einer Krankheit oder Verletzung und machst dir entsprechende Sorgen? Dann solltest du die Krankheit oder Verletzung akzeptieren und entscheiden, was als Nächstes getan werden muss – das ist ein konstruktiver Umgang mit Sorgen. Wenn du verletzt bist, dann konzentriere dich auf ein Genesungs- und Rehabilitationsprogramm. Vermeide einen Frühstart. Denke nicht darüber nach, wie du es in zukünftigen Wettkämpfen machen wirst, bevor du auf dem Wege der Besserung bist. Mache einen Schritt nach dem anderen: zuerst die Genesung, dann die Wiederaufnahme des Trainings und zuletzt die Wettkampfplanung.

Ersetze negative Gedanken

Ersetze negative Gedanken durch angemessene Pläne für die Zukunft. Setze dir Ziele. Gehe dabei von dem aus, was du aus den bisherigen Wettkämpfen gelernt hast. Wenn du in einem Tief steckst, unternimm die notwendigen Schritte, um die Ursache zu entdecken. Du könntest den nächsten Wettkampf dazu benutzen, eine bestimmte Herangehensweise zu verändern und die Wirkung kennenzulernen. Du kannst jetzt mit dem Gedanken antreten: ›Das wird mir zeigen, was schiefgelaufen ist, und mir helfen, mich im darauffolgenden Wettkampf zu verbessern.‹

Arbeite mit deinen Stärken

Überprüfe deine Stärken und wie sie angewendet werden müssen. Ersetze den Gedanken: ›Diese Person nimmt mich auseinander, ich habe keine Chance‹, durch: ›Ich muss meine Stärken einsetzen. Sie haben mich bis hierher gebracht, und sie werden mir helfen, meine beste Leistung zu erbringen.‹
Wenn du mit Störungen konfrontiert wirst, sei es durch einen anderen Wettkämpfer, das Wetter, die örtlichen Bedingungen oder was auch immer, kann es ein positiver Weg sein, deine Stärken und deine Strategien abzurufen, um negative Gedanken zu kontrollieren.

Platzhalter, Stopp

Setze einen neutralen Gedanken an die Stelle eines störenden Gedankens. Eine Athletin in einer Ausdauersportart wurde immer müde, wenn sie anfing zu denken: ›Ich werde es nie diesen Hügel hinaufschaffen.‹ Sie wurde stattdessen angewiesen, beim nächsten Mal, wenn sie sich dem Hügel näherte, zu versuchen, den höchsten Baum zu sehen.
Dieser Stellvertreter ersetzte ihren negativen Gedanken aktiv, und sie war in der Lage, ihr Tempo beizubehalten.
Gelegentlich hilft auch ein absurder Gedanke oder ein Bild. Wie ernst ist dein Gegner zu nehmen, wenn du ihn dir in einem Mickymauskostüm vorstellst?

Halte negative Gedanken zurück, die auf andere Lösungen nicht ansprechen. Gelegentlich wirst du feststellen, dass es keine realistischen und effektiven Möglichkeiten gibt, mit deinen Gedanken umzugehen. Zwei ziemlich unterschiedliche Vorgehensweisen können die letzte Antwort sein. Eine besteht darin, dir direkt und bestimmt ›Stopp‹ zu sagen und dir ein massives Stoppschild vorzustellen. Du kannst aber auch etwas völlig Gegenteiliges tun. Du setzt dich gegen eindringende Gedanken nicht direkt zur Wehr; stattdessen lässt du sie einfach durch dein Bewusstsein ziehen und wieder gehen, oder du lässt sie in einem ›Eckraum‹ deines Bewusstseins verschwinden – einem Raum, den du dafür vorsiehst, diese Gedanken bis zum Ende des Wettkampfs aufzubewahren.«

Selbstgespräch und Umgang mit sich selbst

Wie gehe ich mit mir selbst um? Belohne ich mich, wenn ich mit einer Leistung oder Tat zufrieden bin? Kann ich überhaupt mit irgendetwas zufrieden sein? Erwarte ich Mögliches oder Unmögliches von mir? Mache ich mich fertig, wenn eine Aktion nicht gelingt? Manche Menschen sind weich, andere hart gegen sich selbst, manche nachgiebig, andere konsequent. Es ist nicht leicht, in der Frage des Umgangs mit sich selbst einen gesunden Mittelweg zu finden.

Der Umgang mit der eigenen Person lässt sich auch daran ablesen, wie jemand einen inneren Dialog, also ein Selbstgespräch, führt. Der folgende Fragenkatalog kann dabei helfen, sich diesen Punkt zu bewusst zu machen.

Mögliche Fragen zum Selbstgespräch
- Was sagst du zu dir selbst?
- Was sagst du, wenn es klappt?
- Was, wenn es nicht klappt?
- Wann sprichst du zu dir?
- Nur, wenn du »wieder mal« versagt hast?
- Wie würdest du deine Kritik formulieren, wenn du sie einem talentierten Schüler mitteilst?
- Wie hört sich Lob an?
- Wie würdest du dein Lob formulieren, wenn du es einem talentierten Schüler mitteilst?

Vielen Athleten fällt es leicht, sich mit solchen oder ähnlichen Fragen zu beschäftigen. Das Thema Selbstgespräch ist daher ein guter Ansatzpunkt, auch für Leute, die mit den Techniken des mentalen Trainings noch weniger vertraut sind. Durch genaues Hinhören können Strukturen deutlich werden. Indem man hinderliche durch förderliche Selbstgespräche ersetzt, verfügt man über ein gutes, einfaches Steuerelement.

Positives Selbstkonzept

Doch auch unabhängig von unseren Ansprüchen und Selbstgesprächen sollten wir versuchen, die Verantwortung für unser Leben selbst zu übernehmen und der eigenen Person gegenüber ein Freund zu sein.
Es mag helfen, Geschehnisse entspannt wahrzunehmen und sachlich zu beobachten, ohne gleich zu werten und zu beurteilen. Es mag helfen, kreativ zu experimentieren und Dinge zu probieren, ohne dass man sich ständig vornimmt, keinerlei Fehler zu begehen. Es wird ein positives Selbstkonzept fördern, hin und wieder zu spielen, Spaß zu haben und sich kindlich zu freuen. Oder auch gelassen zu bleiben, obwohl es »gute« Gründe gäbe, sich zu ärgern. Das positive Selbstkonzept beinhaltet auch, sich seiner Stärken bewusst zu sein und mit ihnen zu arbeiten. Konkret auf die Kletterleistung bezogen, sei hier nochmals das mit einer positiven Assoziation verknüpfte Visualisieren erwähnt. Diese Assoziation lässt sich durch reale Bilder noch verstärken. Man erstellt beispielsweise ein Video mit den besten eigenen Kletterszenen und betrachtet es immer wieder vor Wettkämpfen oder schweren Begehungen.

◁ Übungen
36, 86

◁ Text Seite 137
Visualisieren

Stimmungsübertragung

Stimmungen können sich übertragen und Wirkungen auf andere Personen ausüben. Man fährt mit 130 Stundenkilometern auf der Überholspur einer Autobahn und spürt förmlich, wie ein nachfolgender Verkehrsteilnehmer innerlich kocht, weil er für einige Sekunden den Fuß vom Gaspedal nehmen muss. Angst oder Wut können als Reaktion auftreten. Übertragungen funktionieren natürlich auch im positiven Sinn. Eine begeisterte Beschreibung des neuesten, ultimativen Klettergebiets weckt den Wunsch, dieses Eldorado sofort kennenzulernen. Begeisterung steckt an, sei es durch empathische Einzelpersonen, bei Sportveranstaltungen oder im Rahmen von Konzerten. Um sich – zumindest vor negativen Übertragungen – zu schützen, sollte man äußere Einflüsse möglichst bewusst wahrnehmen können. Nimmt man sie wahr, besteht eher die Chance, das eigene Befinden mit den bereits dargelegten Techniken positiv zu beeinflussen.

Besonders spürbar ist die Übertragungsthematik während der Isolation, geht es doch beim Wettkampf explizit darum, besser zu sein als die Konkurrenz. Zudem kommt es vor, dass Athleten bewusst oder unbewusst versuchen, andere zu demoralisieren.
Wer in dieser Situation über geeignete Regulationsmethoden verfügt, wird sich der negativen Stimmung entziehen können. Bedeutungsvoll ist in diesem Zusammenhang auch die Rolle des Trainers. Er sollte Ruhe, Gelassenheit und Vertrauen ausstrahlen. Humor tut gut. Worte oder Aktionen, die zusätzlichen Stress verursachen, sind wenig hilfreich.

Den Energieraum besetzen

An dieser Stelle nochmals einige Zitate von Richard Suinn: »Alle Athleten besitzen innere Energie, aber nicht alle können diese Energie bewusst lenken. Energie, die verteilt ist, reduziert deine Geschwindigkeit, verkürzt deine Ausdauer und mindert deine Kraft. Energie

Gute Stimmung bei der Deutschen Meisterschaft

kann durch Stress zerstreut werden, aber auch durch Anspannung, durch negative Gedanken oder durch Konzentration, die man an die Umgebung verliert. Um dem vorzubeugen, kannst du auf deine geistigen Fertigkeiten zurückgreifen: Entspannung, Stressmanagement, Konzentration und positives Denken.

Der Energieraum ist eine Sphäre, in der du dominierend bist. Du dehnst deine innere Energie so weit aus, dass du im Geiste Besitz ergreifst von dem Raum und dem Wettkampf. Es ist das geistige Beherrschen anderer Personen oder Dinge innerhalb dieses Raumes – das Beherrschen von allem, was diesen Raum bedrohen könnte.

Mach dir klar, wie du die Energie empfindest, wenn sie stärker wird und sich ausbreitet. Handelt es sich um ein Wärmegefühl in der Körpermitte? Ist es ein Gefühl des Sich-Ausbreitens? Ist es eine Vorstellung von Blut, Sauerstoff und Muskelaktivität? Ist es ein Gefühl von großer Kraft? Handelt es sich um ein bestimmtes Bild?«

Kurz gesagt geht es darum, positive Energie in sich aufzunehmen und ihr Gelegenheit zur Ausbreitung zu geben. Wer seine eigene Energie bewusst wahrnimmt und die Umgebung mit dieser Energie anzureichern versteht, wird nicht nur bei Wettkämpfen oder schweren Routen erfolgreich sein, sondern auch sein Leben in einer ganz besonderen Qualität genießen können.

Sturzangst

Wer klettert, weiß um Situationen, in denen ein Sturz fatale Folgen hätte. Wer alpin klettert, kennt außerdem das pfeifende Surren herabfallender Steine und das damit verbundene unwillkürliche Zusammenzucken. Die Beispiele zeigen, dass eine gesunde Furcht vor realen Gefahren beim Bergsteigen und Klettern lebensnotwendig ist. Ein Sturz, wo man nicht stürzen darf, oder ein Steinschlagtreffer können das jähe Ende einer Karriere oder einer Existenz bedeuten. Es empfiehlt sich, großen Respekt vor den realen, sogenannten alpinen Gefahren zu haben und sie durch entsprechendes taktisches Vorgehen zu minimieren.

Angst ist immer real

Wer klettert, kennt aber ebenso das Gefühl, nur »mausknöchelhoch« über dem letzten Haken zu stehen und sich trotzdem schier panisch am Fels festzukrallen. Neben den real gefährlichen Situationen gibt es also durchaus Fälle, in denen kaum wirkliche Gefahr droht. Bei freier Sturzbahn und von einem verlässlichen Partner gesichert, besteht – Sturztechnik vorausgesetzt – selbst drei Meter über brauchbaren Fixpunkten keine besondere Gefährdung. Trotz faktisch geringer Gefahr fühlen sich viele Kletterer aber bereits einen Meter über dem Haken nicht mehr wohl, und bei zwei Metern zeigt sich der genannte Festkralleffekt. Mag

◁ Text Seite 97
Stürzen

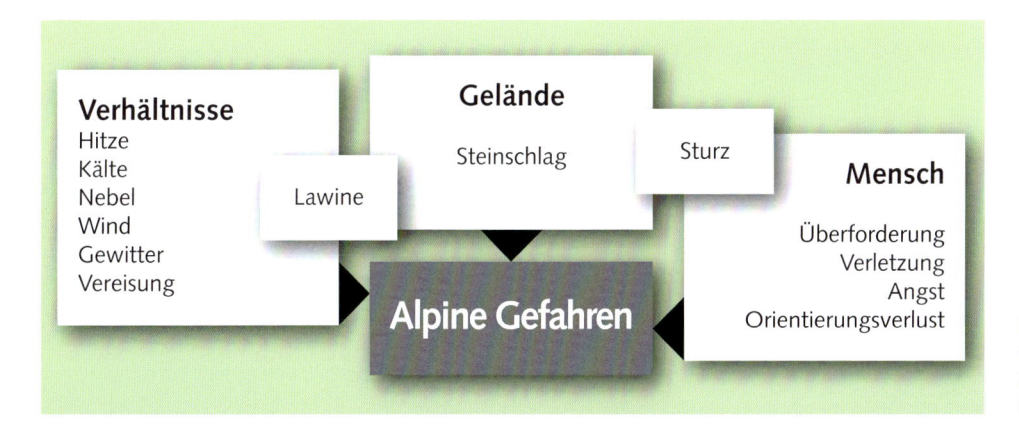

Verhältnisse
Hitze
Kälte
Nebel
Wind
Gewitter
Vereisung

Gelände
Steinschlag
Lawine
Sturz

Mensch
Überforderung
Verletzung
Angst
Orientierungsverlust

Alpine Gefahren

Eine gesunde Furcht vor den realen »alpinen Gefahren« ist lebensnotwendig.

Niemand ist immer frei von Sturzangst.
Route: Geht's noch, Doc (Blankenstein)

▷▷ Text Seite 97
Stürzen

auch die Gefahr wenig real sein, so ist doch das Angstgefühl als solches durchaus real. Tritt es auf, verdient es unsere Aufmerksamkeit. Um sich mit der Thematik auseinanderzusetzen, sind etliche der im Kapitel »Psyche« bereits beschriebenen Techniken anwendbar. Darüber hinaus werden hier weitere praxisrelevante Aspekte erörtert.

Bei allen Übungen zum Stürzen (Falltest, Sicherungstraining, Sturztraining) sollte immer auch die Thematik Sturzangst im Vordergrund stehen. Bisweilen berichten Kletterer, ein solches Training habe ihnen überhaupt nichts gebracht. Mit hoher Wahrscheinlichkeit wurde in diesen Fällen ein für die Angstreduktion ungeeigneter Ansatz gewählt, beispielsweise der »Sprung ins kalte Wasser«.

Überzeugen, nachdenken

Auch die Methoden »Angstabbau durch Überzeugen« und »Abmildern durch Nachdenken« können bei Sturzangst lediglich begleitenden Charakter haben. Dass ein Seil unter normalen Umständen hält, weiß jeder. Es kann trotzdem helfen, zu hinterfragen, wovor man wirklich Angst hat. Es kann helfen, sich den absehbaren Verlauf eines Übungssturzes fest vorzusagen – bei mangelndem Selbstvertrauen dem Sichernden gegenüber zum Beispiel mit den Worten: »Mein Partner hält mich!« Natürlich müssen die Rahmenbedingungen diese kognitive Einschätzung auch gewährleisten, im Beispiel etwa durch eine dritte, hintersichernde Person. Sich einzureden oder eingeredet zu bekommen, dass man gehalten wird, und dann auf dem Boden zu landen, wird neben entsprechenden Verletzungen mit hoher Wahrscheinlichkeit ein psychisches Trauma zur Folge haben.

Umorientieren

Manche Kletterer versuchen, die Sturzangst zu bekämpfen, indem sie sich so stark auf ihren Wettkampfversuch oder den Durchstieg ihrer Route konzentrieren, dass sie die gesamte Sturzthematik ausblenden. Dieses Verhalten kann der Strategie »Ablenken durch Umorientieren« zugeordnet werden. Man lenkt sich ab, indem man sich auf ein starkes positives Gefühl einlässt. Diese in anderen Bereichen höchst wirksame Technik mag beim Thema Stürzen zu erfolgreichen Durchstiegen führen, hat aber den Nachteil, dass man wichtige Techniken (Seilführung am Körper, Absprungverhalten, Anprallkontrolle) nicht lernt. Die Stürze bleiben mithin unkontrolliert und mit höherem Verletzungsrisiko behaftet.

Kleine Schritte

Nochmals zum »Sprung ins kalte Wasser«: Grundsätzlich kann diese Herangehensweise Angstsituationen auflösen. Man begibt sich in die betreffende Situation und verweilt in ihr. Hat jemand Angst abzuseilen, kann die Methode nützlich sein. Man überwindet sich, lehnt sich zurück und belastet das Seil. Schon hängt man da, hat alle Zeit der Welt und kann sich der Harmlosigkeit der Situation bewusst werden. Im Gegensatz dazu besteht während des Sturzes keine Möglichkeit zu verweilen. Ein Training, bei dem man ein einziges Mal allen Mut zusammennimmt, loslässt und eine weite Strecke fällt, wird unter Umständen als höchst unangenehm empfunden und entsprechend im Gedächtnis verankert. Sturztraining soll daher in kleinen Schritten erfolgen. Methodisch werden diese Schritte durch die Übungskategorien Falltest, Sicherungstraining und Sturztraining gegliedert. Doch auch innerhalb jeder Kategorie sollte man auf kleine Schritte achten und besonders darauf, dass der Stürzende jeweils selbst entscheidet, wie weit er stürzt.

Systematisches Desensibilisieren

Wie schon angedeutet, benötigen Menschen mit Sturzangst für jedes Loslassen viel Konzentration und Überwindung. Oft beobachtet man im Rahmen von Übungen zunächst eine Verbesserung der Situation. Beispielsweise vollzieht sich der dritte Absprung mit weniger Zögern als der erste. Konzentration gehört aber zu den konsumtiven Ressourcen. Es leuchtet insofern unmittelbar ein, dass der Verbesserungsprozess nur während einer begrenzten Anzahl von Stürzen möglich ist.

Überspannt man den Bogen, ist »der Ofen aus«. Angst und Zögern gewinnen wieder die Oberhand, und der Trainierende nimmt das Empfinden mit nach Hause, versagt zu haben. Nach dem Motto »aufhören, wenn es am schönsten ist« sollten Personen mit Sturzangst daher pro Training nur wenige Stürze absolvieren.

Regelmäßig üben

Umso wichtiger ist in der Konsequenz, Sturzübungen mit einer gewissen Regelmäßigkeit durchzuführen. Man kann sich beispielsweise vornehmen, an jedem Klettertag ein- oder zweimal absichtlich ins Seil zu springen – und sei es oben am Ende der Route, wo man, anstelle den Umlenker zu clippen, einfach loslässt. Aber: Die Kommunikation nicht vergessen – der Sichernde soll Bescheid wissen, wenn sein Partner abspringt. An schweren Stellen ist man konzentriert und darauf eingestellt, einen Sturz zu halten. Situationen, in denen der Sichernde vollkommen überrascht wird, bergen zusätzliche Risiken.

Es kann Menschen mit Sturzangst nützen, wenn zuvor ein anderer an der gleichen Stelle springt oder stürzt. Sie sehen dann, dass der Sturz unproblematisch verläuft, und kommen leichter zu der Einschätzung, dies auch zu können. Der Schuss kann aber auch nach hinten losgehen und eine erhebliche psychische Drucksituation schaffen.

Unsichere Züge probieren

Last not least gibt es Leute, die zwar nicht speziell Sturzangst haben, aber trotzdem ungern »wacklige« Züge machen. Gemeint sind zum Beispiel schwer zu haltende Sloper, zwingende Dynamos oder Positionen, bei denen »die Tür aufgehen« könnte. In all diesen Situationen ist man nicht sicher, ob der Zug gelingt – und Stürzen will man eben auch nicht. Man sollte in solchen Fällen entscheiden, ob der Sturz ein Sicherheitsrisiko darstellt oder nicht. Falls die Sturzsituation unproblematisch erscheint, sollte man den Zug probieren. Meistens wird man feststellen, dass die Bewegung doch geht und dass man nur beherzt und optimistisch genug an die Stelle herangehen muss.

◁◁ Text Seite 18 konsumtive Ressourcen

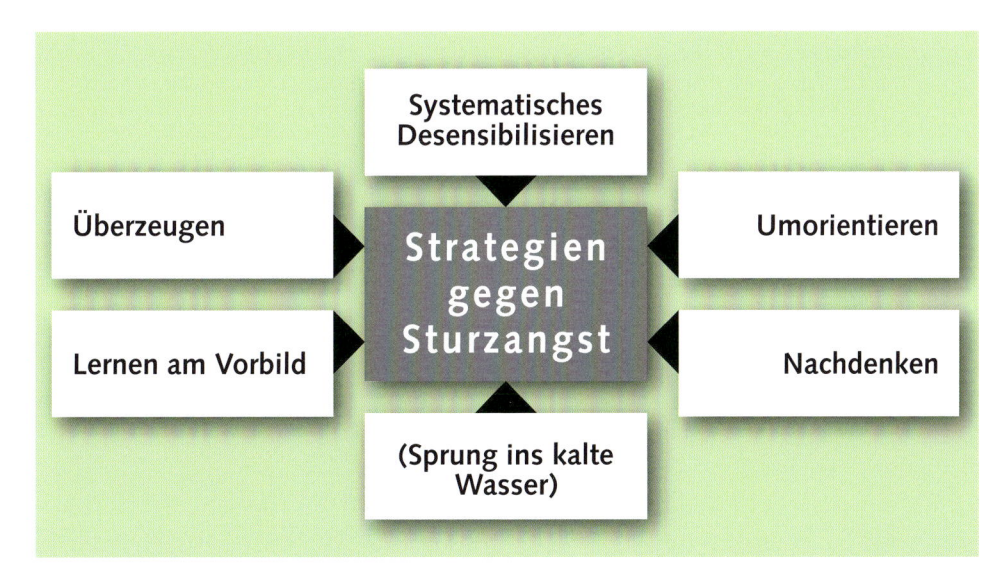

Strategien zur Angstreduktion

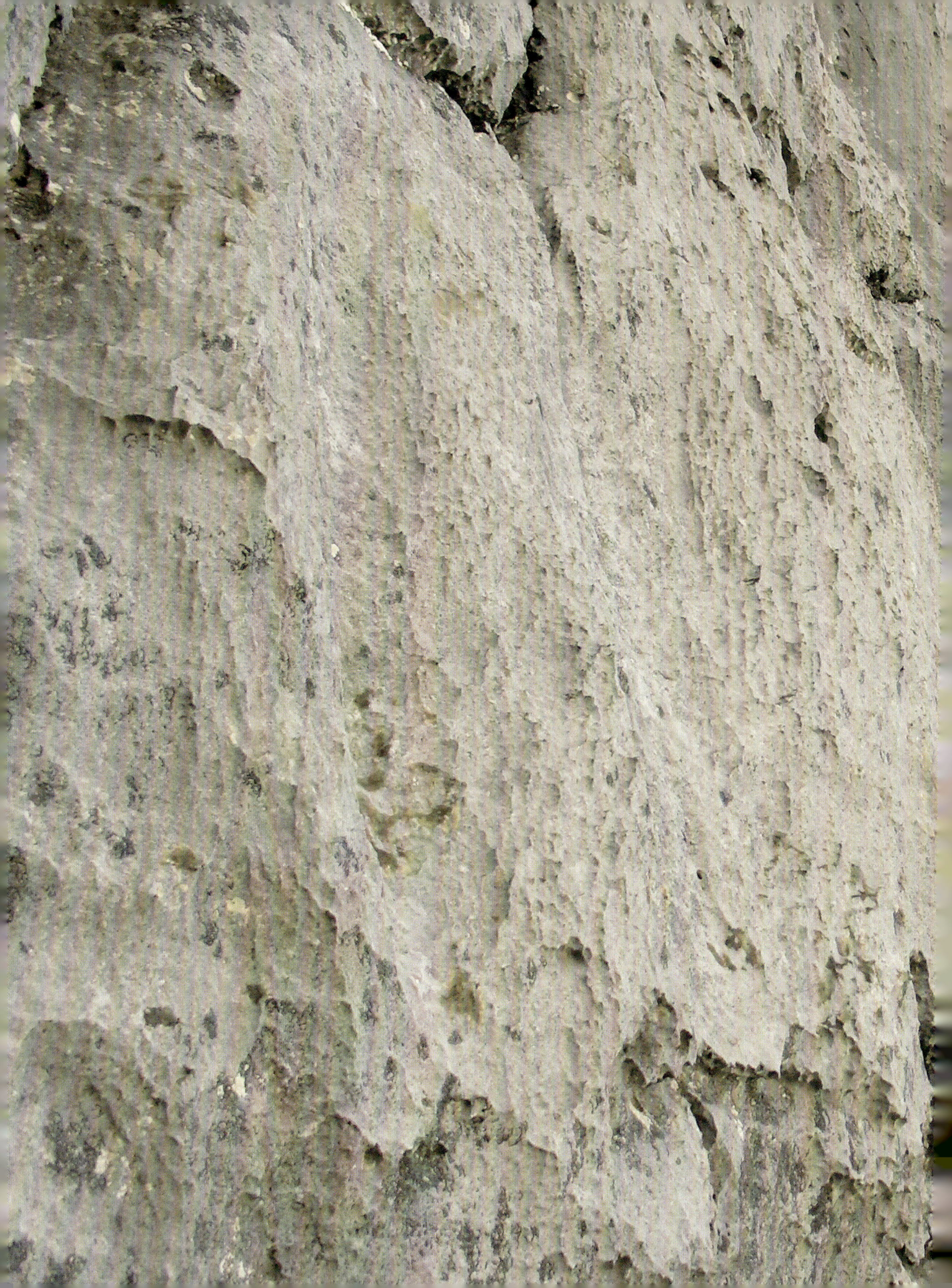

Kondition

Kondition

▷ Text Seite 9 Kondition

Wie zu Beginn dieses Buches erwähnt, versteht der Sportwissenschaftler unter dem Begriff Kondition die Ressourcen Beweglichkeit, Schnelligkeit, Kraft und Ausdauer. Neben diesen Grundfähigkeiten gibt es noch Mischformen, etwa Schnellkraft oder Kraftausdauer. Bezüglich der Ausdauer ist zwischen der »allgemeinen« (aeroben) und der »lokalen Ausdauer« zu unterscheiden. Die Erstere hat für das Klettern im Sinne allgemeiner Fitness Bedeutung (Grundlagenausdauer), die Letztere hat nichts mit dem Herz-Kreislauf-System zu tun und steht in enger Wechselwirkung mit dem Krafttraining der Unterarme.

Kraft

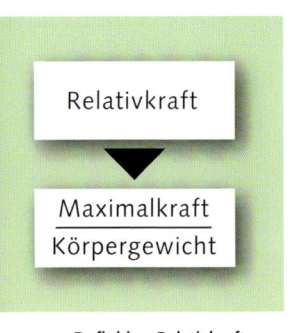

Kletterer brauchen Kraft. Menschen vom Typ Bodybuilder sind aber eher selten anzutreffen. Einer der Gründe liegt darin, dass man das eigene Körpergewicht die Wand hinaufbewegen muss. Daher ist nicht die faktische Maximalkraft entscheidend, sondern die Kraft im Verhältnis zum Körpergewicht. Dieses Verhältnis heißt »Relativkraft«. Es kann einerseits durch Steigerung der Maximalkraft und andererseits durch Gewichtsabnahme optimiert werden.

Körperfett

Wer viel Körperfett mit sich herumträgt, kann seine Leistung durch Abnehmen verbessern. Diesem Ansatz sind aber Grenzen gesetzt. Bei Frauen gelten 17 bis 25 Prozent Körperfett als gesund, bei Männern 12 bis 20 Prozent. Eine Studie von Zapf (2001) vermutet die »kritischen Grenzen« bei 12 bzw. 6 Prozent. Hochholzer und Schöffl (2007) weisen auf gesundheitsschädliche Folgen bei Werten unter 10 Prozent für Frauen und unter 5 Prozent für Männer hin. Wer sich weiter heruntergehungert und sich auch mental stark auf das Thema Abnehmen konzentriert, läuft Gefahr, Essstörungen wie Magersucht oder Bulimie zu bekommen. Beides sind schwerwiegende Krankheiten, die zum Tod führen können. Trainer sollten mit dieser Thematik äußerst sensibel umgehen und die Anzeichen für Essstörungen kennen.

Maximalkraft

Wer schlank ist, muss man demnach den umgekehrten Weg gehen und erst einmal Muskeln aufbauen. Dies wird durch »Hypertrophietraining« erreicht. Die Muskelfasern nehmen dabei an Umfang zu. Je dicker sie sind, desto mehr Kraft kann der Muskel entwickeln. Die Anzahl der Muskelfasern ist dabei individuell weitgehend festgelegt. Es gibt Menschen mit vielen und solche mit wenigen Fasern. Der erstere Typus reagiert stärker auf Hypertrophietraining, bekommt schneller voluminöse Muskeln und kann seine Kraft entsprechend besser steigern. Allerdings entfalten auch gleich dicke Muskeln nicht immer dieselbe Kraft. Eine hohe Maximalkraftleistung entsteht durch synchrones Aktivieren möglichst vieler Muskelfasern. Diesen Vorgang nennt man »Rekrutierung« oder »intramuskuläre

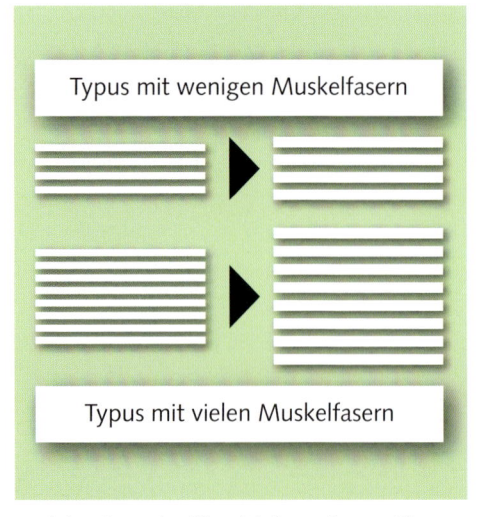

Definition Relativkraft:

Relativkraft ▼ Maximalkraft / Körpergewicht

Muskelwachstum in Abhängigkeit von der Anzahl der Muskelfasern

Koordination« (IK). Untrainierte können willkürlich rund 70 Prozent ihrer Muskelfasern aktivieren, bei Trainierten sind es bis zu 95 Prozent.

Intermuskuläre Koordination

Da sportliche Bewegungen immer von mehreren Muskeln gleichzeitig ausgeführt werden, kommt noch ein weiterer Aspekt hinzu: das Zusammenspiel aller an einer Bewegung beteiligten Muskeln, »intermuskuläre Koordination« genannt. Erst wenn alle Muskeln optimal zusammenarbeiten, können Bewegungen mit maximaler Kraft und Präzision ausgeführt werden. Die intermuskuläre Koordination schult man durch kletterspezifische Kraftübungen oder im Rahmen des Techniktrainings.

Laktazide Kraftausdauer

Hinsichtlich der Unterarme ist Klettern ein ständiger Wechsel von Belastungen (Halten eines Griffs) und kurzen Regenerationsphasen (Weitergreifen, Schütteln, Schüttelgreifen). In den Belastungsphasen bringt der anaerobe Energiestoffwechsel Höchstleistungen. Der Blutfluss ist unterbrochen und im Muskel sammelt sich Laktat an. Ab einem gewissen Laktatwert können die Muskelzellen kaum noch Energie erzeugen. Zum Laktatabbau sind Entspannungsphasen notwendig. In der ersten Sekunde schießt viel Blut in den Muskel; gleichzeitig wird nur relativ wenig Blut abtransportiert. Bei kurzen Pausen (Weitergreifen) sammelt sich auf diese Art zunehmend Blut an und man bekommt »dicke Arme« (Pump). Sobald die Route zu Ende ist oder man einen guten Schüttelpunkt gefunden hat, können wieder vermehrt Stoffwechselprodukte aus den Unterarmen abtransportiert werden. Das Laktat verteilt sich im Körper und wird in der Muskulatur inklusive dem Herzmuskel abgebaut.

Wechselwirkung mit Maximalkraft

Die »lokale laktazide Kraftausdauer« (LKA) und die Maximalkraft hängen zusammen. Trotzdem verbessert eine Steigerung der Maximalkraft die Kraftausdauer nur unwesentlich. Umgekehrt gilt das Gleiche. Die Gründe liegen in mehreren Aspekten. Wie dargestellt, müssen zur Maximalkraftentwicklung erstens möglichst viele motorische Einheiten aktiviert werden (besonders die schnellen Muskelfasern). Bei der Kraftausdauer hat immer ein Teil der Einheiten Pause, es werden vorwiegend die langsamen Muskelfasern beansprucht. Zweitens wird die Energie für Maximalkraftleistungen über Phosphatabbau gewonnen. Bei Kraftausdauerleistungen erfolgt die Energiebereitstellung vorrangig über die anaerobe Glykolyse.
In Sportarten mit Einzelbelastungen zwischen 20 und 80 Prozent der Maximalkraft ist es notwendig, sowohl die Maximalkraft als auch die Kraftausdauer zu trainieren (Zatsiorsky 2008). Liegen die Einzelbelastung unter 20%, muss lediglich die Ausdauer, bei über 80% lediglich die Maximalkraft trainiert werden. Klettern umfasst das gesamte Spektrum, viele Routen fordern sowohl Maximalkraft als auch Kraftausdauer. Den Einstiegsboulder mit Leichtigkeit zu meistern nützt wenig, wenn man weiter oben in einer Ausdauerpassage scheitert.

Schüttelgreifen

◁ Text Seite 14
Techniktraining

◁◁ Text Seite 94
Rasten
◁ Text Seite 20
Energiebereitstellung

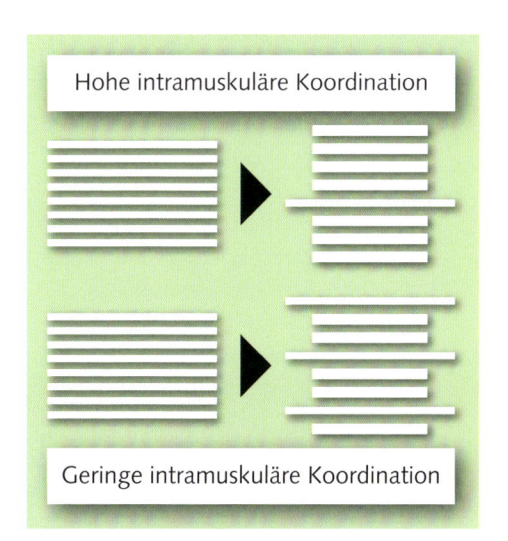

Rekrutierung in Abhängigkeit von der Anzahl der willentlich aktivierbaren Muskelfasern

▷▷ Text Seite 154
Ausgleichstraining

▷ Text Seite 22
Trainingsumfang

▷ Text Seite 14
Techniktraining

Zugverteilung bei parallelisiertem Training

Periodisierung

Um sowohl Maximalkraft als auch Kraftausdauer zu trainieren und dabei gleichzeitig die sich widersprechenden Aspekte beider Trainingsformen zu minimieren, periodisiert man das Training. Früher wurde zu diesem Zweck ein Modell mit zweigipfliger Jahresplanung empfohlen. Kletterer müssen bzw. wollen aber in der Regel zu mehreren Zeitpunkten während des Jahres in Form sein (Wettkampftermine, geplante Kletterfahrten). Außerdem können verletzungsbedingte Trainingspausen auftreten. Idealisierte Modelle wie die zweigipflige Jahresplanung sind daher in der Praxis von geringer Bedeutung.

Parallelisiertes Training

Praxisnah trainiert man beide Ressourcen parallel. Man setzt dabei einen Trainingsschwerpunkt, zum Beispiel die Maximalkraft. In der anderen Komponente (laktazide Kraftausdauer) wird ein erhaltendes Training durchgeführt. Den Schwerpunkt wechselt man in 14-tägigem bis vierwöchigem Rhythmus. Wichtig sind jeweils mindestens acht Trainingseinheiten mit dem gleichen Schwerpunkt.
Aus dem Grundlagenkapitel »Training« ist eine Möglichkeit bekannt, den Umfang über die Anzahl der Kletterzüge zu ermitteln. Deren Gesamtzahl verteilt man gemäß der Grafik links unten auf die einzelnen Bereiche. Techniktraining ist in dieser Systematik mit hohem Anteil vertreten. Grundlagenausdauer, Antagonistentraining und Beweglichkeit werden nicht in Zügen gemessen und tauchen hier nicht auf. Sie sind gleichwohl ein wichtiger Bestandteil nachhaltigen Trainings.
Eine Maximalkrafteinheit nach diesem Schema könnte etwa folgendermaßen aussehen: Aufwärmen, danach vier technisch anspruchsvolle Boulder und vier konditionell schwere Boulder (jeweils ca. 10 Züge). Es folgen drei längere Routen: eine mit speziellem Technikfokus (zum Beispiel präzises Treten) und eine Route, die so schwer ist, dass man sie in mehreren Etappen ausbouldern muss. Drittens eine Kraftausdauerroute, die man auf Durchstieg versucht. Bei 40 Zügen pro Route ergibt dies 80 Züge im Maximalkraftbereich, 40 im Bereich Kraftausdauer und 80 im Bereich Techniktraining. Abwärmen!

DAV Trainingsskript

Man kann aber auch differenzierter vorgehen, indem man die erstgenannten Bereiche nicht direkt kombiniert. Diese Vorgehensweise und konkrete Übungen dazu sind im »Trainingsskript des DAV für das Wettkampfklettern« beschrieben (Köstermeyer 2010). Das Konzept besteht darin, unterschiedliche Trainingseinheiten nach bestimmten Regeln zu Vier-Wochen-Blöcken zu kombinieren.
Generell kann der Trainingsumfang innerhalb eines Blocks konstant gehalten werden oder wochenweise variieren. Besonders wenn man direkt im Anschluss fit sein möchte, bietet sich das 60-80-100-40-Schema an. Der Umfang wird bis zur dritten Woche schrittweise gesteigert. Die vierte Woche stellt dann eine »Erholungsphase« dar. Für weniger Ambitionierte kann so ein Block bei einmaligem Schwerpunktwechsel auch länger dauern.

Umfangsverteilung im »Vier-Wochen-Block«
- 1. Trainingswoche 60 Prozent Umfang
- 2. Trainingswoche 80 Prozent Umfang
- 3. Trainingswoche 100 Prozent Umfang
- 4. Trainingswoche 40 Prozent Umfang
- 5. bis 7. Woche Leistungsphase

Kletterzüge	Parallelisiertes Training
30-40%	Schwerpunkt (z.B. Maximalkraft)
cirka 20%	Erhaltender Bereich (Kraftausd.)
40-50%	Techniktraining (inkl. Taktik, Psyche)

Sportartspezifisches Krafttraining

Kraft kann man in unterschiedlichen Situationen, mit unterschiedlichen Geräten und in unterschiedlichen Räumlichkeiten trainieren. Es gibt allgemeine Kräftigungsübungen, für die man lediglich eine Isomatte benötigt. Wer mehr investieren möchte, kann ein Fitnessstudio besuchen. Dort lassen sich sehr gezielte Kraftreize setzen. Mit etwas Fantasie kann man dabei auch kletterspezifische Übungen simulieren. Darüber hinaus bieten sich optimale Möglichkeiten für das Antagonistentraining.

Bouldertraining

Krafttraining kann und soll aber auch während des Kletterns selbst stattfinden. Wie erläutert, lassen sich sowohl Klettern als auch Bouldern unter Trainingsgesichtspunkten betreiben. Man wählt die Routen oder Boulder dabei nicht nach dem Grad ihrer Attraktivität, sondern nach ihrer Eignung für das jeweils gewünschte Training und spricht bei dieser Herangehensweise von »Routentraining« bzw. »Bouldertraining«. Wie beide Trainingsformen konkret umgesetzt werden, ergibt sich aus den einzelnen, weiter unten beschriebenen Belastungsparametern.

Intensität

Im Maximalkrafttraining orientiert sich die Intensität an der maximalen Last. Wenn genau eine Wiederholung möglich ist, entspricht dies 100 Prozent Intensität. In der Praxis muss man den genauen 100%-Wert allerdings nicht kennen. Um nach den folgenden Methoden zu trainieren, wählt man die Last oder die Schwierigkeit der Kletterzüge so, dass die angegebenen Wiederholungszahlen oder Belastungszeiten gerade erreicht werden können. Sind mehr Wiederholungen möglich, war die Intensität zu gering. Beim lokalen Kraftausdauertraining ist der Dickegrad der Unterarme die entscheidende Größe hinsichtlich der Intensität. Man beachte, dass die Intensität beim allgemeinen Ausdauertraining über die Herzfrequenz ermittelt wird. Letztere ist beim »lokalen« Training ohne Bedeutung.

Die folgenden Belastungsparameter für die unterschiedlichen Trainingsmethoden sind so dargestellt, dass man sie sowohl für isolierte Kraftübungen (zum Beispiel Hanteltraining, Hängeübungen) als auch für spezifische Trainingsformen wie Bouldertraining oder Systemtraining anwenden kann.

Die Anzahl der angegebenen Kletterzüge ist meist geringer als die entsprechende Wiederholungszahl. Ein Kletterzug dauert schließlich länger als etwa ein Bizeps-Curl. Die Haltezeit für Hängeübungen beträgt rund zwei Drittel der Kletterzeit, da beim Klettern immer wieder Entspannung während des Greifens auftritt.

◁◁ Text Seite 154
Ausgleichstraining

Die auf den folgenden Seiten angegebenen Belastungsparameter wendet man auf einzelne Trainingsübungen an. Alle möglichen Übungsformen hier darzustellen würde den Rahmen dieses Buches sprengen. Ausführliche Beschreibungen der unter Beispiele genannten Trainingsübungsformen finden sich bei Köstermeyer (2012).

◁◁ Text Seite 104
Taktik

Lokales aerobes Kraftausdauertraining

Kletterer müssen hohe Laktatwerte in den Unterarmen tolerieren. Oft ist es nötig, auch nach Vorermüdung kleine Griffe zu fixieren oder bei gleichmäßigen Belastungen an mittleren Griffen lange durchzuhalten. Auch sollte man an Ruhe- oder Schüttelpunkten möglichst viel Laktat in den Organismus abgeben können. Beim lokalen aeroben Kraftausdauertraining sind die Laktatproduktion und der anschließende Abbau unter Belastung entscheidend. Die dicken Unterarme sollen sich trotz anhaltender leichter Belastung erholen. Nicht zu schnell klettern! Die Schwierigkeit der gewählten Boulder oder Routen liegt etwa zwei UIAA-Grade unter der Leistungsgrenze.

◁ Text Seite 149
Laktatabbau

Belastungsparameter
- Intensität: mäßig dicke Arme
- Kletterzüge: 30–60
- Kletterzeit: 4–8 Min.
- Serien/Anzahl der Begehungen: 3–6
- Pause zwischen Serien: 1–3 Min.
- Beispiele: Verbinden von Bouldern, Spulen leichter Routen, Kreiseln leicht

Lokales laktazides Kraftausdauertraining

Es geht um mittlere bis hohe Laktatwerte in den Unterarmen. Man kann zu diesem Zweck schwierige Boulder in kurzen Zeitabständen klettern oder lange, gleichmäßige Belastungen absolvieren (homogene Routen). Auch Dreierserien sind möglich. Die Schwierigkeit der gewählten Boulder oder Routen liegt etwa einen UIAA-Grad unter der Leistungsgrenze, am Ende einer Dreierserie etwa zwei Grade. Die Intensität der folgenden drei Trainingsformen soll zu dicken bis harten Armen führen.

▷▷ Text Seite 148 Maximalkraft, Hypertrophie

Belastungsparameter Bouldern
- Boulderzüge: 6–12
- Boulderzeit: 30–60 Sek.
- Serien/Anzahl der Begehungen: 6–10
- Pause zwischen Bouldern: 1–2 Min.
- Beispiel: Spulen von Bouldern

Belastungsparameter Routenklettern
- Kletterzüge: 15–40
- Kletterzeit: 2–6 Min.
- Serien/Anzahl der Begehungen: 4–8
- Pause zwischen Routen: 3–6 Min.
- Beispiele: Spulen schwieriger Routen, Klettern langer Routen

Belastungsparameter Dreierserien
- Kletterzüge: 3 x 15–30 bei abnehmender Schwierigkeit
- Kletterzeit: 6–12 Min.
- Anzahl der Dreierserien: 2–3
- Pause zwischen Dreierserien: 15–30 Min.

Extensive Hypertrophiemethode

Man bewegt eine submaximale Last bis zum Abbruch bzw. macht entsprechend schwere Züge. Dabei werden alle Muskelfasern belastet und auch erschöpft. Diese Methode stellt den Übergang zwischen Kraftausdauer- und Maximalkrafttraining dar. Die Schwierigkeit der gewählten Boulder oder Routen liegt im Bereich der Leistungsgrenze.

Belastungsparameter
- Intensität der einzelnen Züge: 60–70 Prozent
- Wiederholungen: 15–20
- oder Kletterzüge: 12–16
- Haltezeit: 40–60 Sek.
- oder Kletterzeit: 60–90 Sek.
- Serien/Boulderbegehungen: 2–4
- Pause zwischen Serien: > 3 Min.
- Beispiele: Routenklettern, Kreiseln

Hypertrophiemethode

Man bewegt eine höhere, aber nach wie vor submaximale Last mehrmals. Die letzte Wiederholung soll grenzwertig sein. Beim Bouldern ist die Schwierigkeit der gewählten Passagen maximal.
Ähnlich wie bei der extensiven Methode werden auch bei dieser Trainingsform alle Muskelfasern belastet. Die höhere Intensität bewirkt die gewünschte Querschnittzunahme der schnellen Fasern. Die langsamen Fasern werden allerdings nicht vollständig erschöpft.

Belastungsparameter
- Intensität der einzelnen Züge: 70–80 Prozent
- Wiederholungen: 8–12
- oder Kletterzüge: 6–10
- Haltezeit: 20–30 Sek.
- oder Kletterzeit: 30–45 Sek.
- Serien/Boulderbegehungen: 3–5
- Pause zwischen Serien: > 3 Min.
- Beispiele: Klettern längerer Boulder, Ausbouldern von Routen

SPORTARTSPEZIFISCHES KRAFTTRAINING | 153

Maximalkraftmethode

Bei dieser auch als IK-Training bezeichneten Methode bewegt man eine sehr hohe Last ein- bis dreimal. Alternativ wählt man kurze, maximal schwere Boulder. Dabei werden alle motorischen Einheiten belastet, aber nur ein kleinerer Teil wirklich erschöpft. Die langsamen Muskelfasern sind sehr ausdauernd. Es gibt Fasern, die weit über 100 Sekunden belastet werden müssen, um zu erschöpfen.

Belastungsparameter
- Intensität der einzelnen Züge: 90–100 %
- Wiederholungen: 1–3
- oder Kletterzüge: 2–4
- Haltezeit: 3–8 Sek.
- oder Kletterzeit: 4–12 Sek.
- Serien/Boulderbegehungen: 3–6
- Pause zwischen Serien: > 3 Min.
- Beispiele: IK-Boulder, Ausbouldern von Maximalkraftstellen

Campusboard

Das Campusboard ist eine überhängend montierte Platte mit Griffleisten unterschiedlicher Qualität. Es eignet sich für Hangelübungen, besonders im IK-Bereich. Problematisch ist, dass man sich wegen der hohen Intensitäten leicht verletzen kann. Campusboards sind in vielen Hallen montiert, und »die Guten« trainieren daran. Dadurch entsteht ein hoher Aufforderungscharakter, auch und gerade für schwächere Kletterer – man will ja schließlich möglichst schnell genauso gut werden. Im Hinblick auf die potenzielle Verletzungsgefahr gilt folgende, physiologisch sinnvolle Empfehlung: Trainiere am Campusboard erst, wenn du die benutzte Leiste einarmig blockieren kannst, also frei hängend weder in der Schulter noch in der Beugung des Armes nachgibst. Unter dieser Voraussetzung bieten sich Hangelübungen nach der Hypertrophiemethode und der IK-Methode an. Darüber hinaus sind Doppeldynos aufwärts und abwärts möglich. Dabei lassen sich »exzentrische« (nachgebende) Belastungen mit deutlich über 100 Prozent Intensität provozieren.

Systemtraining

Eine Systemwand weist rund drei Meter Höhe und etwa die halbe Breite auf. Sie ist neigbar montiert. Die Griffe sind so angeordnet, dass identische Kletterzüge mehrfach nacheinander ausgeführt werden können – in der Regel zweimal rechts und zweimal links. Für die Füße existieren Leisten oder ein breites Trittangebot (bessere und schlechtere Tritte). Mit der Systemwand lassen sich sehr gezielte Kraftreize setzen. Standardmuster können simuliert und trainiert werden. Um im Hypertrophiebereich zu arbeiten, kann man jeden Zug hinauf-,

◁◁ Text Seite 148
Maximalkraft,
Rekrutierung

Links: Campus Board
Rechts: Systemwand

hinunter- und wieder hinaufklettern, bevor man den nächsten Zug ansetzt. Des Weiteren kann man unmittelbar vor Greifen des nächsten Griffs jeweils zwei bis drei Sekunden in einer »hochgeblockten« Position verharren. Da die letzte Übung aber einen roboterartig abgehackten Kletterstil fördert, macht es Sinn, die Sequenz am Ende nochmals flüssig zu klettern.

Ausgleichstraining

Sportkletterer betrachten häufig alles, was nicht unmittelbar der Leistungssteigerung dient, als »Ausgleichstraining«. Dazu zählen neben einer ausgeglichenen muskulären Entwicklung auch Beweglichkeit und Grundlagenausdauer. Beide gehören nicht zum Thema und werden später behandelt.

▷ Text Seite 19
Spezifik

Je höher das Niveau und je spezifischer die Übungen, mit denen man seine Kraftfähigkeiten trainiert, desto wichtiger ist spezielles Ausgleichstraining für die Antagonisten (muskuläre Gegenspieler). Obwohl beim Klettern der ganze Körper gefordert wird, ist doch offensichtlich, dass Zugbelastungen der Arme weitaus häufiger vorkommen als Streckbelastungen.

▷▷ Text Seite 54
Tief gehaltene Schulter

Einseitige Belastungen

Die Einseitigkeit wird auch deutlich, wenn man den Körperbau von Kletterern und Bodybuildern vergleicht. Oft haben Kletterer ein breites Kreuz, aber unterentwickelte Brustmuskulatur (Pectoralis) und Schulterblatthaltemuskulatur (u.a. Rhombiodeus, Serratus). Man mag der Bodybuilding-Szene skeptisch gegenüberstehen, muss aber in jedem Fall anerkennen, dass diese Sportart eine ausgewogene Entwicklung des gesamten Körpers zum Ziel hat. »Wozu Streckbewegungen trainieren?«, wird ein leistungsorientierter Kletterer fragen. »Da bringt es im Sinne der Spezifik doch weitaus mehr, genau die Bewegungen zu trainieren, die ich benötige.« Bei kurzfristiger Betrachtung stimmt dieser Gedanke. Längerfristig tritt aber die Frage der Ausgewogenheit in den Vordergrund.

Muskuläre Dysbalancen

Anhaltendes einseitiges Training führt zu muskulären Dysbalancen. Sie machen den Körper verletzungsanfällig, besonders in Situationen, in denen hohe, nicht alltägliche Spannungszustände stabilisiert werden müssen. Stabilisieren erfordert Muskelarbeit und gleichzeitig ebenbürtige Leistung der Antagonisten, zumindest wenn das zugehörige Gelenk physiologisch korrekt belastet werden soll. Leisten die Gegenspieler wenig, müssen hohe Kräfte durch Band- und Kapselstrukturen aufgefangen werden. Dies begünstigt Verletzungen wie Schulterluxationen oder Meniskuseinrisse. Dysbalancen können aber auch Überlastungen hervorrufen. Überlastungen sind durch häufige Mikroverletzungen bedingte medizinische Befunde. Beispielsweise »verrutscht« ein ständig durch unterschiedlich starke Muskulatur einseitig belastetes Schultergelenk in seiner flachen Pfanne. Dies kann zu Entzündungen und anhaltenden Schmerzen führen. Auch spricht vieles dafür, dass die verbreiteten Epicondylitis-Probleme mit Dysbalancen zwischen Fingerbeugern und Fingerstreckern zu tun haben. Epicondylitis ist eine Entzündung der zur Handmuskulatur gehörenden Muskelansätze am Ellenbogen.

Überlastungen gestalten sich oft langwieriger als Verletzungen, weshalb man mittels geeignetem Training vorbeugen sollte. Das Antagonistentraining kann nach dem Prinzip der Hypertrophiemethode oder der extensiven Hypertrophiemethode erfolgen. Es gibt Übungen, die keinerlei Geräte benötigen, zum Beispiel Liegestützen. Für das Training der Rotatorenmanschette im Schulterbereich ist Thera-Band hilfreich. Alle infrage kommenden Übungen lassen sich auch ideal im Fitnessstudio realisieren. Dort sind zudem Trainer präsent, die man bezüglich konkreter Übungen und der richtigen Ausführung fragen kann.

Schnelligkeit, Schnellkraft

Zügig klettern schont die Kraftreserven, Dynamos sind schnelle Bewegungen und beim Speedklettern geht es erst recht um Tempo. Was kann und soll in diesem Zusammenhang trainiert werden? Von dem langjährigen russischen Speedklettertrainer Alexander Piratinsky stammt der legendäre Satz: »Trainiere alles, was auch im Wettkampf geschieht!« Dieser zentrale Trainingsleitsatz schließt natürlich alle trainierbaren Ressourcen ein. Hinsichtlich des konditionellen Aspekts stellt sich die Frage, ob es hier um reine Schnelligkeit oder eher um Schnellkraft geht. Hände und Füße maximal schnell zu bewegen ist ohne Zweifel eine Frage reiner Schnelligkeit. Beim Klettern stehen allerdings koordinative Beanspruchungen im Vordergrund. Niemand klettert in dem Tempo, in dem er die Bewegungsabläufe mit den Armen simulieren kann. Schnelligkeit muss insofern beim realen Klettern trainiert werden. Isolierte Schnelligkeitsübungen dürften wenig zielführend sein.

Schnellkraft

Bedeutsamer als Schnelligkeit ist also die Schnellkraft. Sowohl beim Abspringen von einem Tritt als auch beim Hochblocken mit nur auf Reibung gestellten Füßen sind schnell auszuführende Kraftleistungen gefragt. Darüber hinaus wird Schnellkraft aber nicht nur beim Speedklettern benötigt. Viele Dynamoformen benötigen ebenfalls Schnellkraft – insbesondere wenn sie in steilen Überhängen oder Dächern ausgeführt werden sollen.

Die Schnellkraft ist von der Maximalkraft abhängig und wird beim Maximalkrafttraining in gewissem Maße mit verbessert. Um sie darüber hinaus gezielt zu trainieren, führt man die konzentrischen (den Muskel verkürzenden) Bewegungen mit maximaler Geschwindigkeit aus. Exzentrische (nachgebende) Bewegungen vollzieht man nach wie vor langsam. Der Trainingsreiz ist so höher und die Verletzungsgefahr geringer. Schnellkrafttraining lässt sich gut am Campusboard realisieren.

Beweglichkeit

Gut entwickelte Beweglichkeit, speziell im Bereich der Hüfte, ermöglicht in vielen Fällen kraftsparende Technikvarianten. Beispielsweise lässt sich ein Frosch bei senkrechter Wandkletterei nur dann gewinnbringend einsetzen, wenn man das Becken nahe an der Wand halten kann. Andernfalls liegt der Schwerpunkt zu weit hinten, der Frosch bringt nichts, und man muss weniger ökonomische Techniken anwenden.

Auch beim Beweglichkeitstraining gilt der Grundsatz der Spezifik. Schwerpunktmäßig wird man insofern den Bereich des Beckens, den Schultergürtel und die Unterarme dehnen.

◁◁ Text Seite 116
Klettertempo

◁ Text Seite 70
Frosch

◁ Text Seite 19
Spezifik

Aktives und passives Dehnen

Man kann aktiv oder passiv dehnen. Unabhängig davon lässt sich Beweglichkeitstraining statisch oder dynamisch durchführen. Welchen Ansatz man wählt, ist primär eine Frage der individuellen Voraussetzungen. Bei passivem Dehnen erzeugt man den Dehnreiz über äußere Kräfte wie Partner, Schwerkraft oder Schwung; beim aktiven Dehnen entsteht er durch Anspannen der Antagonisten. Die aktive Beweglichkeit ist insofern geringer als die passive. Den Unterschied zwischen beiden nennt man »Bewegungsreserve«.

Bewegungsreserve

Eine kleine Bewegungsreserve spricht dafür, passiv zu dehnen, wohingegen bei großer Bewegungsreserve aktives Beweglichkeitstraining favorisiert werden soll. In diesem Fall geht es ja darum, die Antagonisten so weit zu kräftigen, dass man den grundsätzlich vorhandenen Bewegungsspielraum wirklich voll einsetzen kann.

◁ Text Seite 157
Aktives Beweglichkeitstraining

Bewegungsreserve → passive Beweglichkeit – aktive Beweglichkeit

Definition Bewegungsreserve

Schmerzgrenze

Wichtig im Zusammenhang mit dem Beweglichkeitstraining ist der Begriff der »Schmerzgrenze«. Gedehnt wird grundsätzlich nur bis zu dieser Grenze. Gemeint ist dabei nicht die Spannung, bei der das Schmerzempfinden unerträglich wird, sondern den Punkt, an dem das ursprünglich angenehme Dehngefühl in ein unangenehmes oder schmerzhaftes Empfinden übergeht.

▷▷ Text Seite 104 Aufwärmen

Intensives Dehnen

Unabhängig von der Wahl der oben dargelegten Techniken steigert kurzzeitiges intensives Dehnen die Beweglichkeit besser als alle anderen Methoden. Intensives Dehnen erhöht aber auch die Muskelspannung. Dadurch steigt das Verletzungsrisiko bei nachfolgender hoher Belastung. Daraus ergibt sich, dass man intensives Dehnen im Rahmen des Aufwärmens vermeidet. Ausnahmen sind Situationen, in denen die hohe Beweglichkeit einen klaren Leistungsvorteil bringt (beispielsweise Routen mit extrem weiten Spreizern). In diesen Fällen muss man abwägen, ob man das erhöhte Risiko in Kauf nimmt.

Um die Beweglichkeit zu verbessern, sollte man im Rahmen der Trainingsplanung eigene Dehneinheiten vorsehen und sie regelmäßig durchführen. Tut man dies, bewirkt das Training nebenbei eine Verstärkung der passiven Strukturen und je nach Methode auch Muskelwachstum.

Stretching, Schwunggymnastik

Stretching gehört zu den statischen Methoden. Man nimmt die Dehnungsstellung langsam ein und hält sie (im Gegensatz zum Aufwärmen) für 10 bis 30 Sekunden. Beim »leichten Stretch« verbleibt man in der Stellung, bis das Dehngefühl merklich nachlässt; beim »intensiven Stretch« erhöht man die Dehnung nach rund 10 Sekunden noch etwas.

Dynamische Dehnmethoden wie Schwunggymnastik wurden lange Zeit für den Breitensportbereich abgelehnt. Man war der Ansicht, dass die Beweglichkeit auf diese Weise nicht verbessert werden könne und befürchtete Verletzungsgefahr durch hohe Kraftspitzen. Heute werden diese Punkte anders eingeschätzt. Stretching und Schwunggymnastik stehen als gleichwertige Techniken nebeneinander.

Rechts: Hochschwingen eines Beins. Im Sinne der Spezifik machen auch dynamische Dehnmethoden Sinn.

Unten: Bei der Schmerzgrenze geht es keineswegs um den Schmerz, den man gerade noch aushalten kann.

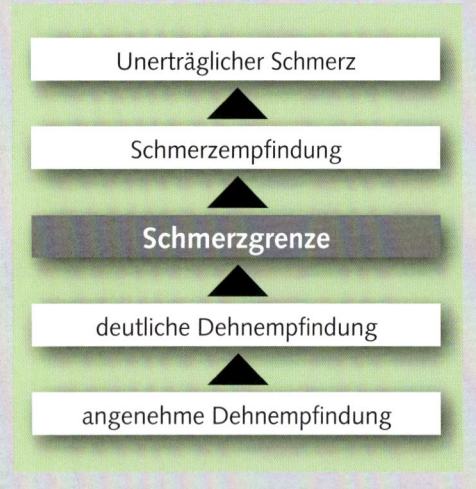

- Unerträglicher Schmerz
- ▲
- Schmerzempfinden
- ▲
- **Schmerzgrenze**
- ▲
- deutliche Dehnempfindung
- ▲
- angenehme Dehnempfindung

BEWEGLICHKEIT | 157

Bei Schwunggymnastik führt man zwei bis drei Serien à 10 Wiederholungen für jede Muskelgruppe durch. Wippendes Dehnen findet bei langsamer Geschwindigkeit, schwingendes Dehnen bei mittlerer Geschwindigkeit statt. Schwingen mit hoher Geschwindigkeit sollte vermieden werden, da es die erwähnten hohen Kraftspitzen provoziert.

Während Stretching in der Vergangenheit favorisiert wurde, zeigen neuere Untersuchungen keine Vorteile gegenüber Schwunggymnastik. Die Untersuchungen weisen nach, dass beide Methoden gleichermaßen beweglichkeitssteigernd wirken. Bleibt die Frage der Spezifik. Statische Beweglichkeit wird beispielsweise beim Frosch gefordert, dynamische etwa beim Hochschwingen des Beins in eine Hook-Position. Es macht somit durchaus Sinn, im Rahmen des Beweglichkeitstrainings beide Methoden anzuwenden.

CHRS & Co

Neben Stretching existieren noch zwei weitere passive Dehnmethoden. Sie nützen neurologische Reflexe. Beim »Anspannen/Entspannen« kontrahiert man den Gegenspieler zunächst maximal für ca. 5 Sekunden. Dieses Anspannen bewirkt eine Entspannung des Antagonisten, also des zu dehnenden Muskels. Unmittelbar danach lässt er sich besser dehnen. Die Stellung wird wie beim Stretching langsam eingenommen und für 10 bis 30 Sekunden gehalten.

Die zweite Technik führt den Namen »CHRS« (Contract-Hold-Release-Stretch). CHRS nützt den sogenannten Sehnenspindelreflex und gliedert sich in mehrere Phasen. Zunächst wird der zu dehnende Muskel maximal kontrahiert und die Spannung rund fünf Sekunden gehalten. Dann löst man die Spannung zügig (release) und begibt sich in die Dehnposition. Letztere 10 bis 30 Sekunden beibehalten! Den CHRS-Zyklus wiederholt man zwei- bis viermal pro Muskelgruppe.

Aktives Beweglichkeitstraining zielt auf die Kräftigung der Gegenspieler ab. Man nimmt eine Stellung ein, bei der diese Muskeln bereits stark kontrahiert sind, und spannt sie dann haltend oder leicht wippend an. Hinsichtlich der Belastungsparameter bieten sich die Hypertrophiemethode oder die extensive Hypertrophiemethode.

◁◁ Text Seite 152 Hypertrophiemethode

Dehnmethoden

statisch	dynamisch
Stretching (leicht/intensiv)	wippendes Dehnen
Anspannen – Entspannen	schwingendes Dehnen
CHRS	

Statische und dynamische Dehnmethoden stehen gleichwertig nebeneinander.

C ▶ H ▶ R ▶ S

Contract-Hold-Release-Stretch

Ausdauer

▷▷ Text Seite 18 Überlast

▷ Text Seite 9 Kondition

▷ Text Seite 18 Stress

Während gute allgemeine Ausdauer für die Sportkletterleistung nicht unmittelbar von Bedeutung ist, benötigt der Alpinkletterer diese im Sprachgebrauch oft »Kondition« genannte Ressource schon, um überhaupt zum Einstieg seiner Route zu gelangen.

Mittelbar ist allerdings auch die Sportkletterleistung von der allgemeinen aeroben Ausdauer abhängig. Ausdauertraining führt nämlich zu etlichen in sportlicher Hinsicht wünschenswerten Effekten. Der Ruhepuls sinkt, das Schlagvolumen des Herzens steigt. Die Blutmenge nimmt zu, das Blut wird fließfähiger. In der Summe bewirken diese Effekte neben besserer aerober Leistungsfähigkeit auch einen schnelleren Laktatabbau und damit bessere Erholungsfähigkeit bei Kraftausdauerbelastungen. Außerdem führt Ausdauertraining zu verminderter Ausschüttung von Adrenalin und Noradrenalin, erleichtert also den Umgang mit stressigen Situationen. Und last not least verbessert sich das Immunsystem, die Anfälligkeit für Infekte aller Art nimmt ab.

Aerobe Schwelle

Ausdauertraining findet im Belastungsbereich oberhalb der »aeroben Schwelle« statt. Dabei handelt es sich um jene Belastung, bei der die Muskulatur beginnt, Laktat zu produzieren. Beanspruchungen unterhalb dieser Schwelle, wie beispielsweise Spazierengehen, lösen keine Anpassungen aus. Ganz grob entspricht dieser Schwelle ein Puls von rund 130 Schlägen pro Minute.

Anaerobe Schwelle

Die »anaerobe Schwelle« ist jener Zustand, bei dem Laktatproduktion und Laktatabbau gerade noch im Gleichgewicht gehalten werden können. Sie markiert die maximale Belastung, die über längere Zeiträume aufrechterhalten werden kann. Der zur anaeroben Schwelle gehörende Pulswert schwankt um 160 Schläge pro Minute.

Obwohl es beim Ausdauertraining genau genommen um den Laktatwert im Körper geht, benutzt man meist die Herzfrequenz auch als Intensitätsmaß. Individuelle Laktatbestimmungen sind möglich, aber aufwendig. Etwas ungenauer, jedoch für den »Normalsportler« ausreichend, lassen sich die zu den Schwellen gehörenden Herzfrequenzen mathematisch bestimmen (Zintl 2009). Die Formeln beziehen das Lebensalter mit ein und stellen eine gute Grundlage dar, um Trainingsfrequenzen zu ermitteln. Man beachte, dass die Herzfrequenz auch sportartabhängig ist – andere Sportarten, andere Frequenzen!

Links: Aerobe und anaerobe Schwelle. Erläuterung siehe Text

Unten: Herzfrequenz an der anaeroben (ana.S.) und der aeroben Schwelle (a.S.) (Zintl 2009)

Herzfrequenz	
max.	(220 – Lebensalter)
ana.S.	(220 – Lebensalter) * 0,85
a.S.	(220 – Lebensalter) * 0,7

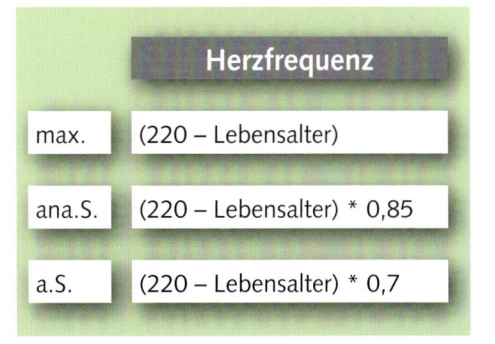

Grundlagenausdauer

Die im letzten Kapitel genannten körperlichen Effekte stellen eine gute Grundlage für jegliche Art sportlicher Betätigung dar. Ausdauertraining sollte daher von allen Sportlern in angemessenem Umfang betrieben werden. Man spricht in diesem Zusammenhang von Grundlagenausdauer. Guido Köstermeyer (2012) unterscheidet ein »Gesundheits-Minimalprogramm« und ein »Gesundheits-Optimalprogramm«. Die Trainingsinhalte wählt man nach persönlicher Neigung und den zur Verfügung stehenden Möglichkeiten. Um Akkommodation zu vermeiden, bleibt man bezüglich der Inhalte variabel und zieht nicht jahrein, jahraus die gleichen Übungen durch.

Es sei darauf hingewiesen, dass Ausdauer der Überbegriff ist und Grundlagenausdauer die allgemeine, sportartunabhängige Fitness bezeichnet. Davon abgesehen geht es um das Gleiche. Auch die Trainingsformen sind grundsätzlich identisch – um Ausdauer auf hohem Niveau zu trainieren, erhöht man den Umfang und variiert die Methoden.

Herzfrequenz

Als Übungen bieten sich Waldlauf, Berglauf, Skilanglauf oder Inlineskaten an. Die links angegebenen Herzfrequenzen gelten für derartige Laufsportarten. Beim Rennradfahren oder Mountainbiken wählt man die Frequenz um 10 bis 15 Schläge niedriger.

Ausdauertraining

Ähnlich wie beim Krafttraining gibt es auch im Ausdauerbereich unterschiedliche Herangehensweisen. Beim extensiven Ausdauertraining wählt man die Intensität im Bereich der aeroben, beim intensiven Ausdauertraining im Bereich der anaeroben Schwelle. Bleibt man innerhalb einer Trainingseinheit im gleichen Intensitätsbereich, spricht man von Dauermethode.

Mehrfache Wechsel zwischen extensiver und intensiver Belastung heißen variable Dauermethode bzw. Intervallmethode. Dabei wechseln sich 5–10 minütige Phasen hoher Belastung mit Phasen im Bereich der aeroben Schwelle ab. Die weiteren Belastungsparameter sind wie beim intensiven aeroben Ausdauertraining.

Aufgrund der hohen Energieumsätze eignet sich Ausdauertraining auch zur Fettverbrennung (siehe Text Seite 20, Energiebereitstellung). Hierfür wird primär die extensive Methode bei entsprechend langen Trainingszeiten empfohlen. Doch auch die anderen, nachfolgend dargestellten Trainingsformen finden unter Beteiligung des Fettstoffwechsels statt und führen gegebenenfalls zu einer Gewichtsabnahme.

Gesundheits-Minimalprogramm
- Gesamtumfang pro Woche: 1 Std.
- Dauer einer Trainingseinheit: 15–30 Min.
- Trainingseinheiten pro Woche: 2–4
- Gleichbleibende Intensität zwischen der aeroben und der anaeroben Schwelle

Gesundheits-Optimalprogramm
- Gesamtumfang pro Woche: 3 Std.
- Dauer einer Trainingseinheit: 30–60 Min.
- Trainingseinheiten pro Woche: 3–6
- Gleichbleibende Intensität zwischen der aeroben und der anaeroben Schwelle

Extensives aerobes Ausdauertraining
- Gesamtumfang pro Woche: ca. 5 Std.
- Dauer einer Trainingseinheit: 75–150 Min.
- Trainingseinheiten pro Woche: 2–4
- Intensität: etwas oberhalb der aeroben Schwelle

Intensives aerobes Ausdauertraining
- Gesamtumfang pro Woche: ca. 4,5 Std.
- Dauer einer Trainingseinheit: 45–90 Min.
- Trainingseinheiten pro Woche: 3–6
- Intensität: im Bereich der anaeroben Schwelle

Klettern kann so schön sein

◁◁ Text Seite 19
Akkomodation

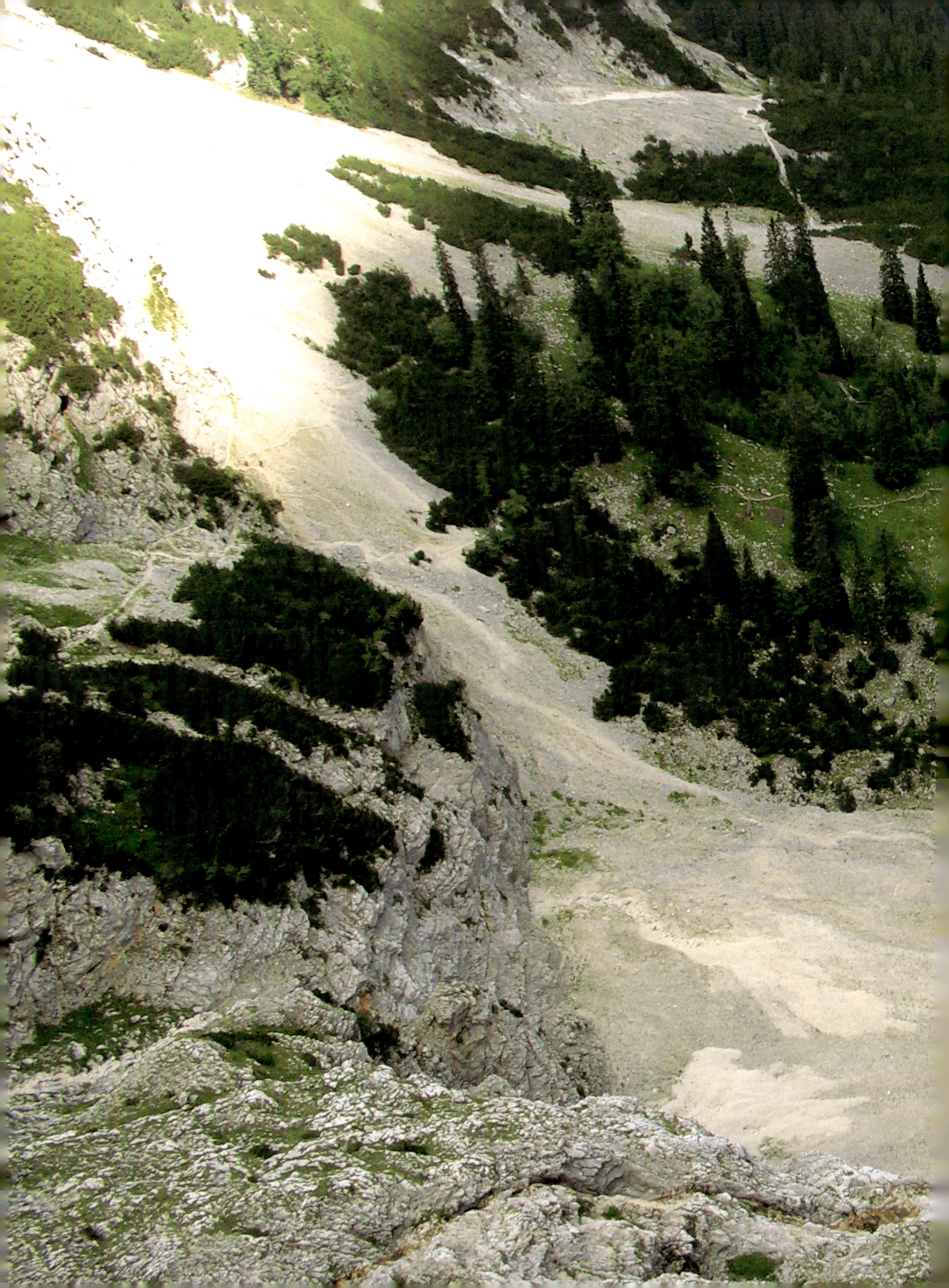

Ökologie

Ökologie

Sportklettern hat sich in den letzten Jahren endgültig von einer Nischen- zur Breitensportart entwickelt. Das stetig wachsende Angebot an Kletterhallen (und mittlerweile auch reinen Boulderhallen) begeistert vor allem in den Ballungsräumen ein immer größeres Publikum. Ein großer Teil dieser Aktiven findet früher oder später auch den Weg an die Felsen.
Im Gegensatz zur wachsenden Zahl der Kletterer ist das Angebot an Felsen, insbesondere in den Mittelgebirgen, begrenzt. Weniger als ein Prozent der Fläche Deutschlands sind offene Felsbildungen. Gleichzeitig sind Felsen unberührte Inseln in der vom Menschen geprägten Kulturlandschaft. Oft verfügen sie über einzigartige Tier- und Pflanzengesellschaften. Die kleinen Ökosysteme sind äußerst empfindlich und können sich nach Schädigungen oft kaum mehr erholen. Neben Klimaveränderung, Schadstoffeintrag und technischen Eingriffen kann auch die Nutzung durch Erholungssuchende und Sportler zu Schäden führen.

Konflikte und Lösungen

Bereits in den Achtzigerjahren, der »Sturm und Drang-Zeit« des Sportkletterns, kam es in den Klettergebieten der deutschen Mittelgebirge wie Frankenjura, Donautal oder Eiffel zu teilweise massiven Konflikten zwischen Naturschützern und Kletterern und in der Folge zu langwierigen Auseinandersetzungen und Felssperrungen.
Auf Basis der »Kletterkonzeption für die außeralpinen Felsgebiete Deutschlands« konnte der DAV gemeinsam mit Partnern wie IG Klettern, Naturfreunden und Pfälzer Kletterern für viele Gebiete tragfähige Lösungen erarbeiten. Allerdings gibt es bis heute Gebiete, in denen noch kein Konsens gefunden werden konnte. Die von vielen in Anspruch genommene Freiheit, in der Natur zu klettern, ist nicht selbstverständlich und erfordert nach wie vor die Kooperation aller Beteiligten.
Auch für den DAV ist das Engagement in diesem Bereich nicht abgeschlossen: Ab 2013 werden die bestehenden Kletterscheine um den Kletterschein »Outdoor« ergänzt. Dieser zielt explizit auf

Per Fahrrad zu den Felsen im oberen Donautal

die Sensibilisierung der Hallenkletterer in den umwelt- und sicherheitsrelevanten Besonderheiten des Kletterns an Naturfelsen ab.

Entwicklung

Klettern wird trotz der Entwicklungen im Bereich künstlicher Kletteranlagen eine Natursportart bleiben und ist als solche auf öffentlich zugängliche Naturräume, sprich Felsgebiete, angewiesen. Außerdem zeigt sich angesichts des zunehmenden Flächenverbrauchs und ständig neuer Infrastrukturmaßnahmen, dass auch die Felsgebiete eine Lobby benötigen.

Es lohnt sich also vor allem für uns Kletterer, über die Umweltaspekte des Kletterns nachzudenken. Auf den folgenden Seiten werden Anregungen gegeben, wie Klettern nachhaltig, das heißt langfristig in Einklang mit den Bedürfnissen der Natur und den Interessen anderer, ausgeübt werden kann. Nach einer Einführung in die jeweilige Problematik sind potenzielle Konflikte, rechtliche Grundlagen und Verhaltenstipps dargelegt. Grundsätzlich beziehen sich die Umweltaspekte auf alle Felsgebiete.

Anreise

Da nur die wenigsten Kletterer Felsen direkt vor der eigenen Haustür haben, steht vor dem Klettergenuss erst einmal eine (weite) Anreise. Sie erfolgt trotz der bekannten Nachteile wie Lärm, Abgase, Staus und Kohlendioxid-Emission überwiegend mit dem Auto. Öffentliche Verkehrsmittel gelten als teuer, langsam und unbequem. Auch sind einige Felsregionen der Mittelgebirge öffentlich nur schwer erreichbar. Sowohl in der Politik wie auch im Privaten vollziehen sich Umdenken und veränderte Prioritätensetzung nur langsam.

Vor Ort kann es zu Problemen mit Anwohnern oder anderen Erholungssuchenden kommen: Einfahrten, land- oder forstwirtschaftliche Wege, Wiesen und Privatparkplätze werden zugeparkt. Durch die vielerorts bestehenden Kletterbeschränkungen steigen die Besucherzahlen in anderen Gebieten. Dies erhöht die Belastung der lokalen Bevölkerung und kann zu weiteren Beschränkungen führen – ein Teufelskreis, den es unbedingt zu vermeiden gilt.

Konflikt

Die Anreise stellt einen Beitrag zur globalen Umweltbelastung dar.

Beeinträchtigung der Anwohner oder anderer Besucher durch Emissionen und Parken.

Recht

Parken auf Privatgrund ist nicht automatisch erlaubt. Hat der Grundeigentümer ein Verbotsschild aufgestellt, muss dies respektiert werden.

Auch auf unbefestigten Wegen gilt die Straßenverkehrsordnung, sodass widerrechtlich geparkte Fahrzeug abgeschleppt werden können.

Tipps

Öffentliche Verkehrsmittel benutzen. Bisweilen bietet sich die Kombination Bahn und Bike an (www.dav-felsinfo.de). Ansonsten Fahrgemeinschaften bilden!

Realistische Zielgebiete wählen. Aufenthaltsdauer beziehungsweise Klettermeter und Anfahrtskilometer sollen in sinnvollen Verhältnis zueinander stehen.

Ausgewiesene Parkplätze benutzen. Keine Wege, Wiesen oder Felder zuparken. Bei Privatgrund den Besitzer fragen.

In den Zustiegswegen steckt viel ehrenamtliche Arbeit der lokalen Arbeitskreise Klettern und Naturschutz (AKN).

Zustieg

Felsen verwittern langsam. Die Böden im Umkreis sind meist flachgründig, nur wenige Zentimeter Erde bedecken das anstehende Gestein. Wegen der Geländesteilheit und der Exponiertheit können Wasser und Wind die Humusauflage im Felsbereich leichter abtragen als an anderen Standorten. Sucht darüber hinaus jeder Kletterer einen neuen Zustiegsweg, entsteht ein unansehnliches Netz kleiner Pfade. Diese bieten der Erosion zusätzliche Ansatzpunkte.

Oft werden unnötige oder falsche Wege mit morschen Ästen »geschlossen«. Mit Bedacht angelegte und befestigte Zustiegswege minimieren die Trittbelastung und halten die Störung von Flora und Fauna im Umfeld der Felsen gering. Sie sollten benutzt werden.

Wandfuß

An freistehenden Südseiten finden sich unter Überhängen oder auf Felsbändern häufig regengeschützte, warme und sandige Bereiche. Diese dienen seltenen Tierarten wie zum Beispiel dem Ameisenlöwen, der nur hier seine charakteristischen Trichterfallen bauen kann, als Lebensraum. Oder der Mauereidechse, die den warmen Sand als Brutplatz nutzt.

An kühlen, beschatteten Bereichen gedeihen seltene Pflanzen wie brauner Streifenfarn oder Zwerglungenmoos. Unauffällige, aber hochangepasste Insekten und Schnecken wie der Steinpicker oder die Haferkornschnecke haben hier ihre Lebensräume. Diese ökologischen Nischen sind kleinräumig und leicht zu übersehen. Durch Unachtsamkeit oder Unwissen können sie schnell zerstört werden.

Konflikt	Recht	Tipps
Trittbelastung schädigt die Vegetation und damit auch den Lebensraum vieler Kleinlebewesen.	In allen Schutzgebieten wie zum Beispiel Nationalparks oder Naturschutzgebieten besteht Wegegebot, das heißt, die Wege dürfen nicht verlassen werden.	Informationen und Hinweise zu den üblichen Zustiegswegen unbedingt beachten.
Trampelpfade verursachen zusätzliche Erosion, vor allem wenn sie senkrecht zum Hang verlaufen.	Bestimmte Vegetationseinheiten besitzen gesetzlichen Schutzstatus – auch wenn sie nicht in Schutzgebieten liegen. Halbtrockenrasen, Geröllhalden und Felsen gehören nach dem Bundesnaturschutzgesetz zu den besonders geschützten Biotopen.	Markierte und befestigte Wege benützen, gesperrte Abkürzer nicht begehen.
Ein diffuses Wegenetz erhöht die Trittbelastung und führt zu flächenmäßig größerer Beunruhigung.	Das freie Betretungsrecht der Natur gilt nicht für eingezäunte Privatgrundstücke. Werden landwirtschaftlich genutzte Flächen betreten, kann der Eigentümer für entstandene Flurschäden Schadensersatz verlangen.	Landwirtschaftlich genutzte Flächen möglichst nicht betreten. Wenn Betreten unvermeidbar ist, am Feldrand entlanglaufen. Die Bauern sind oft Besitzer des Grundes, auf dem die Felsen stehen. Es ist ein Gebot der Stunde, sich mit ihnen gut zu stellen.

Zustieg

In fast allen Klettergebieten existieren Trittschäden im direkten Einstiegsbereich der Routen. Hier wird gesichert und Pause gemacht. Dank eines gesteigerten Umweltbewusstseins findet man heutzutage meist weniger Müll an den Felsen als noch in den neunziger Jahren. Dagegen ist die Eutrophierung, die Anreicherung des Bodens mit Nährstoffen, besonders Stickstoff, immer wieder sichtbar. Oft wird vor dem entscheidenden Durchstiegsversuch noch schnell Druck abgelassen – Stickstoffzeiger wie Brennnesseln, Schöllkraut und Löwenzahn wuchern infolge der ständigen Düngung und verdrängen die ursprüngliche, an nährstoffarme Standorte angepasste Vegetation. Darüber hinaus kam und kommt es immer wieder vor, dass Bäume im Wandfußbereich gefällt werden, um diesen komfortabler zu gestalten oder um eine beschattete Wand frei zu stellen. Abgesehen davon, dass dies ohne das Einverständnis des Grundbesitzers verboten ist und fast immer zu Konflikten mit Besitzern und Behörden führt, sollte man sich genau überlegen, was da abgesägt wird. Einige Baumarten, die bevorzugt im Wandfußbereich wachsen sind äußerst selten und stehen unter gesetzlichem Schutz. Bisweilen werden Felsen auch auf behördliche Anordnung hin freigestellt. Die Gründe können unterschiedlich sein. Einerseits mag es darum gehen, ursprüngliche Magerrasen und die spezielle Felsvegetation zu erhalten (Artenvielfalt) oder andererseits darum zugewachsene Felsen sichtbar zu machen und das charakteristische Landschaftsbild wieder herzustellen (Tourismus). Derartige Maßnahmen kommen meist auch den Kletterern zugute. Frei gestellte Felsen trocknen schneller ab und bieten ein sonnigeres Ambiente.

Mauereidechsen nutzen trockene, sonnenbeschienene Sandflächen im Einstiegsbereich zur Eiablage. Nördlich der Alpen kommen sie selten vor.

Konflikt

Trittbelastung in den Einstiegsbereichen führt zu Vegetationsschäden, zu Bodenverdichtung und Erosion.

In diesem Bereich lebende Tiere werden beeinträchtigt. Ihr Lebensraum kann durch die Bodenverdichtung zerstört werden.

Nährstoffliebende Pflanzen werden gefördert. Seltene, spezialisierte Arten werden zurückgedrängt.

Recht

Das Fällen von Bäumen ist nicht jedermann erlaubt. Der Grundbesitzer oder die Forstverwaltung beziehungsweise in Schutzgebieten auch die Untere Naturschutzbehörde (Landratsamt) müssen vorher gefragt werden.

Tipps

Keinen Müll liegenzulassen versteht sich von selbst – auch Zigarettenkippen gehören dazu.

Notdurft nicht direkt an den Felsen verrichten sondern öffentliche Toiletten benutzen oder feste Bestandteile im Wald vergraben.

Bei größeren Gruppen den Sammelplatz und das Materiallager nicht direkt am Wandfuß einrichten.

Oben links: Wandfuß

Oben: Der Ameisenlöwe ist die Larve der Ameisenjungfer, einer kleinen libellenähnlichen Netzflüglerart.

Rechts: Häufig finden sich die Trichterfallen des Ameisenlöwen im trockenen Sand unter Überhängen. Die Fangmethode stellt eine der außergewöhnlichsten Anpassungen im Tierreich dar.

Felswand

Felsen sind »Urlandschaft«, in ihrer Einmaligkeit vergleichbar mit Wildflusslandschaften, Mooren und Urwäldern. Diese Landschaftsformen sind in Deutschland bzw. in Mitteleuropa entweder zurückgedrängt oder bereits verschwunden. Alle anderen Flächen, auch jene, die wir oft als natürlich empfinden, sind seit Jahrhunderten vom Menschen genutzt, umgeformt und geprägt. Sie werden daher »Kulturlandschaft« genannt.

Fachleute bezeichnen die Felsen der Mittelgebirge als »Reliktstandorte«. Während der letzten Eiszeit vor rund 12 000 Jahren wurden viele Pflanzenarten aus den Alpen und Skandinavien in die eisfreien Gebiete Mitteleuropas abgedrängt. Während der nachfolgenden Warmzeit eroberten konkurrenzstärkere Arten wie die Buche fast alle Standorte wieder zurück. Lediglich an den Felsen der Mittelgebirge, die über das dichte Kronendach hinausragen, konnten sich die widerstandsfähigen und hoch spezialisierten »Eiszeitrelikte« halten. Diese Felsen weisen trotz geringer Höhe ähnliche ökologische Verhältnisse wie das Hochgebirge auf. Im Tagesgang sowie im Wechsel der Jahreszeiten herrschen große Temperaturunterschiede. Sonneneinstrahlung, angespannter Wasserhaushalt und Windexponiertheit erschweren die Lebensverhältnisse.

Konflikt

Störung von Felsbewohnern wie felsenbrütenden Vögeln.

Zerstörung der Vegetation durch »Putzen« von Routen

Routen in bewachsenen Felszonen beeinträchtigen die Vegetation.

Optische Beeinträchtigungen durch Magnesia

Recht

Nach dem §20c des Bundesnaturschutzgesetzes sind Felsen generell schutzwürdig und dürfen nicht erheblich oder nachhaltig beeinträchtigt werden.

Uhu, Wanderfalke, Kolkrabe, Dohle sowie viele Insekten, Spinnen, Schnecken, Reptilien und Pflanzen stehen auf der Roten Liste der gefährdeten Arten und sind unter anderem nach der FFH-Richtlinie des EU-Naturschutzrechtes geschützt. Vor allem zum Schutz der Vögel gibt es an zahlreichen Felsen befristete Sperrungen.

In Schutzgebieten (zum Beispiel Naturschutzgebiet, Nationalpark) und geschützten Landschaftsbestandteilen gelten für Klettern besondere Regelungen.

Tipps

Regionale, differenzierte Regelungen helfen nicht nur Pflanzen und Tiere zu schonen, sondern erhalten auch die Klettermöglichkeiten. Im Internet, in Broschüren und auf Infotafeln an den Zustiegen informieren DAV und IG Klettern über die aktuellen Regelungen.

Unter www.dav-felsinfo.de kann man sich bei der Auswahl der Kletterziele über befristete Sperrungen informieren.

Neuerschließungen müssen mit lokalen Felsbetreuern abgesprochen werden. Pflanzen sollten dabei generell nicht ausgerissen werden.

An dunklen Gesteinen wie Sandstein, Porphyr oder Granit Magnesia nur sparsam und gemäß regionaler Regelungen verwenden.

Zu den ursprünglich aus den Alpen stammenden (dealpinen) Arten gesellten sich weitere, wärmeliebende Reliktpflanzen aus dem mediterranen Raum und einige aus den nordosteuropäischen Steppen. Mittelgebirgsfelsen weisen also häufig eine große Fülle an seltenen Arten aus längst vergangenen Klimaepochen auf. An die klimatisch extremen Felsstandorte haben sich neben den Pflanzen zahlreiche Tierarten angepasst. Schnecken bauen ihre Gehäuse aus dem Kalk der Felsen und ernähren sich von Flechten. Reptilien wie Mauereidechse oder Schlingnatter nützen als wechselwarme Tiere die Wärme. Viele Insekten sind direkt an Felspflanzen gebunden, die ihnen als Futtergrundlage dienen. Spinnen sind bereits in den Wintermonaten aktiv, wenn sich die südseitigen Felsen an schönen, sonnigen Tagen erwärmen. Vögel wie Uhu, Kolkrabe und Dohle verwenden kleine Höhlen und Nischen als Brutplatz; Fledermäuse leben in größeren Höhlen, und Siebenschläfer suchen sich regengeschützte Spalten zur Aufzucht ihrer Jungen. Felsbrütende Vögel reagieren während der Brut- und Aufzuchtzeiten (Frühjahr, Sommer) sehr sensibel. Störungen können zur Auf-

Links: Wanderfalke. Dank anhaltender Bemühungen von Naturschützern und Kletterern erholen sich die Bestände wieder. Ende der 70er Jahre war dieser faszinierende Raubvogel in Deutschland fast ausgestorben.

Rechts: Kolkrabe. Der größte heimische Rabenvogel breitet sich langsam wieder in Deutschland aus.

Links: Uhu. Die größte heimische Eulenart bevorzugt Felsen oder aufgelassene Steinbrüche zur Brut und Aufzucht ihrer Jungen. Ganzjährige Sperrungen werden meist zum Schutz des Uhus erlassen.

Rechts: Felsendohlen am Schaufels im Oberen Donautal: In den deutschen Mittelgebirgen ein sehr seltener Felsbrüter. Nicht zu verwechseln mit der Alpendohle.

Das Betreten des Felskopfes ist in diesem Fall kein Problem, allerdings kann direktes Abseilen zu Rindenschäden führen. Laubbäume mit dünner Rinde sind in dieser Hinsicht besonders empfindlich.

gabe der Brut und damit zum Verlust des Nachwuchses führen.
Klettern in Felszonen, die mit Pflanzen bewachsen sind, verursacht Vegetationsschäden. Neutouren werden oft »geputzt« – störende Pflanzen werden entfernt. Leider fallen diesem Vorgehen bisweilen auch seltene Arten zum Opfer. Die Wuchsorte sind nach einer Putzaktion meist unwiederbringlich verloren, denn Wind und Regen waschen auch die letzten Reste Feinerde fort.

Magnesia

Ein eher ästhetisches Problem ist die Verwendung von Magnesia. Auf dunklem Gestein sind angechalkte Griffe und Markierungen deutlich zu sehen. Viele Nichtkletterer, aber auch traditionell eingestellte Kletterer empfinden dies als Beeinträchtigung. In manchen Klettergebieten, wie im Elbsandstein, ist die Verwendung von Magnesia generell untersagt. Im Buntsandstein der Pfalz soll es nur in schwierigen Routen verwendet werden, beim Bouldern gar nicht.

Differenzierte Regelungen

In Gebieten mit hoher Belastung der Felsbiotope haben sich räumlich und zeitlich differenzierte Regelungen zur klettersportlichen Nutzung bewährt. Sie orientieren sich an der naturräumlichen Struktur, an der Schutzwürdigkeit und am Ausmaß der Nutzung. Differenzierte Regelungen schonen nicht nur die Pflanzen und Tiere, sondern helfen auch, langfristig die Klettermöglichkeiten zu sichern.
Ein positives Beispiel ist das im Nördlichen Frankenjura entwickelte Dreizonenkonzept. In Zone 1, der »Ruhezone«, dürfen weder Neutouren eröffnet noch alte Wege beklettert werden. In Zone 2, »Vorrangzone Naturschutz«, ist Klettern bis zu den Umlenkhaken erlaubt, Neuerschließung nicht. In Zone 3, »Vorrangzone Klettern«, sind außerhalb der Vegetationszone Erstbegehungen mit Umlenkhaken möglich. An zonierten Felsen sind kleine Schilder mit der jeweiligen Zonenangabe angebracht. Außerdem weisen die Symbole Kreuz und Pfeil die erlaubten Wandbereiche aus.

Links: Das gelbblühende Brillenschötchen und der Weiße Mauerpfeffer (direkt darunter) sind typische Vertreter der Reliktflora. Die dicken, fleischigen Blätter des Mauerpfeffers dienen als Wasserspeicher und sind eine Anpassung an warme, trockene Standorte.

Rechts: Alpenbock im oberen Donautal. Neben den Mittelgebirgsregionen kommt der große Käfer nur in warmen, offenen Buchenwäldern der Alpen oberhalb 700 m vor.

Unten: Kreuz und Pfeil markieren zugelassene und gesperrte Bereiche. Sind die Schilder so am Fels angebracht, darf rechts geklettert werden.

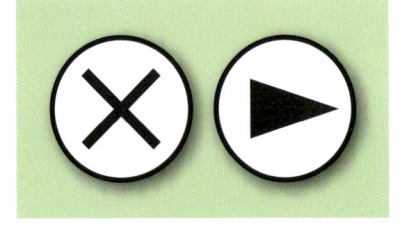

Felskopf

Auf frei stehenden Felsköpfen existiert eine besonders wertvolle Flora. Es herrschen Standortbedingungen, wie sie sonst nur im Hochgebirge oder in Halbwüsten zu finden sind: im Sommer heiß und trocken, im Winter kalt und windexponiert. Nur hochspezialisierte Pflanzen kommen mit diesen Extrembedingungen zurecht und können hier gedeihen. So haben die meisten Felspflanzen Anpassungen zur Wasserspeicherung, zum Verdunstungsschutz und zur Hitze- und Strahlungsresistenz entwickelt. Großblättrige, starkwüchsige und nährstoffliebende Pflanzen, wie Löwenzahn, können hier meist nicht existieren. Dafür finden sich auf den Felsköpfen der Mittelgebirge häufig sogenannte Reliktarten, das sind Pflanzen, die während vergangener Klimaperioden aus den Alpen oder dem Mittelmeerraum eingewandert sind. Kalkfelsköpfe verfügen wegen der leichten Verwitterbarkeit über eine bessere Nährstoffversorgung als Sandstein und Granit. Entsprechend weisen Kalkfelsen auch eine höhere Artenvielfalt auf. Kalkfelsbiotope beheimaten einige der seltensten und am strengsten geschützten Pflanzengesellschaften Deutschlands. Diese wiederum bieten einer speziellen, ebenso seltenen Tierwelt, vom Apollofalter bis zur Schlingnatter ihre Lebensgrundlage.

An Ausstiegen klassischer Touren sind oft alte Trittschäden zu beobachten. Zwischenzeitlich sind fast alle Routen mit Umlenkhaken ausgestattet, und die Felsköpfe werden von Kletterern kaum betreten. An Aussichtspunkten von Wanderrouten allerdings kann man die Auswirkungen der Trittbelastungen oft studieren. Die ursprünglichen Arten findet man in solchen Fällen nur noch jenseits der Absperrungen. Um einen Blick für diese empfindlichen und wertvollen Sonderstandorte zu bekommen, sind solche Kontraste recht hilfreich. Wenn man sich dazu noch Zeit nimmt, um die wenigen intakten Bereiche vorsichtig zu beobachten, entfaltet sich auch für den Laien die Faszination dieser kleinen Felsengärten.

Auf Felsköpfen und Bändern der Mittelgebirgsfelsen finden sich seltene Pflanzen wie die rosa blühende Pfingstnelke.

Konflikt

- Zerstörung der Felskopfvegetation an Kalkfelsen.
- Beeinträchtigung von Tieren
- Verletzung von Bäumen durch Umlenken und Abziehen des Seils. Diese Schäden können im Extremfall zum Absterben führen.

Recht

- Trockenrasen- und Felspflanzengesellschaften gehören nach dem Bundesnaturschutzgesetz zu den geschützten Vegetationseinheiten und dürfen nicht erheblich oder nachhaltig beeinträchtigt werden.

Tipps

- Umlenken an eigens dafür angebrachten Haken oder Ketten gehört mittlerweile in den meisten Gebieten zur gängigen Praxis. Dadurch wird zum einen die Felskopfvegetation geschont und zum anderen erleichtern die Umlenker das Abbauen der Routen.
- Falls kein Umlenker vorhanden ist, kann unter Umständen am letzten Haken der Tour umgelenkt werden.
- Sofern ein Felskopf betreten wird, die Vegetation schonen. Beim Abstieg durch Wald und über Trockenrasen nicht in der Falllinie gehen. Flache Serpentinenspuren bieten der Erosion weniger Ansatz.

Übernachtung

Wild campen – sei es im Bus, im Zelt oder auch nur mit Isomatte und Schlafsack unter den Felsen – ist zwar romantisch, aber in Landschafts- oder Naturschutzgebieten, Nationalparks usw. meist generell verboten. Außerhalb dieser Schutzgebiete ist es nur mit Zustimmung der Grundeigentümer zulässig. Zwar werden Einzelfälle oft toleriert, sobald sich die Vorkommnisse aber häufen, sind Konflikte vorprogrammiert.

Feuerstellen, Müll und Fäkalien an häufig benutzten wilden Übernachtungsplätzen sind ein hygienisches Problem und ein Ärgernis für alle Besucher. Lärm, große Gruppen und rücksichtsloses Parken führen in der Regel zu Problemen mit Locals, Nutzungsberechtigten wie Jägern, Förstern oder Landwirten und Anwohnern. Außerdem bleibt beim Wild Campen kaum Geld in der regionalen Gastronomie und Tourismuswirtschaft, was die Akzeptanz des Kletterns zusätzlich erschwert.

Neben den genannten Problemen im sozialen Bereich, hat wild campen auch ökologische Auswirkungen. Einige felsbewohnende Tiere halten sich tagsüber versteckt und werden erst bei Einbruch der Dunkelheit aktiv. Zu diesen gehören seltene Arten wie zum Beispiel der Uhu und die in Felsenhöhlen lebenden Fledermäuse.

Nachtaktive Tiere werden durch Campen in unmittelbarer Felsennähe gestört. Besonders problematisch sind Feuer unter Überhängen oder in Höhlen: Ruß und Rauch zerstören den Lebensraum der Fledermäuse. Außerdem werden darüber liegende Felsbereiche verrußt und sind anschließend ohne aufwendiges Säubern nicht mehr bekletterbar. In zahlreichen Fällen war es nicht das Klettern selbst, das zu Sperrungen führte, sondern es waren soziale oder unökologische Verhaltensweisen Einzelner.

Konflikt	Recht	Tipps
Übernachten am Fels führt zu Beunruhigung des Biotops. Nachtaktive Tiere werden gestört.	Übernachten in Zelten oder Wohnmobilen sowie Entzünden und Betreiben offener Feuer wird nicht vom »Freien Betretungsrecht« der Natur gedeckt. Für derartige Tätigkeiten benötigt man die Zustimmung des Grundstücksberechtigten.	Zeltplätze nutzen
		In Schutzgebieten nicht wild campen
Die regionale Bevölkerung und andere Besucher können sich gestört fühlen.		Auf Privatgrund nur mit Einverständnis des Besitzers übernachten
	In Landschaftsschutzgebieten ist für Zelten und offenes Feuer eine Erlaubnis der Kreisverwaltungsbehörde erforderlich.	Keine Spuren hinterlassen
		Lärm vermeiden
	In Nationalparken, Naturschutzgebieten, geschützten Landschaftsbestandteilen, gesetzlich geschützten Biotopen, Wildschutzgebieten und Wasserschutzgebieten sind Zelten und Feuermachen verboten.	

Nachbemerkung

Besser klettern – Wunschtraum oder realisierbares Ziel? Wer alle in diesem Buch erläuterten Ressourcen bereits voll entwickelt hat, wird Mühe haben, sich noch zu steigern. Aber wer hat das schon?

Ich persönlich bin jedenfalls trotz fortgeschrittenen Alters weit davon entfernt. Ebenso stammen zwar etliche Inhalte dieses Buches direkt von mir – in vielen Fällen bin aber nicht ich derjenige gewesen, der die Inhalte entwickelt hat. Ich danke all jenen sehr herzlich, deren Ideen und Gedanken ich hier wiedergeben durfte. Außerdem danke ich allen, die mir bei der Realisierung dieses Buches geholfen haben – als Model, Fotograf, Lektor oder Layouter.

Wie bereits im Vorwort erwähnt, beschreibt dieses Buch die Lehrmeinung des Deutschen Alpenvereins. In diesem Zusammenhang sei dem Unwort »Lehrmeinung« hier noch ein kurzes Statement gewidmet. Wir sollten uns vor Engstirnigkeit hüten. Oft kann man die Dinge so – aber auch anders tun. Die in diesem Buch erörterten Inhalte sind zwar aktueller Stand der Technik, sollten aber nicht dogmatisiert werden. Dogmas behindern Entwicklungsprozesse!

Vielleicht hat neben den kletterspezifischen Inhalten auch der Ökologieteil Anregungen gegeben, die draußen am Fels neue Aspekte entdecken lassen: die Ruhe, die Schönheit der Landschaft, eine seltene Pflanze oder das fluchtbereit neugierige Verhalten einer Mauereidechse. Die Umgebung beeinflusst unser emotionales Wohlbefinden beim Klettern. Faktoren, über die wir uns nie Gedanken gemacht haben, können die Qualität eines Klettertags mehr prägen als das ungerechte Scheitern oder der wohlverdiente Erfolg in irgendeiner bestimmten Route.

Michael Hoffmann

Sonnenuntergang im Wilden Kaiser. Noch ist nicht aller Tage Abend.

Übungen

Der Übungskatalog versteht sich primär als Ideenbörse. Die stichpunktartige Darstellung darf nicht darüber hinwegtäuschen, dass hier ein breiter, praxiserprobter Fundus vorliegt. Er lädt ein, Unbekanntes auszuprobieren und Bekanntes kreativ weiterzuentwickeln.
Es ist keinesfalls Ziel des Katalogs, Kletterunterricht und Techniktraining zu normieren oder auf bestimmte Inhalte festzulegen. Alle Techniken sind wichtig, auch diejenigen, zu denen hier keine expliziten Beispiele enthalten sind. Die Übungen wurden alphabetisch geordnet und mithilfe von Kürzeln charakterisiert.

Kürzel zur Charakterisierung der Übungen
- **E** Einsteigerübung, häufig auch für Kinder geeignet
- **F** Fortgeschrittene, teils Technikerwerb, teils Techniktraining
- **K** Könner, Techniktraining, oft mit Zusatzaufgaben
- **S** Spiel oder Spielform für Kinder jeden Alters
- **W** Wettbewerb oder wettkampfspezifische Übung
- **V** Varianten (1–5), meist als eigenständige Übungen, manchmal auch im Sinne einer Übungsreihe anwendbar
- **G** Gelände, bisweilen mit Sicherheitshinweisen und Anregungen für die Definition der Übungsstellen

(1) Ab durch die Mitte EFK S
Relativ kleiner, abgegrenzter Bereich am Boden. Alle Teilnehmer haben die Aufgabe, immer wieder in die Mitte zu laufen. Keiner soll einen anderen berühren.
V1 Wie oben, aber Zweierteams verfolgen sich gegenseitig. Der Vordere versucht, seinen Verfolger abzuschütteln.
G Ebener Boden, Abgrenzung.

(2) Ab geht's EFK
Im alpinen Klettern bedeutet gekonntes Abklettern Sicherheit! Geländebezogen die unterschiedlichen Möglichkeiten des Abkletterns vorgeben oder schülerorientiert entwickeln.
V1 Geländeangepasster Technikwechsel.
V2 Frontales Abklettern einer zuvor im Aufstieg begangenen Passage.
V3 Frontales Abklettern ist auch im Rahmen taktischer Überlegungen innerhalb einer Kletterroute ein wichtiges Element. Einige schwere Züge hinauf und sofort wieder hinunter.
V4 Über Wülste zurückklettern, wo man die Tritte nicht mehr einsehen kann (Tritte beim Hochklettern merken).
V5 Passage aufwärts klettern und anschließend blind wieder hinunter.
G Boulderblöcke, die viele leichte Möglichkeiten bieten. Parcours, in dem mehrere Abstiegssequenzen nacheinander an die Reihe kommen (wer unten angekommen ist, kann spotten, bevor er zum nächsten Block geht). Alternativ eignet sich gestuftes Gelände mit kurzen Steilstücken (auch steile Rinnen). Für frontales Abklettern auch schwerer Kletterpassagen (toprope).

(3) Abschirmen K W
Simulation eines High-Jump-Wettbewerbs. Drei unterschiedliche Sprünge definieren. Die Athleten haben die Aufgabe, diese in jeweils maximal zwei Versuchen zu klettern. Für jeden Flash gibt es zwei Punkte, für Erfolg im zweiten Versuch einen Punkt. Die anderen Kletterer haben die Aufgabe, den Athleten verbal in seiner Konzentration zu stören.
V1 Der Athlet bekommt die Definition eines Boulders genau erklärt. Während er den Boulder klettert, versuchen die anderen, ihn durch Ansage falscher Griffe aus dem Konzept zu bringen (eventuell Videokontrolle).
V2 Gleiche Störübung, während der Athlet einen Boulder an seiner Leistungsgrenze klettert.
V3 Andere Störgrößen wie Handyklingeln, Abdunklung, plötzliches Scheinwerferlicht, Wasser aus Sprühflasche oder Ähnliches einbauen.
G Je nach Können.

(4) Asynchron FK
Mit schnellen Greifbewegungen und langsamen Fußbewegungen klettern.
V1 Mit schnellen Fußbewegungen und langsamen Greifbewegungen klettern.
V2 Die rechten Extremitäten schnell, die linken langsam bewegen (und umgekehrt).
V3 Rechten Arm und linkes Bein schnell, die anderen Extremitäten langsam bewegen (und umgekehrt).
G Je nach Kletterkönnen.

(5) Atmen EFK
Zehnmal bewusst tief ein- und ausatmen. Anschließend wieder normal weiter atmen und beobachten, wie sich Atmung und Pulsschlag verändern.
V1 Fokus auf Ausatmen. Beobachten, wie sich die Aktivierung verändert.
V2 Fokus auf Einatmen. Beobachten, wie sich die Aktivierung verändert.
G Beliebig, auch an Rastpunkten in einer Route.

(6) Auf die Plätze EF S
Alle sind am Boden. Der Spielleiter ruft eine Farbe. Alle springen an die Wand. Zum Festhalten gelten nur Griffe dieser Farbe. Wer als Letzter die Füße vom Boden wegbekommt, wird nächster Spielleiter.
V1 Alle sind an der Wand. Der Spielleiter gibt vor, welche Aktion als Nächste passieren soll (z. B. rechte Hand auf Grün). Wer kann diesen Aufforderungen am längsten nachkommen?
V2 Alle sitzen im Kreis auf der Matte. Einer stellt eine Aufgabe (z. B. Rolle rückwärts, dann an gelbe Griffe). Wer zuerst das Ziel erreicht hat, darf die nächste Aufgabe stellen.
V3 Auf Kommando rennen alle zu einem definierten Wandteil und versuchen dort, vom Boden wegzukommen.
G Größerer Boulderbereich. Eher leichtes Gelände. Weichbodenmatte.

(7) Baumdynamo EF
Schrägen Baum auf der überhängenden Seite mit den Armen fassen. Die Füße stehen direkt beim Baum. Dynamisch Schwung holen und beidhändig am Baum höher und tiefer greifen.
V1 Mit einem Arm.
V2 Mit durchgängig gestreckten Armen (Wellenbewegung).
G Schräger Baum oder bodennah überhängende Wand mit vielen Griffen.

(8) Berührt, geführt EF S
Kein berührter Griff darf zurückgenommen werden; als Nächstes muss die andere Hand weitergreifen.
V1 Jeder Griff muss höher sein als der vorherige (beim Hochsteigen).
V2 Jeder Griff muss weiter seitlich sein als der vorherige (bei Querungen).
V3 Kein berührter Tritt darf zurückgenommen werden.
V4 Sobald der Fuß beim Weitertreten die Wand berührt, muss er dort bleiben und gegebenenfalls auf Reibung antreten.
G Je nach Kletterkönnen.

(9) Blinde Kuh E S
Toprope oder Boulderquerung. Tritte und Griffe blind erfühlen und klettern (kein vorheriges Anschauen).
V1 Auf Ansage blind klettern.
G Einliegend.

(10) Blindgänger FK
Toprope oder Boulderquerung. Züge nach und nach einüben. Anschließend blind klettern.
V1 Passage so gut einüben, dass sie mit maximaler Präzision (Tritte und Griffe sofort treffen) blind geklettert werden kann.
V2 Zunehmend mehr Züge hinzufügen und üben. Letztendlich eine relativ lange Sequenz blind klettern.
V3 Nur einmal mit offenen Augen klettern und anschließend blind wiederholen.
V4 2–3 Züge des Partners beobachten und anschließend sofort blind versuchen.
G Je nach Kletterkönnen. Knapp über dem Boden (Verzicht auf Spotter – das Probieren dauert).

(11) Boulderrunde FK
Gruppe ähnlich starker Kletterer an Boulderpilz. Jeder definiert einen Querungsboulder für sein Segment. Zielgriff des Ersten ist Startgriff des Zweiten etc. Segmente gegenseitig zeigen und jeweils einzeln ausbouldern.
V1 Segmente kombinieren.
V2 Mehrere Segmente flüssig klettern.
V3 Ganze Runde flüssig klettern.
G Boulderpilz.

(12) Brücke E
Zwischen Blöcken spreizen und weit spreizen. Beobachtungsaufgabe: Was machen die Hände, während man die Position einnimmt?
V1 Zwischen Blöcken eine Brücke bilden (Arme Block 1, Füße Block 2) und wenden.
G Boulderblöcke in geeignetem Abstand, Verschneidung, Kamin.

(13) Buchstaben E S
In Kletterposition wird der Körper zu einem Buchstaben geformt. Die anderen müssen den Buchstaben erraten.
V1 Mit mehreren nacheinander gezeigten Buchstaben ein Wort bilden.
V2 Mehrere Teilnehmer bilden mit Buchstaben ein Wort.
G Einliegend bis senkrecht.

(14) Déjà vu F
(Kurze) Passage bewusst klettern und anschließend die gleiche Passage selbst nochmals genauso klettern. Der Partner beobachtet, ob es gleich war (gegebenenfalls Video). Anschließend klettert und wiederholt der Partner eine andere, selbst definierte Sequenz.
G Bouldergelände.

(15) Diagonal einpendeln FK
Startgriff und zusätzlichen Hilfsgriff in die Hände nehmen. Der zum Startgriff gegengleiche Fuß tritt auf Außenrist an. Zweiter Fuß in die Luft. Hilfsgriff loslassen und dabei so wenig wie möglich pendeln.
V1 Partner pendelt den Übenden etwas hin und her. Stabilität der Lage erspüren.
V2 Eingedrehte Züge aus der eingependelten Position.
V3 In steilem Gelände den passenden Tritt vorhersagen, Aspekt »Tritt gegenüber Zielgriff«.
V4 In steilem Gelände den passenden Tritt vorhersagen, Aspekt »Tritt gegenüber Belastungsrichtung des Ausgangsgriffs« (bei Sloper).
V5 In steilem Gelände die maximale Reichweite vorhersagen, Aspekt »Aufbau von Körperspannung«.
G Überhänge unterschiedlicher Steilheit. Alternierend nach rechts und links gerichtete Seitgriffe, zunächst in gerader Linie. Bei senkrechtem und leicht überhängendem Gelände muss jeweils ein passender (im Lot befindlicher) Tritt vorhanden sein.

(16) Doppeldyno FK
Zwei gute Tritte und vier Griffe (zwei oben, zwei tiefer; später weitere Griffe zulassen/definieren). Doppeldynos hinauf und wieder hinunter.
V1 Metronom mitlaufen lassen.
V2 Wellenbewegung anwenden.
V3 Übung blind ausführen.
G Senkrecht bis leicht überhängend.

(17) Durchstützen F
Durchstützstellen mit zunehmender Schwierigkeit klettern. Ziel je nach Situation: durchgestützte Position oder vollständig aufstehen (gegebenenfalls Griffe oberhalb der Stufe wegdefinieren).
V1 Kontrast: Oberkörper kann nach vorne verlagert werden versus Oberkörper kann nicht nach vorne verlagert werden.
V2 Ist das Gelände oberhalb steil, optimale Stützposition der Hände herausfinden (nach innen versus nach außen rotiert).
V3 Mantle im überhängenden Gelände (keine Fußunterstützung möglich).
V4 Vorübung: Erlernen der Bewegung an Geräten (Reckstange, Balken etc.).
G Kleine senkrechte Boulderblöcke mit rundlichem Ausstieg. Glatte Wandstellen mit einer

durchgehenden Stufe oder einem riesigen Griff. Für schwierigere Übungen sollte die Wand unterhalb der Stufe überhängen.

(18) Dynamischer Fußwechsel FK
Dynamischen Fußwechsel auf definierten Tritten abnehmender Größe trainieren. Mit Händen locker festhalten oder sie nur zum Balancieren an die Wand legen.
V1 Kontrast: ausgeprägte Hochentlastung versus Fuß statisch wegtreten.
V2 Kontrast: Fuß ummittelbar über den anderen halten versus hin und her springen.
V3 Kontrast: weiche Hochentlastung versus harte Hochentlastung (Sprung).
V4 Vorübung am Boden: paarweise Hände halten (Gleichgewicht). Der Übende muss den neuen Fuß genau auf die gleiche Stelle am Boden bringen, wo vorher der andere Fuß war.
G Einliegend bis maximal senkrecht. Geeignete Tritte knapp über dem Boden. Querung mit sehr großen Trittabständen.

(19) Dynamo-Kontrast FK
Koordination des Greifens im Totpunkt und schnelles Stabilisieren (Spannungsaufbau) üben. Kontrastaufgabe: frühes Greifen versus spätes Greifen.
V1 Kontrastaufgabe: kurzer Beschleunigungsweg versus langer Beschleunigungsweg.
V2 Kontrastaufgabe: weiches Beschleunigen versus hartes Beschleunigen.
V3 Kontrastaufgabe: Ausholbewegung versus Start aus tiefer Position.
V4 Kontrastaufgabe: von guten Griffen an schlechte versus von schlechten Griffen an gute.
V5 Bei Pendelschwung abfangen. Kontrastaufgabe: klein machen versus gestreckt auspendeln.
G Überhänge unterschiedlicher Steilheit. Um Dynamos zwingend zu machen, reduziert man die Größe der Startgriffe und/oder erhöht den Griffabstand. Durch entsprechend tiefe Tritte lassen sich Sprünge provozieren.

(20) Einarmiger Bandit EFK S
Vorgegebene Passage einarmig und möglichst ruhig klettern.
V1 Flaches Gelände. Freie Hand darf mit Finger abstützen, um das Gleichgewicht zu halten.
V2 Flaches Gelände. Freie Hand hält Suppenlöffel mit Hacky Sack oder Ähnlichem.
V3 Staffel. Am Ende eines Boulderquergangs wird der Hacky Sack in den Löffel eines wartenden Partners »umgeschüttet«. Dieser quert wieder zurück. Nächster Partner wartet am anderen Ende des Quergangs.
V4 Flaches Gelände. Füße in Zeitlupe bewegen.
V5 Steileres Gelände. Soft dynamisch weitergreifen.
G Wandneigung 60–90°. Boulderquergang oder Toprope.

(21) Eindrehen EF
In unterschiedlichen Situationen wichtige Aspekte der Eindrehtechnik üben oder erarbeiten lassen. Zunächst einfachere Boulder, dann komplexere Situationen (weite Züge, Kreuzzüge, überhängende Stellen).
V1 Auf die korrekte Antrethöhe achten. Kontrast: mit den Füßen umtrippeln versus direkt hochsteigen.
V2 Auf den »langen Arm« achten (Schulter trotzdem tief halten).
V3 Bewegungseinleitung über die Hüfte.
V4 Reichweitentest: Wie weit kann man an einer bestimmten Stelle frontal hochgreifen, wie weit eingedreht (überhängendes Gelände, viele Tritte)?
V5 Optionale Vorübung: Teilnehmer steht frontal vor der Wand oder einem Baum. Auf Antippen der linken Schulter wird eine linksherum eingedrehte Position am Boden eingenommen. Linke Hand simuliert Griff, rechte Hand greift hoch. Dabei auch die Füße in seitliche Position bringen.
G Zunächst senkrecht, dann mehr oder weniger überhängend. Alternierend nach rechts und links gerichtete Seitgriffe. Kreuzzüge verstärken die Eindrehbewegung. Reichhaltiges Trittangebot. Große vertikale Griffabstände.

(22) Fangen EF SW
Kletterer an Boulderwand fängt Ball oder sonstige Gegenstände, die ihm zugeworfen werden.
V1 Aus größerer Entfernung versuchen, einen Bouldernden abzuwerfen (leichter Softgummiball). Der Kletternde kann ausweichen oder versuchen, den Ball zu fangen.
V2 Größere Gruppe. Abstand der Werfer zur Wand markieren. Wer jemanden abgeworfen hat, darf klettern. Wer abgeworfen wurde, wird zum Werfer. Wer als Erster einen Ball fängt, hat gewonnen.
G Einliegend bis senkrecht. Kletterbereich nach oben limitieren.

(23) Flash mich FK
Ein Partner klettert einen Boulder oder checkt eine Route aus. Gemeinsam überlegen beide Partner, ob die realisierte Lösung auch für den anderen optimal ist. Der Zweite klettert die im Gespräch für ihn als optimal befundene Lösung.
V1 Beide Partner definieren unabhängig voneinander je eine Bouldersequenz (ausprobieren/üben). Anschließend klettert jeder Partner die andere Sequenz auf Ansage während des Kletterns.
V2 Die Definition wird erklärt, und der Partner klettert die Sequenz ohne Ansage während des Kletterns.
V3 Gleiche Übung, aber mit vorgegebener Entfernung zur Boulderwand (z.B. 5 m).
V4 Ein Partner erklärt dem anderen den Boulder, ohne dass der ihn einsehen kann. Der Zweite muss den Boulder identifizieren und klettern.
V5 Dreierteams. Der Erste zeigt dem Zweiten den Boulder (Griffe anzeigen). Der Zweite erklärt es dem Dritten. Weiter wie oben.
G Route und/oder weitläufiges Bouldergelände.

(24) Freimachen E
Unbelastetes Antreten mittels Schwerpunktverlagerung.
V1 Kontrast: wie oben, aber keine Entlastung durch Schwerpunktverlagerung, Schwerpunkt bleibt immer in der Mitte.
V2 Unmittelbar vor dem Erreichen des nächsten Trittes jeweils 2 Sekunden bewegungslos verharren.
V3 Zeitlupe klettern.
G Einliegend. Toprope oder Boulder. Tritte jeweils seitlich versetzt definieren (50 bis 80 cm Abstand).

(25) Füße fix F
Fußposition einnehmen und mit gleichbleibender Fußposition mehrfach weitergreifen.
V1 Gleiche Übung mit Fußkombination Treten und Hakeln.
V2 Bei gleichbleibender Fußposition möglichst weit entfernte Griffe halten (Start und Ende: Griffe, die näher bei den Füßen sind).
G Überhang oder Dach.

(26) Gegenverkehr E S
Zwei Kletterer queren in entgegengesetzte Richtung und müssen auf gleicher Höhe aneinander vorbeikommen.
V1 Zwei Teams à zwei Personen müssen auf gleicher Höhe aneinander vorbeikommen.
G Einliegend bis senkrecht.

(27) Gleichseitig einpendeln FK
Startgriff und zusätzlichen Hilfsgriff in die Hände nehmen. Der zum Startgriff gleichseitige Fuß tritt an. Zweiter Fuß in die Luft (pendelfrei). Zum nächsten Griff ziehen. Beobachtungsaufgabe zur Körperspannung.
V1 Fuß hinten scheren und in der Luft hängen lassen (Stabilität dieser Lage erspüren). Weiterziehen.
V2 Fuß vorne durchscheren und in der Luft hängen lassen (Stabilität dieser Lage erspüren). Weiterziehen.
V3 Stellen finden, an denen gleichseitiges Einpendeln gegenüber diagonalem Einpendeln Vorteile bringt.
V4 Gleichseitiges Einpendeln mit Durchschwingen zu seitlichen Tritten kombinieren.

G Überhänge unterschiedlicher Steilheit. Alternierend nach rechts und links gerichtete Seitgriffe. Konkave Boulderhöhlen, in denen seitliche Tritte angependelt werden können.

(28) Griffe ansagen F S
Auf Partneransage beim nächsten Zug einen Griff mit der angesagten Form greifen (z.B. Sloper, Zange).
V1 Auf Partneransage beim nächsten Zug einen Griff mit der angesagten Belastungsrichtung greifen (z.B. Untergriff).
V2 Auf Partneransage beim nächsten Zug einen Griff mit der angesagten Fingerhaltung greifen (hängend, flach aufgestellt).
G Etwa senkrecht. Partner kann spotten.

(29) Griffe einschränken FK
Klettern mit Einschränkung der Griffmöglichkeiten, z.B. hauptsächliche/ausschließliche Nutzung von Seitgriffen, Untergriffen, Zangengriffen, Reibungsgriffen, Stützgriffen.
V1 Mit 5 Fingern, 4 Fingern, 3 Fingern, 2 Fingern klettern.
V2 Ausschließlich mit hängenden Fingern klettern.
V3 Tischtennisball mit Daumen auf der Handfläche fixieren und klettern.
G Senkrecht bis überhängend. Unterschiedliche Griffformen.

(30) Grüffelo F
Jeder benennt eine problematische Griffform, z.B. Zange, Sloper, Loch. Dann stellt jeder sich vor, eine Route zu klettern, die nur aus solchen »Problemgriffen« besteht. Anschließend etliche Übungsformen, wobei man auf einen positiven Wortschatz in Bezug auf die Schwäche achtet. Also nicht »Problemgriff«, sondern z.B. »interessanter Griff«, nicht die »schlechte«, sondern die »gute« Zange, nicht »kann ich nicht halten«, sondern »halte ich locker«.
V1 Leichte Traverse mit »interessanten Griffen«. Anfreunden und korrektes Greifen. Kann auch mit Füßen am Boden durchgeführt werden.
V2 An zwei »interessanten Griffen« 2–4 Sek. hängen. Fokus auf positivem Empfinden und Erfolgserlebnis, ausgelöst durch das Hängen an Griffen, mit denen man sonst nichts anfangen kann.
V3 Boulder mit zwei »interessanten Griffen«.
V4 Boulder mit mehreren/vielen »interessanten Griffen«.
G Bouldergelände. Große Griffauswahl. Eventuell extra Boulder schrauben.

(31) Gummibärchen E S
Gummibärchen auf Griffen verstecken. Kinder sollen Gummibärchen finden.
V1 Gummibärchen in schweren (überhängenden) Wandbereichen offen sichtbar auf vereinbarten Griff legen. Kind soll Gummibärchen erreichen.
V2 Kind deponiert Gummibärchen selbst auf einem schwierig zu erreichenden Griff.
V3 Kinder suchen gemeinsam eine Lösung, um das Gummibärchen zu erreichen.
G Je nach Können. Weichbodenmatte.

(32) Hängesack F
Den Wechsel von Phasen niedriger Körperspannung (Becken tief) und Phasen hoher Spannung (Becken an der Wand) üben. Beobachtungsaufgabe: Wann ist der Hängesack ökonomisch, wann bringt er nichts?
G Steiler Überhang oder Dach.

(33) Handlanger FK
Der Übende schaut vorgegebene Griffe eines Quergangs genau an und notiert, wie er sie greifen wird. Kommunikation mit Partner. Der Quergang wird geklettert; der Partner bestätigt die jeweilige Greifform oder macht darauf aufmerksam, wenn anders gegriffen wurde.
G Senkrecht bis überhängend. Unterschiedliche Griffformen.

(34) Hast an Plan? F
Bewegungsplan für Boulder oder Routeneinstieg erstellen. Bewegungsablauf schildern und anschließend realisieren.

V1 Wie oben, aber Bewegungsplan aus 5 m Abstand zur Wand machen.
V2 Boulder aus 5 m Abstand zur Wand definieren.
G Bouldergelände oder Routeneinstiege.

(35) **Hin und weg** FK SW
Quergang hin- und herklettern (gleiche Person). Griffe, die beim Hinweg benutzt wurden, dürfen auf dem Rückweg nicht mehr genommen werden.
V1 Partner markiert benutzte Griffe versus beide merken sich die benutzten Griffe.
V2 Wer kommt am öftesten hin und her?
G Boulderquergang. Steilheit nach Können.

(36) **Holiday Grading** FK W
Ziel der »Übung« ist es, Motivation und Selbstvertrauen von Gruppen oder Einzelpersonen zu verbessern. Der »Trick« sollte allerdings nicht zu oft angewendet werden, da er sonst seine Wirkung verliert.
V1 Dankbar bewertete Routen oder Boulder am Fels klettern.
G Oft unterscheiden sich Kletterhallen in der Bewertungsstrenge. Dies kann man ausnutzen, indem man vor einem entscheidenden Wettkampf in einer Halle trainiert, in der die Routen leichter bewertet sind als an der üblichen Trainingswand.

(37) **Intervall-Boulder** FK W
Vier bis sechs Kletterer (gerade Anzahl). Jeder definiert einen Boulder und erklärt ihn den anderen Teilnehmern. In der ersten Phase (4 Min.) klettern alle ungeraden Nummern, die anderen sind Schiedsrichter. In der nächsten Phase klettern die geraden Nummern. Nach 2 x 4 Min. wechseln die Teams zum nächsten Boulder. So werden gemäß Intervallmodus alle Boulder geklettert/versucht.
V1 Die stärkeren Kletterer bekommen die ungeraden Nummern (ungerade Nummern klettern onsight).
V2 Alle ungeraden Nummern gehen nach jedem Intervall zum nächsthöheren Boulder, alle geraden Nummern zum nächstniedrigeren Boulder. So können alle Teilnehmer onsight klettern.
G Großer Boulderbereich, Weichbodenmatte.

(38) **John Lee Hooker** K
5–10 Züge entlang einer Dachkante definieren. Zunächst die Strecke klettern. Die Füße dürfen nur hooken (Heelhook, Toehook). Aufgabe ist es, sich die Sequenz einzuprägen. Im zweiten Durchgang wird mit Augenbinde geklettert. Dabei erst weitergreifen, wenn man stabil positioniert ist.
V1 Mehrere Durchgänge machen, bis sich das blinde Klettern wie normales Klettern anfühlt.
V2 Wahrnehmungsaufgaben: Wie ist die Körperspannung? Wie ist der Druck am Fuß? Wie ist die Hüftstellung?
V3 Nur eine bestimmte Art von Hooks erlauben (Heelhook oder Toehook).
V4 Blind auf Zeit klettern.
G Überhangkante oder Dachkante in Boulderbereich. Weichbodenmatte.

(39) **Klatsch und Pack** EF S
Aus stabiler Position beide Griffe loslassen, klatschen und wieder greifen.
V1 Hinter dem Rücken klatschen.
V2 Mehrfach klatschen.
G Für Einsteiger einliegend, für Fortgeschrittene etwa senkrechte Wand. Viele große Griffe.

(40) **Koffer auspacken** EF SW
Boulderquergang. Ausgangsgriff und Zielgriff werden definiert. Vor seinem Start definiert der Teilnehmer jeweils einen Griff/Tritt weg. Wer die Passage als Letzter klettern kann, hat gewonnen.
V1 Jeder, der geklettert ist, darf 1–3 Haltepunkte wegdefinieren (markieren).
V2 Nur wer die Passage geschafft hat, darf Haltepunkte wegdefinieren.
V3 Alle Teilnehmer müssen sich die wegdefinierten Griffe und Tritte merken (keine Markierung).
G Etwa senkrechter Boulderquergang.

(41) Koffer packen FK S
Ausgehend von einer Startposition wird ein Boulderquergang entwickelt. Abwechselnd kreiert jeder der zwei Partner einen Zug. Jeder Partner klettert immer den ganzen Boulder, bevor er seinen neuen Zug anfügt.
V1 Auch Weitertreten gilt als »Zug« (identische Ausführung).
V2 Auch die Klettertechnik muss identisch sein.
V3 Jeweils 2–3 Züge anfügen.
V4 Dasselbe Spiel mit drei Partnern.
G Möglichkeit für längeren Boulderquergang. Steilheit nach Können.

(42) Kontrastarm F
In der Stabilisierungsphase den Arm nicht beugen (manche Kletterer beugen den Arm unmittelbar nachdem sie den Zielgriff erreicht haben). Kontrastaufgabe: bewusst beugen versus bewusst lang lassen.
V1 Gegebenenfalls lässt sich das gesamte Positionieren für den nächsten Zug am langen Arm durchführen. Kontrastaufgabe: aufrichten und danach positionieren versus in tiefer Haltung positionieren.
V2 Boulder suchen, bei denen der Arm auch während der Greifphase gestreckt oder fast gestreckt bleiben kann. Kontrastaufgabe: Greifphase gestreckt versus Greifphase anblockiert.
G Überhänge unterschiedlicher Steilheit. Positive Griffe.

(43) Kreuzigung F
Die Füße benutzen Tritte unter dem Körper. Die rechte Hand greift jeweils weit rechts, die linke weit links.
V1 Nicht über Augenhöhe greifen.
V2 Zwei senkrechte Linien an der Wand (Abstand ca. 70 cm). Die Füße bleiben immer zwischen den Linien, die Hände greifen immer außerhalb.
G Etwa senkrecht. Großes Trittangebot.

(44) Letzte Minute K W
Ein längerer Boulder oder Routenabschnitt wird definiert. Die Athleten gehen die definierte Sequenz mental durch und geben eine Schätzung ab, wie lange sie dafür benötigen. Anschließend wird geklettert und die Kletterzeit gemessen. Nach dem Klettern schätzt der Athlet, wie lange er gebraucht hat (innere Uhr). Danach erfährt er seine wirkliche Kletterzeit.
V1 Der Trainer kündigt zu einem geeigneten Zeitpunkt die »letzte Minute« an. Die Zeit ab dieser Ankündigung wird gemessen. Der Athlet gibt seine eigene Schätzung ab, bevor er die Zeit erfährt.
G Routen oder längere Boulder.

(45) Lotse F S
Partner zeigt jeweils den nächsten Griff an, den der Kletternde benutzen muss (Stöckchen, Laser etc.).
V1 Partner zeigt jeweils den nächsten Griff und auch den nächsten Tritt an.
V2 Der Kletternde gibt Feedback, wenn ein Zug unökonomisch ist.
V3 Der Kletternde versucht, auch unökonomische Züge zu realisieren.
G Je nach Kletterkönnen.

(46) Lückenbüßer K
Beim »Lesen« von Onsight-Routen klammert man bewusst schwere Passagen oder die Schlüsselpassage aus.
G Schwere Routen.

(47) Mensch ärgere dich nicht EF S
Start und Ziel eines Quergangs sind definiert. Es wird in regelmäßigen Abständen (5–10 Sek.) gestartet. Wer den Vordermann erreicht, schlägt ihn ab. Der Abgeschlagene verlässt die Wand und startet wieder neu.
V1 Wer das Ende des Quergangs erreicht hat, startet mit doppeltem Abstand zum Vordermann wieder neu.
G Senkrecht. Langer Boulderquergang. Zum Aufwärmen leichtes Gelände.

(48) Mentalzeit K W
Wähle eine Route, die du onsight oder flash klettern möchtest. Analysiere die Züge. Dann

kletterst du die Route mental. Hierbei stoppst du die Zeit vom Start- bis zum Zielgriff. Dann kletterst du die Route real mit Zeitmessung. Analysiere, wo du im Geiste schneller oder langsamer geklettert bist, sofern die Zeiten voneinander abweichen.
G Routen oder Boulder.

(49) Metronom FK
Ein Metronom gibt den Takt vor. Bei jedem Schlag eine Extremität verändern (einen Kletterzug machen).
V1 Langsamere oder schnellere Taktfrequenz.
V2 Rhythmische, fließende Bewegungsausführung trainieren.
G Je nach Kletterkönnen.

(50) Minimalist EF SW
Man definiert Start- und Zielgriff. Gewinner ist, wer die wenigsten Griffe benutzt hat.
V1 Gleiche Aufgabe, aber mehrere Runden.
V2 Handwechsel an Griff zählt als Zug.
V3 Man gibt die Griffanzahl vor und reduziert sie Runde für Runde.
V4 Golfervariante: Die Griffanzahl in der ersten Runde ist das persönliche Handicap. Anschließend versucht jeder, so weit wie möglich unter diese Anzahl zu kommen.
G Boulderquergang. Etwa senkrecht.

(51) Pendel E
Die seitliche Lage des Schwerpunkts kann durch ein Pendel mit Aufhängepunkt Hüfte visualisiert werden (z. B. Bandschlinge mit unten eingehängtem Karabiner). Da das Pendel beim Klettern stört, nur eine oder maximal zwei Übungen durchführen. Pendel vorne kann vom Kletternden selbst beobachtet werden.
V1 Pendel am Rücken dient dazu, dass ein Beobachter seitliche Schwerpunktverlagerungen wahrnimmt.
G Senkrecht oder leicht einliegend.

(52) Piaz kontra Dülfer EF
Bei der Gegendrucktechnik kann das Bewegungsgefühl gut über Kontrastaufgaben geschult werden. Kleine versus große Schwerpunktverlagerung.
V1 Kontrast: Tritt-Griff-Abstand klein versus groß. Beobachtungsaufgabe: Wie verhält sich beides klein zu beides groß?
V2 Kontrast: Stehen auf Tritten versus Stehen nur auf Reibung.
V3 Kontrast: Übergreifen versus Nachgreifen.
V4 Kontrast: langsam versus schnell.
V5 Toprope oder ganz knapp über Weichbodenmatte. Körperspannung so weit reduzieren, bis man abrutscht.
G Situationen, in denen der Körper von der Wand weg nach hinten verlagert wird (Schuppe, Kante), und Situationen, in denen die Verlagerung wandparallel erfolgt (Riss, Rissverschneidung).

(53) Pirat EF S
Einäugig klettern.
V1 Mit Schlapphut klettern. Einäugig mit Schlapphut.
V2 Mit schmalen Sehschlitzen klettern. Einäugig mit Sehschlitz.
G Je nach Können.

(54) Reiberdatschi EF
Kontrast: große Schritte versus kleine Schritte.
V1 Kontrast: hüftbreites Hochsteigen versus größere Spreizschritte.
V2 Kontrast: Ferse hoch versus Ferse tief.
V3 Kontrast: frontales Antreten versus Antreten mit Innenballen.
V4 Kontrast: Zeitlupe versus Reibungsplatte hochrennen.
G Gleichmäßig geneigte Platten (ca. 50°) oder steilere Platten mit Reibungsdellen (60°–70°). Toprope.

(55) Reibung macht den Meister FK
Auf Reibungsplatte einarmig klettern. Dann nur mit aufgelegten Handflächen klettern. Dann einarmig mit aufgelegter Handfläche.
V1 Auf Reibungsplatte mit zwei kleinen Stöckchen in den Händen klettern (Felskontakt nur mit Stöckchen, nicht mit den Händen).

V2 Tritte beim Vorbeiklettern abblasen und die Fußsohle vor dem Antreten am anderen Bein abstreifen.
V3 Auf Reibungsplatte freihändig hochbalancieren.
V4 Auf Reibungsplatte einbeinig klettern (hochhüpfen).
V5 Blind auf Reibungsplatte klettern.
G Möglichst homogene Reibungsplatte. Toprope.

(56) Schaukeln E S
Zum Teil sind die Umlenker überhängender Routen für Swings diverser Größenordnungen geeignet (Höhe und Weite langsam steigern).
V1 Frei hängend am Seil nach hinten überkippen und sich Kopf unten mit den Füßen am Seil stabilisieren. Danach selbstständig in die normale Hängeposition zurückkehren (zunächst ohne Schaukeln üben).
V2 Schaukeln in größerer Höhe.
V3 Sich in senkrechtem Toprope von der Wand abstoßen und den Rückschwinger mit den Füßen abfangen (langsam steigern, gegebenenfalls mit Helm).
V4 Überhängende Route toprope klettern, loslassen und hinausschwingen (Achtung, Luftraum muss frei sein!).
G Toprope in überhängender Route. Keine anderen Kletterer, die durch die Spiele gestört werden.

(57) Schleichen EF SW
So leise wie möglich klettern.
V1 Wer klettert am leisesten?
V2 Wenn der Partner etwas hört, ist er an der Reihe, leise zu klettern.
V3 Ein am Sprunggelenk befestigtes Glöckchen darf nicht klingeln.
V4 Hacky Sack, Jonglierball o. Ä. auf einen oder auf beide Füße legen – darf/dürfen nicht herunterfallen.
V5 Kontrast: so laut wie möglich klettern.
G Einliegend bis leicht überhängend.

(58) Schulter tief halten FK
Das Tiefhalten der Schulter sowohl in Kombination als auch besonders zur Einleitung von Zugbewegungen bewusst üben. Zunächst bei wenig anstrengenden Zügen (Bewegungsbewusstsein schaffen), später auch bei schwereren Zügen.
V1 Leichte isolierte Übung für das Anblocken der Schulter: im Barrenstütz bei gestreckten Armen den Rumpf heben und senken.
V2 Schwere isolierte Übung für das Anblocken der Schulter: an Reckstange hängend bei gestreckten Armen den Rumpf heben und senken.
V3 Blind mit tief gehaltener Schulter klettern.
G Je nach Können. Bouldern oder Routenklettern.

(59) Schulterzug F
Beide Füße platzieren und entsprechende Körperspannung aufbauen (Schulter tief halten).
V1 Nur den zur Haltehand gegengleichen Fuß platzieren und den gleichseitigen Fuß auf Reibung anstellen.
V2 Weites seitliches Übergeben von einem Schulterzug in den nächsten üben.
V3 Kontrastaufgabe: den gleichseitigen Fuß nah versus weit von der Achse Haltehand – gegengleicher Fuß entfernt platzieren.
G Senkrecht bis überhängend, idealerweise mit einer Sequenz von Schulterzuggriffen. Im Senkrechten auch weiter seitlicher Abstand zwischen Schulterzuggriff und Tritt(en).

(60) Shoot-out K W
Es werden zwei möglichst gleich starke und gleich große Teams gebildet. Beide Teams definieren für jedes Teammitglied der anderen Gruppe je einen Boulder. Ablauf: Der erste Boulder wird demonstriert. Erfolgreiche Demo gibt einen Punkt. Anschließend flasht ein Mitglied des anderen Teams den Boulder. Erfolgreicher Flash gibt zwei Punkte. Jeder Kletterer darf genau einen Boulder demonstrieren und einen Boulder probieren, sodass insgesamt jeder zweimal an die Reihe kommt.

V1 Feste Zuordnung der »Gegner«, um einen Leistungsausgleich zu schaffen.
V2 Vereinfachung bzw. Handicap für schwächere bzw. starke Kletterer, beispielsweise »mit allen Tritten«, »nur Spax-Tritte« oder »nur Griff-Tritte«.
V3 Scheitert der Flash, hat man einen zweiten Versuch (ein Punkt bei Erfolg).
V4 Zum Klettern des demonstrierten Boulders existiert ein definiertes Zeitfenster.
G Großzügiges Bouldergelände.

(61) **Slopertest** FK
Sloper greifen und so lange mit den Füßen die Wand hochsteigen, bis die Hände wegrutschen. Beobachtungsaufgabe: Wie verhält es sich im Senkrechten, wie im Überhang?
V1 Sloper greifen und mit den Füßen auf Reibung höhersteigen.
V2 Pendelschwung an Slopern abfangen.
G Senkrecht und überhängend.

(62) **Softy** FK
Zunächst testen, ob der definierte Offene-Tür-Boulder auch statisch lösbar ist. Falls ja, Definition verschärfen. Aufgabe: optimale Dosierung der Beschleunigung (Weg, Intensität) herausfinden.
V1 Aufgabe: optimale Beschleunigungsrichtung (lotrecht oder Richtung Wand) herausfinden.
V2 Aufgabe: optimalen Greifzeitpunkt und Spannungsaufbau herausfinden.
V3 Bewegungsausführung mittels Welle.
V4 Bewegungsausführung mittels dynamischen Pendelbeins.
G Senkrechtes oder leicht überhängendes Gelände. Griff seitlich und nur als Seitgriff benutzbar. Eine zwingend dynamisch zu lösende offene Tür definiert man am besten, indem für den zweiten Fuß ein Reibungstritt oder gar kein Tritt (Fuß in der Luft) vorgegeben ist. Der Effekt beim soften dynamischen Zug ist, dass sich der ganze »Dynamo« in Zeitlupe vollzieht.

(63) **Spannungsbogen** E S
Hände an die Wand, Füße auf den Boden. In frontaler Position an der Wand entlanggehen und dabei die Füße von der Wand entfernen.
V1 Partner hält die Beine. Mit den Händen auf dem Boden laufen (Schubkarre).
V2 In Verschneidung oder breitem Kamin beide Füße rechts und beide Hände links. Weiterbewegen.
G Wand, Verschneidung, breiter Kamin.

(64) **Speedy** FK W
Boulder festlegen und mental üben. Boulder real klettern (Zeitnahme). Boulder wiederholt und zunehmend schneller klettern.
V1 Statt eines Zielgriffs wird ein bestimmter Abschlagpunkt an der Wand definiert.
V2 Wer klettert den Boulder am schnellsten?
G Je nach Können. Weichbodenmatte.

(65) **Spielraum** EF
Untergriff im Überhang halten und alle Griffe berühren, die möglich sind.
V1 Route toprope klettern und an mehreren Stellen alle Griffe anfassen, die man von einem bestimmten Griff aus erreichen kann.
G Überhänge unterschiedlicher Steilheit.

(66) **Spreizen und stützen** EF
Höherkommen mit jeweils einem Griff, einem Stützgriff.
V1 Höherkommen mit jeweils zwei Stützgriffen.
V2 Spreizen in Kamin oder Verschneidung. Auf Reibung an trittlosen Flächen antreten.
V3 Kontrast: enge Spreizstellung versus breite Spreizstellung (in Verschneidung).
V4 Beide Arme stützen auf der Seite des zu versetzenden Fußes.
V5 Ein Arm stützt, der andere ist in der Luft (Balance).
G Verschneidungen, breite Kamine und konkave Geländeformen. Für die Technik »ein Griff, ein Stützgriff« benötigt man im Verschneidungsgrund einen Riss oder entsprechende Griffe. Einliegende Kletterei mit seitlich weit versetzten Tritten.

(67) Stabilität vorhersagen EF
Zwei Tritte und zwei Griffe definieren (durch Trainer, Partner oder selbst). Vorhersage, welche Hand bzw. welcher Fuß (jeweils einzeln) statisch loslassen kann und welche/r nicht. Vorhersage verifizieren.
V1 Vorhersagen, ob zwei bestimmte Haltepunkte losgelassen werden können. Verifizieren.
G Möglichst unterschiedliche Geländeformen.

(68) Stabil weitertreten E
Aufgabe: Tritt mit dem tieferen Fuß entlastet (statisch) weiter. Eine Hand darf einen anderen Griff wählen (stützen, Seitgriff).
V1 Aufgabe wie oben, aber: Hände bleiben, der zweite Fuß darf einen anderen Tritt wählen (antreten im Lot, Fußwechsel).
V2 Aufgabe wie oben, aber: Hände und zweiten Fuß nicht versetzen (Ellenbogenstützen, dynamisch antreten).
G Platte mit ca. 70–80° Neigung. Definierte weite Spreizstellung, bei der ein Fuß hauptsächlich belastet ist (tiefere Position) und bei der beide Hände nahe beieinanderliegende Griffe halten.

(69) Steh(ohne)greif E
Hände nur zum Balancieren. Weitertreten von Innenballen zu Innenballen auf definierten Leisten.
V1 Weitertreten mit ständigem Wechsel zwischen Innenballen und Außenrist. Die Körpervorderseite schaut während der gesamten Übung nach rechts (bzw. links).
V2 Kreuzschritte. Weitertreten von Innenballen zu Innenballen.
V3 Antretposition (Innenballen, Fußspitze, Außenrist) freigestellt. Maximal präzises Ansteuern der Tritte.
G Einliegendes Bouldergelände mit kleinen Leisten knapp über dem Boden.

(70) Stimmung atmen EFK
Voraussetzung ist, dass man fühlt, welche Gefühle man mit der Umgebung austauschen will. Das Positive wird eingeatmet, das Negative ausgeatmet.
V1 Man setzt sich (in der Isolation) in eine ruhige Ecke, schließt die Augen und versucht mit jedem Atemzug, Konzentration einzuatmen und Nervosität auszuatmen.
V2 Dasselbe bezüglich Kraft/Erschöpfung, Mut/Verdruss etc.
G Ruhiger Platz.

(71) Sumpf E S
Vorgegebene Strecken am Boden müssen ohne Bodenberührung überwunden werden (Holzklötze, Bierdeckel, flache Kiesel o. Ä.). Viele Klötze für mehrere Teilnehmer.
V1 Zwei Klötze pro Teilnehmer, die abwechselnd weitergeschoben werden müssen.
V2 Drei Cola- oder Biertragerl für sechs Teilnehmer. Wenn einer auf den Boden tappt, müssen alle neu starten.
V3 Die Punkte werden von einem Dritten so weit voneinander entfernt platziert, dass präzises Darauftreten schwierig wird.
V4 Zwei Partner versuchen gemeinsam (gegenseitig stützen), sich über entsprechend ausgelegte Punkte zu bewegen.
G Flacher Hallenboden.

(72) Teamboulder FK SW
Zwei Partner. Jeder definiert einen Boulder, den der Partner gerade schaffen kann (nicht zuschauen, keine Markierung). Die Definition für die Füße wird vorab bekannt gegeben. Die Griffe werden unmittelbar beim Versuch angesagt.
V1 Scheitert der erste Versuch, kommt der andere Partner an die Reihe. Danach folgen weitere Versuche (wieder mit Ansage). Beim dritten Versuch müssen die Boulder geschafft sein.
V2 Mehrere Teams. Punktewertung für jedes Team. 3 Punkte bei erstem Versuch, 2 beim zweiten, 1 beim dritten.
G Je nach Kletterkönnen.

(73) Tempolimit FK
Bewegungsvorplanung vor Beginn der Kletterei. Besonders die jeweilige Tempogebung vorausplanen. Route klettern und Tempoplan umsetzen.
V1 Ohne Vorplanung einsteigen und die Bewegungsvorstellung von Rastpunkt(en) aus entwickeln.
V2 Ohne Vorplanung einsteigen und die Bewegungen während des Kletterns entwickeln.
V3 Das Ganze in Routen mit schweren Passagen ohne vorherige Rastmöglichkeit.
G Routen oder längere Boulder mit schweren Passagen und Rastpunkten.

(74) Tierpark E S
Teilnehmer ahmen durch Kletterbewegungen Tiere nach (z. B. Affe, Schlange, Gecko, Katze). Das Tier wird selbst gewählt.
V1 Das Tier wird vorgegeben.
V2 Einer ahmt ein selbst gewähltes Tier nach. Die anderen müssen das Tier erraten. Optional mit oder ohne Tierlauten.
V3 Vorab Traumreise mit Hineinfühlen in die Bewegungsform der Tierart, z. B. »Ich stelle mir vor, ich bin eine Schlange …«
G Leichtes Klettergelände.

(75) Tretmühle E
Kontrast: auf dem Tritt wippen versus ruhig auf dem Tritt stehen.
V1 Kontrast: Ferse ganz hoch versus Ferse ganz tief.
V2 Kontrast: frontales Antreten versus Innenballen versus Außenrist.
G Einliegend bis senkrecht mit geeigneten Tritten knapp über dem Boden. Entspannt festhalten oder Hände nur anlehnen.

(76) Tritte angeln FK
Zwei geeignete Griffe wählen. Die Hände bleiben an diesen Griffen. Mit den Füßen mehrfach umtreten.
V1 Auch auf entferntere Tritte treten.
V2 Frei hängen. Tritte statisch erreichen.
V3 Frei hängen. Einen Tritt dynamisch anpendeln. Zwei Tritte gleichzeitg dynamisch anpendeln.
V4 Körper hinausschwingen lassen und beim Zurückschwingen wieder antreten.
G Dach oder steiler Überhang.

(77) Trittkönig EFK W
Grenze der minimalen Trittgröße knapp über dem Boden ausloten. Zweibeinig oder einbeinig. Hände nur zum Balancieren.
V1 Grenze der Haftreibung der Sohle an Reibungstritten ausloten (gegebenenfalls mit unterschiedlichen Schuhen).
V2 Jeder markiert den Tritt, auf dem er gerade noch einbeinig balancieren konnte. Anschließend versucht jeder Teilnehmer alle markierten Tritte, so lange, bis der »Trittkönig« ermittelt ist.
V3 Zwei Partner treten abwechselnd in einem definierten Bereich an. Hände nur für Gleichgewicht (mit Fingern balancieren). Benutzte Tritte scheiden aus (Partner markiert). Wer als Letzter noch irgendwo stehen kann, hat gewonnen.
G Toprope oder einliegendes Bouldergelände mit kleinen Tritten knapp über dem Boden. Achtung, unerwartetes Abrutschen kann bereits bei relativ geringen Höhen problematisch sein!

(78) Trittwegwarer K S
Boulder mit ca. 6 Zügen definieren. Zunächst wird der Boulder mit allen möglichen Tritten geklettert.
V1 Dann Griff gleich Tritt + Spax-Tritte.
V2 Griff gleich Tritt + definierte Anzahl Spax-Tritte (welche benutzt werden, ist frei wählbar).
V3 Spax-Tritte + Griffe nur mittels Foothook.
V4 Definierte Anzahl Spax-Tritte + Griffe nur mittels Foothook.
V5 Ausschließlich Griffe hooken (ohne Spax).
G Steiler Überhang. Hookbare Griffe. Eventuell an Dachkante entlang.

(79) Türen zumachen FK
Boulderquergang. Griffe nie über Schulterhöhe und möglichst oft weit seitlich. Tritte immer möglichst zentral unter dem Körper.
V1 Linienklettern. Ein Wandstreifen von etwa 60 cm Breite wird mit vertikalen Linien markiert. Griffe liegen außerhalb und Tritte immer innerhalb dieser Linien.
V2 Kontrast: Sequenz definieren (lassen), an der ein Fußwechsel Sinn macht, versus Sequenz, an der ein Fußwechsel keinen Sinn macht, da er anschließend wieder rückgängig gemacht werden müsste.
V3 An definierter Boulderstelle im Vorhinein entscheiden, welche Technik zur Lösung der offenen Tür ökonomisch ist, und danach ausprobieren.
V4 Dasselbe bei Kreuzzug.
G Senkrecht bis leicht überhängend. Definierte offene Türen dürfen nicht durch Einpendeln gelöst werden können. Schüler sollen eigene Übungsstellen erst dann selbst definieren, wenn sie das Prinzip der offenen Tür korrekt verstanden haben.

(80) Visualisieren FK
Wähle eine Route und analysiere die Züge. Dann stell dir vor, wie du die Route kletterst. Denke nach dem Klettern darüber nach, warum die Begehung geklappt hat oder nicht geklappt hat.
V1 Visualisiere einen kurzen, eher leichten Boulder so lange, bis du das Gefühl hast, ihn blind klettern zu können. Dann tu es.
G Route oder Boulder.

(81) Wahrsager F
An Bouldern oder in Routen No-hand-rests vorhersagen und verifizieren.
V1 Tritte definieren (durch Trainer oder Teilnehmer). Jeder Teilnehmer sagt seine maximale Reichweite vorher (angegebenen Punkt mit Tape markieren). Anschließend verifiziert jeder seine Prognose.
V2 Zwei Tritte und zwei Griffe definieren. Jeder Teilnehmer sagt vorher, wie weit seitlich oben er statisch an der Wand »antreten« kann. Verifizieren.
G Einliegend bis leicht überhängend. Geländeformen für No-hand-rests.

(82) Weich greifen EFK
Griffe fassen und anschließend die Haltekraft so weit reduzieren, dass man gerade nicht abrutscht.
V1 Die Griffe zunächst 3 Sek. maximal zuschrauben und dann bewusst locker lassen. Eventuell bis 5 zählen und bei jeder Zahl etwas mehr Spannung nachlassen.
V2 Knapp über dem Boden die Kraft noch weiter nachlassen, bis man tatsächlich abrutscht (Weichbodenmatte).
V3 In wenig kraftraubenden Positionen verharren, Körperspannung prüfen und falls möglich reduzieren.
V4 Auch in anstrengenderen Positionen oder während Bewegungen auf das Spannungsniveau achten.
V5 Bewegungsabläufe perfekt einschleifen. Der dabei entstehende Kletterfluss führt in der Regel dazu, dass man sich weniger festhält.
G Senkrecht und überhängend. Übungsstelle knapp über dem Boden.

(83) Weitergreifen in einem Zug EF
Beide Hände an den Griffen belassen, bis das Positionieren abgeschlossen ist. Danach Weitergreifen in einer Bewegung. Übungshalber auch bei sehr weiten Zügen den unteren Griff noch zum Positionieren beibehalten.
V1 Kontrast: unteren Griff noch halten versus unteren Griff loslassen und einarmig positionieren.
V2 Kontrast: in einem Zug greifen versus hochgeblockt 1 Sekunde verharren, bevor man zugreift.
V3 Boulder definieren, die dazu provozieren, den unteren Griff frühzeitig loszulassen.
V4 Gezielter Einsatz eines Zwischengriffs (dieselbe Hand greift nach dem Positionieren nochmals weiter).

V5 Dosiert dynamisch weitergreifen.
G Senkrecht bis überhängend. Weite Züge.

(84) Wrestling FK S
Zwei Kletterer starten und bieten eine Show nach Wrestling-Manier. Keine ernsten Attacken! Wer abfällt, springt wieder an die Wand. Ende eines »Kampfes«, wenn beide auf der Matte liegen.
V1 Coole Aktionen einüben.
V2 Teamwettbewerb: Das Team, das die beste Show liefert, gewinnt (Punktewertung durch die anderen Mitspieler).
G Je nach Kletterkönnen. Durchgehende Weichbodenmatte.

(85) Zeitlupe EF S
Alle Bewegungen in Zeitlupe ausführen.
V1 Nur Füße Zeitlupe.
V2 Extreme Zeitlupe.

V3 Zügigere, gleichmäßig fließende Bewegung (keinerlei Verharren).
V4 Auf »Stopp« des Partners wird 2 Sek. in der momentanen Position verharrt.
G Variabel, dem Kletterkönnen angemessen.

(86) Zielgriff ankern FK
Stell dir vor, wie du den Ausstiegshenkel in der Hand hältst. Welche Gefühle hast du dabei? Was hörst, siehst und spürst du? Nimm diesen Eindruck mit und steig in die Route ein.
V1 Stell dir vor dem Einstieg in die Route das Erfolgsgefühl vor, das sich nach dem Durchstieg einstellen wird.
G Individuell schwere Route oder Boulder.

Der Trainer soll zusätzlich immer ein wachsames Auge auf die korrekte Ausführung der Sicherungstechnik werfen.

Register

A0 112
Abrutschen 99
Abfangen, dynamisches 58
Abhocken 61 f., 90, 94
Abkippen 100
Abklettern 83
–, frontal 83
–, seitlings 83
–, taloffen 83
Abreagieren 138
Absitzen auf der Ferse 70
Absprung 98
Absprungweite 99
abtrainieren 18 f.
Action Directe 135
Adenosintriphosphat 20
Adrenalin 130, 158
aerob 21
AF 106
Affengriff 42
after work 110
Ägypter 9, 28, 48 f., 80 f.
Akkommodation 19
Aktivierungsniveau 131, 133
alaktazid 21
Alternative 123
anaerob 21
Analyse 15 f.
andehnen 104
Angst 144 f.
Anpassung 17
Anprall 97 f.
Anpressrichtung 72
Anreise 163
Anstrengung, subjektive 22
Antagonist 155
Antreten, frontales 37
–, hohes 62
–, vorausschauendes 62
Antrethöhe 61
Anwendungsphase 13
Arm, langer 52
Arme, dicke 134, 148
atmen 133
ATP 21
Aufgabenstellung 13
aufkanten 37
Aufwärmen 104 f.
–, allgemeines 104
–, Phasen 104
–, spezifisches 104
Ausbouldern 111
Ausdauertraining 151, 159
–, extensives 159
–, intensives 159
Ausgangsgriff 52 f.
Ausgleichstraining 154
aushängen 54 f.

Ausholbewegung 56 ff.
Ausrüstung vorbereiten 123
Außenrist 37, 48
Auswertung 16
Ausziehpause 124

Basis 101
Beanspruchung 18 f.
Bedingungen, äußere 8
Belastung 14
–, exzentrische 153
Belastungsparameter 153
Belastungswechsel, taktischer 41
Belastungszeiten 153
beobachten 137
Bergführer 127
Bergstiefel 36
berührt 173
Beschleunigung Richtung Wand 56
Beschleunigungsintensität 56
Beschleunigungsrichtung 57
Beschleunigungsweg 57
Betretungsrecht 164, 170
Beweglichkeit 155
–, aktive 155
–, passive 155
Bewegung beobachten 33
–, exzentrische 155
–, konzentrische 155
Bewegungsanweisungen 12
Bewegungslernen 12
Bewegungsplan 117
Bewegungsreserve 155
Bewegungsvorwegnahme, statische 44
Bewegungszentrum Hüfte 44
Blockierkraft 74
Blutzuckergehalt 130
Blutzuckerspiegel 136
Bodenverdichtung 165
Bogenstellung 45, 84
Borg-Skala 22
Bouldermatte 118
Bouldern 119
Bouldertraining 151
Boulderwettkampf 109
Bulimie 148
Bündeln 42

Cam 87
Campusboard 153
Carpenter-Effekt 137
Checkpunkte 123
CHRS 157
Clippen der Umlenkung 111
–, mehrfaches 111
Crashpad 118

Dauermethode 159
dav-felsinfo 163
Deadpoint 58

Deep Water Solo 119
Defizitanalyse 16
Dehnen 155
–, intensives 156
–, schwingendes 157
–, wippendes 157
Dehnmethode, dynamische 157
–, statische 157
desensibilisieren 144
Diagonaltechnik 70 f.
Dialog, innerer 141
Doppelhandklemmer 43, 87
Drehimpuls 99
Drehmoment 27
Dreipunktregel 48
Dropknee 28, 80
Duell 109
Durchblockierer 55
Durchläufer 42
durchschwingen 51, 77
Durchstützen mit Foothook 90
DWS 119
Dynamo 56
Dysbalance 55, 154
–, muskuläre 55, 154

Eindrehen, Grundform 69 f.
Eindrehtechnik 78
Eingangsdiagnose 13
Einheit, motorische 20
Einpendeln 48
–, diagonal 81
–, gleichseitig 76
einsehen vom Boden aus 115
Einstieg 125
Elbsandstein 110, 168
Ellbogenstützen 69
Energiebereitstellung 20 f.
Energieraum 142 f.
Energiespeicher 17
Engramm 12
Entscheidungspunkt 122 f.
entspannen 133
Epicondylitis 154
Ergebnisziel 135
Erholungszeit 21
Erosion 164
Essstörung 148
Eutrophierung 165
Evaluation 16
Exe 98
–, belassene 110
–, verlängerte 110
Expressschlingen 107 f.

Fahrgemeinschaft 163
Falltest 97
Fangstoß 100
Faustklemmer 43
Faustriss 43
Felsbrüter 167

felsnah 39
Felssperrung 162
Fettstoffwechsel 21
Figure of Four 80
Finger 41 ff.
–, aufgestellte 41
–, hängende 41
–, spitz aufgestellte 41
Fingerriss 43
Fitnessstudio 151, 154
Flash 114
Flow-Erlebnis 130, 133
Flugbahn 100
Fontainebleau 118
Foothook 33
Formschluss 41 f.
Fragebogen 15
Free Solo 106
Fremdbewertung 15
frontal 55, 66
Frosch 70
–, halber 70
Frühstart 140
Füße, zwei 33
Fußklemmer 38
Fußwechsel 39

Ganzheitlichkeit 9
Gaston 72
Gedächtnis, motorisches 104, 111
Gedanken 130
–, negative und positive 130
–, neutrale 132
Gefahren, alpine 143
Gegendrucktechnik 44, 72 f.
gehalten 92
Gelände, einliegendes 183 f.
Glukose 21
Glykolyse 21
Greifen 28 f.
– in einem Zug 51
– ohne Körperhub 56
Greifphase 28 f.
Griffabstand 80
Griffausbruch 99
Grifftypen 41 ff.
Grounder 118
Grundlagenausdauer 159
Grundsatz, methodischer 13

Hakeln 38 f.
Hakenabstand 110 f.
Haltekraft 23 ff.
Hand-Faust-Klemmer 43, 88
Handklemmer 42
Handlungsziel 135
Handriss 42
Hangelleiter 19
Hangeln 74
–, dynamisches 74
–, statisches 74

Hängen, passives 54 f.
Hängesack 51
Hebelarm 26
Heelhook 38
Helm 124 f.
Herzfrequenz 132, 151, 158
Highball 118
Höherorganisation 9, 17
Hypertrophie 152
Hypertrophiemethode 152

IG Klettern 162
IK 149, 154
in einem Zug 51
incut 41
Individualität 20
initiierbar 135
Innenballen 36, 66
Intensität 151
Intervallmodus 178
Isolation 107, 134

Kaltfront 122
Kamin 85
–, enger 86
Klang 126
Klemmen 42 f.
Klettern, fließendes 56
–, planloses 117
Kletterschuhe 36
Kletterseil fassen 100
Klettertempo 116
Kletterwettkampf 16, 107
Kletterzeit 109
Knieklemmer 94
Kondition 9
Konditionstest 15
Konzentration 136
Koordination 8, 46
–, intramuskuläre 105, 149
Körperfett 148
Körperhaltung 134
Körperhub, beidbeiniger 51
Körperriss 86
Körperschwerpunkt 24, 44
Körperspannung 50 f.
Kraftausdauer 152
–, laktazide 152
Kräftigungsübungen 151
Kraftkomponente, horizontale 73
Kraftwirkungslinie 23 f.
Kreatinphosphat 21
Kreuzzug 76
Kulturlandschaft 162, 166

Laktat 149
Laktatabbau 21
Laktatbestimmungen 158
laktazid 21
Lead 107
Leavittation 43

Lehrmeinung 171
lehrerzentriert 12
leise treten 33, 62
Leisten 36 f.
Leistungssteuerung 15
Leistungszustand, idealer 133
LKA 149
Lot 33
Lotgleichgewicht 44, 46

Magersucht 148
Magnesia 168
Mantle 90
Markierung, schwarze 108
Maximalkraft 148
Maximalkraftmethode 153
Mehrseillängenroute 121
Meniskusverletzung 81
Mikroverletzungen 154
Minimalprogramm 159
Mobilisieren 104
Modus, offener 119
Muskelfasern 20, 148
–, langsame 149
–, rote 20
–, schnelle 149
–, weiße 20
Muskelrelaxation, progressive 133
Muskeltonus 104

Nachgeben 33
– der Schulter 54
nachgreifen 74
nachrucken 33, 52
Nähmaschine 50
Neuerschließung 166, 168
Nervensystem, vegetatives 131
Newton 23
Newtonmeter 26
No-hand-rest 94, 106
Noradrenalin 158
Normalhaken 126

obligatorisch 105
Offwidth 86
Ökonomie 8 f.
Onsight 107
Optimalprogramm 159

Parallelstemme 85
Parasympathikus 130
Parcour 118
Parken 163
Pectoralis 154
Pendelbein 33, 48
–, dynamisches 82, 92
–, statisches 82
Pendeldyno 56, 92
Pendelschwung 51
Periodisierung 150
Persönlichkeitsmerkmale 8

Phasen 28
Piaztechnik 72
Pinkpoint 106
Plaisir-Route 125 f.
Plan 117
Planung, rollende 124
Platzierungsuhr 46
Position 23
–, legitime 107 f.
Positionieren 60
Präzision 60
Preclipp 106
Pressatmung 133
Prinzip zwei Füße 48
Projekt 113
Pump 105, 149
Pyruvat 21

Rasten 94
Rastpunkt 127
Reflex, physiologischer 131
Regelwerk, Nationales 107
Regenerationsdauer 22
Reibung 37
Reibungsdelle 37
Reibungstechnik 66 f.
Reichweite 51, 77
Rekrutierung 148
Relativkraft 148
Reliktstandort 166
Ressourcen 8
–, konsumtive 18
–, strukturelle 18
Ringbandriss 41
Risshandschuh 87
Ritual 138
Rotatorenmanschette 55, 154
Rotkreis 106
Rotkreuz 106
Rotpunkt 110
Route lesen 115
Routencheck 100
Routenskizze 125
Routentopo 113
Routentraining 151
Routenverlauf 125 f.
Ruhepuls 158
Ruhetag 19
Run-out 110

Scheren 76
–, hinten 76 f.
–, vorne 76, 79
Schlappseil 98
Schlüsselreiz 134
Schlüsselstelle 121
Schmerzgrenze 156
Schnapper 56
Schnelligkeit 155
Schnellkraft 155
Schritt, großer 60

–, kleiner 60
schülerzentriert 13
Schulterriss 88
Schulterzug 72
Schüttelgreifen 149
schütteln 94, 149
Schutzgebiet 165
Schwelle, aerobe 158
–, anaerobe 158
Schwerpunkt 44, 46
– über die Tritte 44
– unter die Griffe 44
Schwerpunktverlagerung 25, 35
–, seitliche 46, 69
Schwunggymnastik 156 f.
Schwungmitnahme 74 ff.
Sehnenscheidenentzündung 41
Sehnenspindelreflex 157
Seil vorhängen 106
–, gegenläufiges 100
Seitgriff 41
Selbstbild 15
Selbstgespräch 141
Selbstkonzept 141
–, positives 141
Selbstwahrnehmung 132
Sequenzen überlappen 112
Serpentine 169
Sichern, hartes 99
–, weiches 99
Sicherungskette 106
Sicherungskonzept, taktisches 101
Sicherungstraining 144
Sitzstart 118
Sloper 41
Solo 106, 119
Spannungsaufbau 50 f.
Spannungswechsel 50
Speed Finalrunde 109
Speedklettern 120, 155
Sperrung 167
Spezifik 19
spotten 118 f., 172
Spreizen 67
Sprung 92
stabilisieren 19
Stabilisierungsphase 29
Standfuß 34, 44
Startposition 108, 179
Statik von Blöcken 126
Steinschlag 125
Stellvertreter 140
Stemmen 85
Stilformen 106
Stimmungsübertragung 142
stimulieren 18
Störfaktor 27
Stress 130 ff.
Stressempfinden 132
Stresssymptome 132
Stretching 156

Sturz, kontrollierter 100
–, unkontrollierter 100
Sturzangst 145
Stürzen 99
– in Querungen 100 f.
Sturzhaltung 100
Sturztraining 98
Stützen 67
–, beidarmiges 69
– über den Ellenbogen 69
Stützgriff 67
Superkompensation 17
Sympathikus 130
Systemtraining 153 f.
Szenario 121, 123

Taktiktraining 14
Tape 87
Techniktraining 14, 172
Teilkörperschwerpunkt 82
Thera-Band 154
ticken 114
Tickmark 116
Toehook 39
top 108 f.
Topo 125 f.
Toprope 106, 112
toprope ausbouldern 112
Totpunkt 58
totschütteln 94
Tracking 118
Trad-Route 125 f.
Training, parallelisiertes 150
Trainingsbelastung 18
Trainingsprinzipien 17
Trainingsschwerpunkt 150
Trainingsübungsformen 151
Trainingsumfang 21 f.
Treten 24
Tritt gegenüber Belastungsrichtung 46
– gegenüber Zielgriff 46
– verspreizen 81
Trittschaden 165, 169
Trittwechsel 39
Tunnelblick 130
Tür, offene 26, 76

übergreifen 75
überkreuzstützen 67
überlappen 112
Überlast 18 f.
Überlastung 154
übernachten 170
überstreckt 61
Übertragung 142
Übungsintensität 12
Übungsreihe 13
Umfang 22, 150
Umlenkhaken 168
umspringen 39

Untergriff 41
Unterrichtsverfahren 13
Urlandschaft 166

Variante 123
Variation 19
Vegetationseinheit 164, 169
Vektor 23
Versuch, erster 111
Videoanalyse 15
Vier-Wochen-Block 150
Vorbereitungsphase 28 f., 56
Vorstieg ausbouldern 112

Wahrnehmung 130 f.
–, selektive 123

Wandbereich, konkaver 62
Wandfuß 164 f.
wegtreten 39
weich greifen 41, 60
Weichbodenmatte 118
Welle 32, 58
Wertungsliste 109
Wettkampf 107
Wettkampfregeln 109
Wiederholungszahlen 151
wippen 36

Z-Clipp 108
Zangengriff 42
Zeitplanung 123
Zeitschalter 120

Zentrieren 134
ziehen mit Fuß 38
Ziele 135
–, taktische 104
Zielformulierung 135
Zielgriff 52, 94
Zielsetzung 15
Zug, softer dynamischer 92
zur Wand hinziehen 50
zurück zum Boden 115
zuschrauben 62
Zustieg 124
Zwischenfall, technischer 108
Zwischengriff 52
zwischentreten im Lot 46

Literatur

- Albert, K.: Fight Gravity. tmms-Verlag, Korb 2005.
- DAV: Outdoor-Klettern. BLV, München 2013.
- Güllich, W./Kubin, A.: Sportklettern heute. Technik, Taktik, Training. Bruckmann, München 1986.
- Hepp, T./Ballenberger, T.: Wolfgang Güllich – Klettern heißt frei sein. Verlag Boulder, Stuttgart 2006.
- Hochholzer, T./Schöffl, V./Hilgers, S.: So weit die Hände greifen. Lochner, München 2007.
- Hoffmann, M.: Sicher Sichern. Panico Alpinverlag, Köngen, 5. Aufl. 2013.
- Hoffmann, M.: Sportklettern. Panico Alpinverlag, Köngen, 12. Aufl. 2012.
- Hofmann, A.: Besser Bouldern. tmms-Verlag, Korb, 1. Aufl. 2007
- Hofmann, G./Hoffmann, M./Bolesch, R.: Alpin-Lehrplan 6 – Wetter und Orientierung. BLV, München 2006.
- Hohmann, A./Lames, M./Letzelter, M.: Einführung in die Trainingswissenschaft. Limpert, Wiebelsheim, 4. Aufl. 2006.
- Köstermeyer, G./Tusker, F.: Kinematische Analyse einer dynamischen Klettertechnik. Leistungssport 2/1997, S. 43–46.
- Köstermeyer, G.: Peak Performance. tmms-Verlag, Korb, 6. Aufl. 2012.
- Köstermeyer, G./Korb, L./Matros, P: Trainingsskript des DAV für das Wettkampfklettern. DAV, München 2010.
- Kunc, J.: Allgemeine Theorien der Mechanik in Anwendung auf den Körperschwerpunkt beim Sportklettern. Diplomarbeit, TU München 2008.
- Loehr, J. A.: Persönliche Bestform durch Mentaltraining. BLV, München 1988.
- MacLeod, D.: 9 von 10 Kletterern machen die gleichen Fehler. Riva, München 2012.
- Müssig, P.: Erfolg ist Kopfsache. Pietsch, Stuttgart 2010.
- Olivier, N./Marschall, F./Bäsch, D.: Grundlagen der Trainingswissenschaft und -lehre. Hofmann, Schorndorf 2008.
- Roth, K.: Techniktraining im Spitzensport. Strauß, Köln 1996.
- Semmel, C.: Alpin-Lehrplan 5 – Sicherung und Ausrüstung. BLV, München 2013.
- Suinn, R. M.: Übungsbuch für mentales Training. Huber, Bern 1989.
- Uhden, M.: Der richtige Dreh. Climb! 1/2007, S. 40–41.
- Wollny, R.: Bewegungswissenschaft. Ein Lehrbuch in 12 Lektionen (1. Aufl.). Meyer & Meyer, Aachen 2006.
- Zapf, J.: Ernährung von Sportkletterern. Manuskript, Bayreuth 2001.
- Zatsiorsky, V. M.: Krafttraining. Praxis und Wissenschaft. Meyer & Meyer, Aachen, 3. Aufl. 2008.
- Zintl, F./Eisenhut, A.: Ausdauertraining Grundlagen · Methoden · Trainingssteuerung (7. Aufl.). BLV, München 2009.

Über den Autor

Michael Hoffmann ist Diplomgeologe und staatlich geprüfter Berg- und Skiführer. Er lebt mit seiner Frau und seinen drei Kindern in Ottobrunn. 1986 wurde er ins Lehrteam der Berufsbergführer und ins DAV Alpinlehrteam berufen. Außerdem gründete er in diesem Jahr die auf Sportklettern spezialisierte Rotpunktschule.

Seit Gründung ist er Mitglied im Bundeslehrteam Sportklettern des Deutschen Alpenvereins und seit 1995 Koordinator dieses Teams. Neben seinen Publikationen beim BLV sind die beiden Bücher »Sportklettern« und »Sicher Sichern« (beide Panico-Verlag) erwähnenswert, die sich zwischenzeitlich als Standardwerke etabliert haben.

Michael Hoffmann begann 1972 mit Klettern. Er hat viele klassische Extremrouten, zwei Expeditionen, eine große Anzahl von Kletterreisen und etliche extreme Erstbegehungen in seinem Tourenbuch stehen. Weitere Infos unter: www.rotpunktschule.de

Herausgeber:
Deutscher Alpenverein (DAV) und Verband Deutscher Berg- und Skiführer (VDBS) in Zusammenarbeit mit dem Alpenverein Südtirol (AVS)

Offizieller Lehrplan der folgenden alpinausbildenden Verbände:
- Deutscher Alpenverein
- Alpenverein Südtirol
- Verband Deutscher Berg- und Skiführer
- Bundeswehr
- Polizeibergführerverband
- Touristenverein Die Naturfreunde

Impressum

Bibliografische Information Der Deutschen Nationalbibliothek
Die Deutsche Nationalbibliothek verzeichnet diese Publikation in der Deutschen Nationalbibliographie; detaillierte bibliographische Daten sind im Internet über http://dnb.d-nb.de abrufbar.

3. neu bearbeitete Auflage, Neuausgabe

BLV Buchverlag GmbH & Co. KG

80797 München

© 2013 BLV Buchverlag GmbH & Co. KG, München

Das Werk einschließlich aller seiner Teile ist urheberrechtlich geschützt. Jede Verwertung außerhalb der engen Grenzen des Urheberrechtsgesetzes ist ohne Zustimmung des Verlages unzulässig und strafbar. Das gilt insbesondere für Vervielfältigungen, Übersetzungen, Mikroverfilmungen und die Einspeicherung und Verarbeitung in elektronischen Systemen.

Hinweis:
Das vorliegende Buch wurde sorgfältig erarbeitet. Dennoch erfolgen alle Angaben ohne Gewähr. Weder Autor noch Verlag können für eventuelle Nachteile oder Schäden, die aus den im Buch vorgestellten Informationen resultieren, eine Haftung übernehmen.

Bildnachweis:

Alle Fotos von Michael Hoffmann, außer:
Albert, Peter: S. 144; Ballenberger, Thomas: S. 101; Barnert, Eric: S. 140; Bolesch, Rainer: S. 165 Mitte; Buck, Andreas: 167 (4); DAV: S. 164, 165u, 165o; Geiger: S. 96; Gröb, Marvin: S. 120 (2); Kaessmann, Rasmus: 119u; Koch, Edu: S. 168o; Lindenthal, Oliver: S. 162, 168r; Pludra, Peter: 191; Wiening, Heiko: 168l, 169

Grafiken: Michael Hoffmann

Umschlagkonzeption: Kochan & Partner, München
Umschlagfotos:
Look-Foto/Hermann Erber (Vorderseite)
Michael Hoffmann (Rückseite)

Lektorat: Sarah Weiß

Herstellung: Hermann Maxant

Layoutkonzeption: Kochan & Partner, München
Satz: agentur walter, Gundelfingen

Gedruckt auf chlorfrei gebleichtem Papier

Printed in Germany

ISBN: 978-3-8354-1121-0

Der zweite Band des offiziellen Kletter-Lehrplans

Alpin-Lehrplan 5:
Klettern – Sicherung und Ausrüstung
Grundlagen, Selbstsicherung, Partnersicherung, Sicherungsmethoden · Grundregeln des Sportkletterns, Tourenplanung, Kletterschein, einfache Rettungsmethoden · Ausrüstung für die verschiedenen Kletterdisziplinen, Natur- und Umweltschutz · Für Selbstlerner und begleitend zur Ausbildung: fundiertes Wissen auf höchstem Niveau.
ISBN 978-3-8354-1120-3

www.blv.de